필적유휘筆跡類彙 상上

일러두기

1. 이 책은 풍양조씨 문중 조남혁, 조용연 부자가 한국국학진흥원에 기탁한 『필적유휘』를 탈초 번역하고 짧은 해설을 단 것이다.

2. 원본인 『필적유휘』는 춘·하·추·동·사·시·절의 7책인데, 그 가운데 춘·하·추·동 4책을 번역하였다.

3. 작품마다 이미지·탈초·번역·해설의 순서로 실었다.

4. 탈초는 표점을 하였고, 번역은 한글 전용을 원칙으로 하였다. 필요한 경우 한자를 병기하고, 각주의 경우 한자를 괄호에 병기하거나 필요한 경우 직접 노출하였다.

5. 원본이 우철로 되어 있으므로 이에 따라 이미지를 펼쳤을 때 왼쪽에서 오른쪽으로 배치하였다.

6. 글씨가 마멸·누락되거나 판독이 불가능한 경우 □로 처리하였다.

※ 필적유휘 외 많은 귀한 자료들을 한국국학진흥원에 기탁하여 주신 조남혁, 조용연 부자께 감사드린다.

필적유휘筆跡類彙 상上

조홍진 엮음

김순석 / 김정민 / 김주부 / 이기훈 옮김

景仁文化社

목차

목차

조선 명현의 서화첩
『필적유휘筆跡類彙』해제*

이기훈**

* 이 해제는 『국학연구』 29집(한국국학진흥원, 2016, 4)월에 투고된 논문 일부를 수정하여 쓴 것이다.

** 한국국학진흥원 고전국역팀 전임연구원

1. 들어가는 말

이 책은『필적유휘筆跡類彙』7첩帖 가운데 4첩을 탈초하여 번역한 것이다. 그리고 각 번역의 말미에는 그 문서의 의의를 기술하였다.『필적유휘』7첩은 '춘春'·'하夏'·'추秋'·'동冬'·'사四'·'시時'·'절節'로 이루어져 있는데, 이 책은 춘·하·추·동을 번역한 것이다. 향후 이 책을 이어 사·시·절도 곧 출판할 계획이다.『필적유휘』는 조선 시대 명현들의 서화첩書畵帖이다. 이 문서 가운데 대부분은 편지, 즉 간찰이다. 최근 들어, 풍양조씨 문중에서 문중 소장 고전적을 한국국학진흥원에 기탁하였다. 그 기탁한 자료 가운데『필적유휘筆跡類彙』라는 '서화첩'이 있었는데, 이 자료는 보물로도 지정될 수 있을 만큼 뛰어난 작품들을 수록하였다.『필적유휘』는 205인의 234점의 작품을 담고 있는데, 이 정도면 결코 적지 않은 수량이다.

이미 언급했듯이『필적유휘』는 간찰만을 모은 것은 아니고, 시詩의 초고나 회화까지 들어 있어 이 자료의 소개만으로도 한국 시서화詩書畵의 역사를 살펴볼 수 있다. 이를 위해 본 해제에서는 주로『필적유휘』7첩에 대한 구성 전체와 이 자료가 지니는 학술적 의미를 살펴볼 것이다. 그리고『필적유휘』7첩이 왜 지금의 현재 방식으로 구성되어 있는지도 고찰할 것이다. 구성 방식을 서술하기 위해 우선『필적유휘』의 편집자인 조홍진趙弘鎭(1743~1821)을 살펴볼 필요가 있다. 그는 정조 때 초계문신抄啓文臣을 지낼 정도로 학술적 역량이 뛰어났다. 그는 한편으로는 자신의 학술적 입장에서, 다른 한편으로는 순수한 필적筆跡의 애호가로서 작품들을 수집하고 이를 편집하였다.『필적유휘』서문을 쓴 사람은 그의 사돈이자 또한 많은 작품을 남겼던 이계耳溪 홍양호洪良浩(1724~1802)이다. 그는『필적유휘』서문에서는 다음과 같이 말하였다.

우리 동방은 서첩 모각하는 것을 좋아하지 않았으나 특별한 흥미를 가진 사람은 종종 고인들의 편지를 모아 글방의 보배로 삼았다. 오직 모으는 데는 많이 모으는 것에만 힘쓰지만, 가려 뽑는 데는 정밀하지 못한 것을 보는 사람이 흠으로 여겼다. 학사學士 조관보趙寬甫(조홍진)는 옛것에 뜻을 두고 글씨를 좋아하여 동방 명인들의 수적手跡을 널리 모았는데, 상하 수백 년 동안의 유현儒賢·재사才士·달관達官·고인高人 등의 편지를 두루 싣지 않음이 없었다. 그리하여 각각 부문을 두고 부류대로 나누어 모으니 무수한 글씨가 엄정히 사법史法이 있었고, 인물의 성쇠를 볼 수 있고 세도의

승강을 느낄 수 있게 하였으니, 그 마음씀은 참으로 부지런하고 정밀하다 할 수 있다.[01]

이 말은 그가 작품 수집에도 열중하였지만, 수집된 작품들을 엄선하여 각각의 주제별로 정리하고 편집하였다는 것이다. 여기에서 한 걸음 더 나아가 글씨는 어떻게 써야 하는지 그 표준[史法]을 드러내었고, 심지어는 이렇게 편집된 필첩만으로 역사적 흐름과 학문적 흐름을 밝혔다고 평가한 것이다. 독자들이 『필적유휘』를 읽다 보면 이 말에 일리가 있음을 알게 될 것이다.

7첩은 다시 세부 항목 또는 편篇으로 갈리는데, 여기에는 편집자 조홍진의 그러한 의도가 들어 있다. 조홍진의 편집 구성 의도를 파악하기 위해서 그의 학문적 입장과 당파 등을 고려해야 한다. 이 때문에 본 해제에서는 유학사적 입장에 서서 작가들의 학맥을 살필 것이다. 이는 학문적·정치적 측면에서 당파라는 관점이 『필적유휘』의 구성에 반영되었기 때문이다.

이렇게 『필적유휘』의 구성과 구성 의도를 밝히면 『필적유휘』의 전체를 개관할 수 있다. 여기에 더하여 작품 내용을 해설하는 일이 꼭 필요하다. 그러나 해제의 특성상 234점의 작품에 대해 다 설명할 수는 없다. 이것은 번역본을 보면 어느 정도 해결될 수 있을 것이다.

『필적유휘』는 여러 분야의 연구 주제로 나눌 수 있다. 조선 유학을 연구하는 사람이라면 필적에서 드러나는 유학자의 숨결을 그대로 느낄 수 있다. 더욱이 『필적유휘』의 제2첩과 제3첩, 즉 '하'와 '추'는 순수하게 예술과 관련된 작품이다. 예술 혹은 예술사·서예사 전공자라면 조선을 관통하는 예술혼을 파악할 수 있다. 즉 이 서화첩만으로도 충분히 예술사를 서술할 수 있다. 이는 한국학과 관련된 다른 분야에서도 마찬가지이다.

『필적유휘』에 실린 작품은 유일본이다. 가끔 문집에 들어 있는 내용과 동일한 것도 있으며, 심지어는 다른 첩본帖本에 똑같은 자료가 실린 것도 있지만 번역자의 한 사람으로 과감히 말하건대 여기에 실린 것이 초고이고 진본이다. 더욱이 국보 139호로 지정된 〈자화상〉의 화가 윤두서尹斗緖(1668~1715)의 회화 작품은 이 책에서 최초로 공개가 되는 것이다. 이러한 자료를 학계와 일반인들에게 소개함으로써 좋은 작품을 감상함은 물론 작품에 대한 해석의 다양성을 기대해 본다.

---

01 『筆跡類彙』 '春' 「序」, "我東, 則素不嫺摹刻書帖. 而好事者, 往往集古人簡牘, 作爲書廚之珍. 惟其聚之也務博, 擇之也不精, 觀者病焉. 趙學士寬甫, 志古而嗜書, 蒐羅東方名人手跡. 上下數百年之間, 儒賢才士達官高人, 無不備載. 而各立部家, 群分類聚, 翰墨之林, 儼有史法, 覽人物之盛衰, 感世級之升降, 其用心, 可謂勤且精矣."

2. 『필적유휘』의 편집자와 성첩成帖 시기

『필적유휘筆跡類彙』의 편집자는 조홍진趙弘鎭(1743~1821)이다. 그의 자는 관보寬甫, 호는 창암愴嵒,[02] 본관은 풍양豊壤이다. 1783년 대과에 급제한 이후 관직을 두루 역임하였고, 정조 때는 초계문신으로 발탁되는 등 학문적 역량이 우수하였다. 그의 행력은 학계에 자세히 알려져 있지 않다. 그러나 '조선왕조실록' 등을 살펴보면 그의 행력을 대강 추정할 수 있다. 그는 정조 5년인 1781년 가주서를 역임했고, 왕의 신임을 받아 1783년에는 강원도 암행어사로 나가기도 하였다. 1784년에는 이조 좌랑에서 산청 현감으로 옮기기도 하였고, 이후 교리·응교 등으로 승진하였다. 1799년 그는 정조와 심환지沈煥之의 연결고리 역할을 하였는데, 이때 그는 승지의 자리에 있었다. 또한 순조 때는 의주 부윤을 역임하고 종2품의 벼슬에 올랐다.[03] 홍경모洪敬謨의 『관암전서冠巖全書』에 근거하면 이때 대사헌에 오른 것으로 보인다. 그리고 족보에는 그가 기로소에 들어간 것으로 기록되어 있다.

그러나 왕조실록 등에 나오는 기록으로는 그가 무슨 관직을 했는지 추정할 수 있지만, 그의 사상이나 학파, 성향 등은 알 수 없다. 하지만 그의 가문을 살펴보면 그의 사상적 성향이나 정치적 성향의 실마리를 파악할 수 있다.

이 족보는 풍양조씨 문중 가운데서도 사인공파舍人公派를 중심으로 기술하였고, 다시 그 가운데서도 조홍진의 가계를 적시하였다. 사인공은 조대수趙大壽(1655~1721)이다. 그는 의정부 사인 벼슬을 하였다.[04] 위의 족보는 복잡하지 않고 알기 쉽게 만아 들을 위주로 정리를 한 것이다. 『세보원류世譜源流』를 보면 조홍진은 생부는 조재검趙載儉으로, 조석명의 둘째 아들이었다. 조홍진은 큰아버지인 조재운에게 입후入後되었다. 그리고 여기서 한 가지 중요하게 포함시켜야 할 사항은 그의 사위가 홍경모洪敬謨(1774~1851)이며, 홍경모의 할아버지가 홍양호洪良浩(1724~1802)라는 사실이다.[05] 여기서 조홍진의 당색이 소론임을 알 수

---

02 조홍진의 호는 족보인 『世譜源流』와 『家乘』에는 '愴嵒'이라 되어 있고, 그의 사위의 문집인 洪敬謨의 『冠巖全書』 권29에 '窓巖'이라 되어 있다. 생몰년은 『가승』에 나오며, 또 遺稿가 있다고 하였지만 아직 발견되지 않았다. 그의 유고가 발견된다면 연구의 범위는 더욱 확대될 수 있을 것이다. 『세보원류』와 『가승』은 사인공파에서 한국국학진흥원에 기탁한 족보 자료이다.

03 이상은 『정조실록』과 『순조실록』, 『세보원류』와 『가승』에 나오는 조홍진의 행력을 정리한 것이다.

04 사인공 조대수의 묘표인 『楓川碑刻』에 따르면 조대수는 '議政府 舍人'을 했고 左贊成에 증직되었다고 기록되어 있다.

05 정확히 밝혀진 것은 아니지만 홍양호와 교유하던 사람의 상당수가 조홍진과 교유했을 가능성이 있다. 이에 대해서는 진재교, 「홍양호의 교유관계와 문학활동에 대하여」, 『한문교육연구』 13권, 1999를 참조하기 바란다.

있다. 조홍진의 혼맥 역시 소론이며, 정조 때는 상당히 권세를 떨친 가문이라 할 수 있다. 이는 당시 정치적 영향력도 크게 가졌음을 의미한다. 『필적유휘』는 이러한 학맥적·정파적 배경 하에서 나온 것이다. 이것은 『필적유휘』의 전체적 성격을 규정한다.

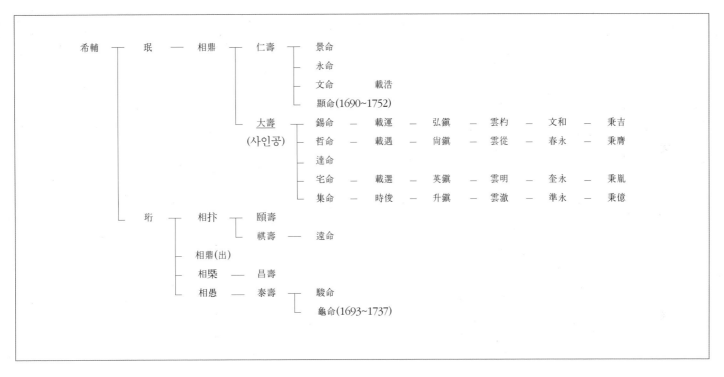

〈풍양조씨 사인공파 파보〉[06]

---

06 이 족보는 『세보원류』와 『가승』에 근거하여 정리하였다.

『필적유휘』제1첩 '춘春'에는 조홍진의 사돈인 이계耳溪 홍양호洪良浩의 서문이 들어 있는데, 홍양호가 서문을 지은 것은 앞서 설명한 여러 관계가 작용했음을 추측할 수 있다. 홍양호 역시 명필이었다. 이 서문도 하나의 초서 작품으로서『필적유휘』에 들어가 있으면서『필적유휘』를 이끄는 말이기도 하다.[07] 이 서문을 통해『필적유휘』전체를 개관할 수 있다. 이 서문은『이계집耳溪集』에도 실려 있으나, 몇 글자의 출입이 있다. '들어가는 말'에서 이미 인용한 부분이지만 지금은 사진과 함께 이를 보도록 하자.

학사 조관보趙寬甫는 옛것에 뜻을 두고 글씨를 좋아하여 동방 명인들의 수적手跡을 널리 모았는데, 상하 수백 년 동안의 유현儒賢·재사才士·달관達官·고인高人 등의 편지를 두루 싣지 않음이 없었다. 그리하여 각각 부문을 두고 부류대로 나누어 모으니 무수한 글씨가 엄정히 사법史法이 있었고, 인물의 성쇠를 볼 수 있고 세도의 승강을 느낄 수 있게 하였으니, 그 마음씀은 참으로 부지런하고 정밀하다 할 수 있다.

趙學士寬甫, 志古而嗜書, 蒐羅東方名人手跡. 上下數百年之間, 儒賢才士達官高人, 無不備載. 而各立部家, 群分類聚, 翰墨之林, 儼有史法, 覽人物之盛衰, 感世級之升降, 其用心, 可謂勤且精矣.[08]

-홍양호의 서문[09]

---

07 참고로 홍양호의 글씨가『필적유휘』'冬'에도 들어 있다.

08『筆跡類彙』,『筆跡類彙序』.

09『필적유휘』는 초서 작품과 간찰이 많다. 이에 인용을 할 때, 가능하면 사진을 함께 쓰고, 사진을 쓸 때는 인용문과 번역문을 함께 본문에 노출하여 독자들이 읽기 편하게 하겠다.

즉, 조홍진의 성품이 원래 옛날 선현들의 글씨를 좋아하였고, 이에 직접 조선 명현들의 글씨를 모으고 분류하여 첩으로 만들었다는 것이다. 이 서문대로 보면 그는 유현儒賢·재사才士·달관達官·고인高人 등으로 분류하였는데, 『필적유휘』의 편 분류를 서문의 말에 따라 구분할 수 있지만, 실제 분류는 이 보다 더 세부적이다. 홍양호 서문의 끝에는 이 서문을 쓴 날짜가 기록되어 있다.

병진년(1796) 중추仲秋에 이계耳溪 홍양호洪良浩가 73세로 짓다.[10]

이것으로 『필적유휘』가 편찬된 때를 1796년 즈음이라 추정할 수 있다. 이때 조홍진의 나이는 54세였다. 서문은 『필적유휘』 '춘' 속에 함께 배접되어 있다. 홍양호의 서문이 배접된 상태로 보면 1796년 전후라는 것이 좀 더 분명해지는데, 이는 배접된 바탕지를 보면 알 수 있다.

〈서문의 바탕지〉

〈다른 부분의 바탕지〉

---

10 앞의 책, 『筆跡類彙序』, "丙辰中秋, 耳溪洪良浩, 七十三歲書."

이를 보면 서문을 가장 나중에 배접한 것임을 알 수 있다. 이미 다른 것은 첩으로 완성해 놓고, 서문을 가장 나중에 배접하여 붙인 것이다. 그러므로『필적유휘』편집 연도 또는 성첩成帖 연도를 설령 오차가 있다고 가정하더라도, 1796년 즈음으로 보는 것이 타당하다. 실제로『필적유휘』에 1800년까지 생존한 인물은 '추秋'의 마지막 작품 황운조黃運祚(1730~1800)밖에는 없는데, 그가 쓴 작품은 연도 표기가 없지만 1700년대 중후반에 쓴 것임을 추정할 수 있다. 작품의 대부분은 1780년 이전 작품이며, 가장 빠른 작품은 '절節'에 있는 원천석元天錫(1330~?)과 길재吉再(1353~1419)이다. 즉 가장 빠른 작품은 고려 시기의 창작된 것이다. 그런데 아쉽게도 각 첩의 첫 작품과 마지막 작품에는 작품을 쓴 연도가 표기되지 않은 것이 있이 정확한 작품 창작 연도는 알 수 없다. 하지만 인물별로 보자면 1330년에서 1800년까지의 인물이고, 창작 연도는 최초 인물과 최후 인물을 기준으로 그보다 몇 십 년은 줄어들 것이다.

3.『필적유휘』의 목록 구성

『필적유휘』의 구성을 살펴보면 총 7첩으로 이루어져 있다. 각 첩은 제1첩 '춘春'·제2첩 '하夏'·제3첩 '추秋'·제4첩 '동冬'·제5첩 '사四'·제6첩 '시時'·제7첩 '절節'의 순서로 구성되었다. 다음은『필적유휘』7첩에 대한 표지 사진이다.

〈『필적유휘』 7첩의 표지 사진〉

『필적유휘』의 크기는 세로 33cm이고 가로 22cm이며, 총 7첩이다. 표지는 저지楮紙이며, 내지의 바탕지 역시 저지이다. 표지만 보면 각 첩이 어떻게 분류되었는지 한눈에 살필 수 있다. 서문에서『필적유휘』는 유현儒賢·재사才士·달관達官·고인高人 등으로 분류하였다고 하였다. '춘春'은「학행學行」과「청사淸士」[11]의 작품을 수록하였다. 서문의 분류를 따른다면 이는 '유현'이라 할 수 있다. '하夏'와 '추秋'는 각기「서법 상書法上」,「서법 하書法下」를 수록하였는데, 여기에는 명필로 명성을 떨친 사람들의 작품을 '상'에서부터 '하'까지 시대순으로 수록하고 있고, 그들의 회화 작품이「서법 상」에 2점,「서법 하」에 3점이 실려 있다. '하'와 '추'는 예술성과 작품성이 가장 풍부하다.[12] 이 부분은 서문에서 말한 '재사'라고 할 수 있다. '동冬'은「문인文人」과「시인詩人」편으로 작품이 구성되었고, '사四'는 문장가들의 작품을 담았다. 편명은「사한詞翰」이다.「사한」은 문장가들이다. 홍양호의 서문에 따르자면 '재사'라 규정한 것은「서법 상」과「서법 하」를 지칭하는 것 같다. 재사는 기예가 있는 사람을 지칭하는 것이다. 그러면 서문에서는 '문장가'에 대한 규정이 빠져 있다. '달관'은 관료에 대한 것이고, 그 중에서 제7첩의「명절名節」을 '고사高士'라 칭한 것이라 여겨진다. 그리고 '시時'는「명신名臣」, '절節'은「명상名相」·「명절名節」·「훈신勳臣」·「척신戚臣」·「무장武將」의 작품을 수록하여 전체적으로는 '달관'이지만,「명절」을 '고사'라 할 수 있다. 이『필적유휘』7첩을 도표로 보면 이해하기가 훨씬 쉽다.

11「학행」,「청사」등은 각 첩의 편명이면서 동시에 이 편이 담고 있는 작품들의 성격을 규정한다.

12『필적유휘』'하'와 '추'에 있는 작품들은 당시부터 그림과 글씨에 뛰어난 인물들이다. 예술 작품을 논할 경우 반드시 기예가 있어야 하고 그 기예를 바탕으로 '心手相應'해야 한다. 기예와 기교적 측면에서는 이들 첩에 있는 작품이 뛰어나다는 것은 인정할 수밖에 없다. 그리고 골동품적 가치 역시 '하'와 '추'에 수록된 것이 가장 크다.

『필적유휘』	작가	비고
제1첩 『필적유휘』춘	「學行」 1 趙光祖(1482~1519) 2 李彦迪　3 成守琛　4 李滉 5 曺植　6 朴英　7 許曄 8 李珥　9 成渾　10 奇大升 11 趙穆　12 金誠一　13 鄭逑 14 鄭經世　15 金長生　16 張顯光 17 金集　18 尹宣擧　19 宋浚吉 20 宋時烈　21 兪棨　22 李端相 23 權諰　24 李惟泰　25 朴世采 26 尹拯　27 尹拯　28 尹拯 29 林泳　30 權尙夏　31 鄭齊斗 32 沈銄　33 尹東源　34 李縡 35 李德胤　36 李養源　37 李喬年 「淸士」 38 미상(柳河南)　　39 成運 40 林亨秀　41 李義健　42 趙聖期 43 蘇疑天(?~?)	작품수 43 작가 41
제2첩 『필적유휘』하	「書法上」 1 祝允明(1460~1526) 2 王世貞　3 朱之蕃　4 金絿 5 成守琛　6 成守琛　7 李滉 8 李滉　9 韓濩　10 韓濩 11 楊士彦　12 李志定　13 李埈 14 金玄成　15 白振南　16 吳竣 17 吳竣　18 申翊聖　19 宋浚吉 20 宋浚吉　21 趙涑　22 趙涑(회화) 23 趙之耘(회화) 趙相愚(화제) 24 趙相愚　25 尹舜擧　26 尹拯 27 尹拯　28 朴泰維 29 李正英(1616~1686)	작품수 29 작가 23 회화 작품 2 화제 1

조선 명현의 서화첩 필적유휘필적類彙 해제

제3첩 『필적유휘』추	「書法下」 1 李溆(1662~1723) 2 尹斗緒　　3 尹斗緒(화제) 4 尹斗緒(회화) 5 尹德熙 6 尹德熙(회화) 7 曺命教　　8 尹淳 9 尹淳　　10 李宜炳　11 李宜炳 12 趙榮祐　　13 趙榮祐(회화) 14 李匡師　15 李匡師　16 李匡師 17 李匡師　18 李匡師　19 李匡師 20 李匡呂　21 姜世晃　22 姜世晃 23 徐懋修　24 曺允亨　25 曺允亨 26 金相肅　27 黃運祚 28 黃運祚(1730~1800)	작품수 28 작가 14 회화 작품 3 화제 1
제4첩 『필적유휘』동	「文人」 1 徐居正(1420~1488) 2 金宗直　　3 許曄　　4 李廷龜 5 申欽　　6 崔岦　　7 張維 8 李植　　9 申最　　10 金錫胄 11 許穆　　12 朴世堂　13 金昌協 14 崔昌大　15 李德壽　16 趙龜命 17 黃景源　18 洪良浩 「詩人」 19 朴祥　　20 鄭希良　21 鄭士龍 22 李山海　23 盧守愼　24 李晬光 25 車天輅　26 權韠　　27 李安訥 28 李弘胄　29 鄭斗卿　30 金昌翕 31 金萬重　32 李秉淵　33 李匡呂 34 李匡呂(1720~1783)	작품수 34 작가 33

제5첩 『필적유휘』사	「詞翰」 1 金馹孫(1464~1498) 2 柳根　　　3 李好閔　　　4 李敏求 5 趙希逸　　6 蔡裕後　　　7 李明漢 8 李昭漢　　9 李一相　　　9 李殷相 10 姜栢年　11 李端夏　　12 吳道一 13 朴泰淳　14 金壽恒　　15 南龍翼 16 沈尙鼎　17 林象德　　18 吳光運 19 李廷爕 20 李天輔(1698~1761)	작품수 20 작가 20
제6첩 『필적유휘』시	「名臣」 1 安瑭(1461~1521) 2 申用漑　　3 李賢輔　　　4 李延慶 5 李瀣　　　6 李仲悅　　　7 朴淳 8 李濟臣　　9 鄭澈　　　10 沈喜壽 11 金富弼　12 郭再祐　　13 韓浚謙 14 洪履祥　15 洪葳　　　16 金時讓 17 金世濂　18 李德洞　　19 徐湞 20 趙絅　　21 鄭世規　　22 奇自獻 23 尹煌　　24 金尙憲　　25 李景稷 26 李敬輿　27 吳允謙　　28 趙翼 29 趙錫胤　30 李慶億　　31 李時術 32 尹文擧　33 尹元擧　　34 朴長遠 35 趙復陽　36 尹趾仁　　37 崔錫鼎 38 趙持謙　39 韓泰東　　40 崔奎瑞 41 李光佐　42 閔鎭厚　　43 朴文秀 44 李匡德　45 趙顯命 46 李宗城(1692~1759)	작품수 46 작가 46

제7첩 『필적유휘』절	「名相」 　1 李浚慶(1499~1572) 　2 李元翼　　3 李恒福　　4 李德馨 　5 柳成龍　　6 崔鳴吉　　7 鄭太和 　8 李景奭　　9 金堉　　10 南九萬 11 尹趾完 「名節」 12 吉再(1353~1419) 13 元天錫(1330~?)　　14 鄭蘊 15 尹集　　16 曹漢英　　17 金尙容 18 金尙憲　　19 鄭雷卿　　20 朴泰輔 21 吳斗寅 「勳臣」 22 申叔舟　　23 洪瑞鳳　　24 金瑬 25 李貴　　26 元斗杓　　27 張晚 「戚臣」 28 金左明　　29 閔鼎重　　30 金萬基 31 金柱臣 「武將」 32 李浣　　33 柳赫然 34 申汝哲(1634~1701)	작품수 34 작가 34

〈『필적유휘』구성표〉

　　이상에 근거하면 『필적유휘』에 실린 작품수는 총 234점이며, 인물은 205명이다. 『필적유휘』 수록된 것은 대부분이 간찰이지만, 문인들의 시와 서문, 그리고 회화 작품과 그에 따른 화제畵題까지 들어 있다. 가장 많이 실린 사람은 이광사李匡師로 6작품이 수록되었고, 다음은 윤증尹拯이 5작품이다. 성수침成守琛, 이황李滉, 윤증은 「학행」과 「서법」에 동시에 수록되어 있다. 이들은 학문도 우수했고, 글씨도 잘 썼다는 것이다. 「서법 상」과 「서법 하」를 제외하고는 대부분 간찰이다. 화제의 경우 따로 쓰인 것은 각각을 작품으로 보았고, 회화 속에 씌어진 화제인 경우 한 작품으로 간주하였으나 작가는 두 명으로 보았다. 여기까지가 대략의 구성이다.

4. 『필적유휘』의 전래와 서지적 특징

『필적유휘』의 현 소장자는 풍양조씨 사인공 종파의 후손 조남혁 씨이다. 이를 볼 때, 『필적유휘』는 조홍진이 성첩을 한 후 집안 대대로 전래되었음을 알 수 있다. 소장자 조남혁 씨는 바로 조홍진의 7대손이다. 그리고 『필적유휘』에는 각 작품마다 작가에 대한 소개를 하고 있다. 사진에서 보는 바와 같이 펜으로 정리한 모습이다. 이 부분은 조홍진의 6대손이자 소장자 부친인 조영구(1915~2002) 옹이 정리하였다. 조영구 옹은 일제 강점기에 경성제대를 다녔다고 한다.[13] 인물을 하나하나 정리했을 뿐만 아니라, 집안에는 이미 『필적유휘』 '서문'에 대한 번역 원고가 원고지에 정리된 상태였다. 이것은 2013년 한국국학진흥원에 기탁 보관되었다. 또 위의 사진을 보면 배첩한 바탕지 옆에 작가의 이름(호)를 써 놓았는데,[14] 이는 원 편집자인 조홍진의 글씨이다. 아울러 표지의 글씨도 조홍진의 글씨이다.

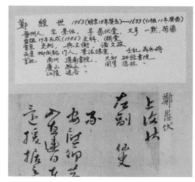
〈작가를 펜으로 정리한 모습〉

풍양조씨 사인공종파에는 『필적유휘』 이외에도 위에서 설명한 족보류와 『간독簡牘』, 『서간첩書簡帖』, 『이주간독伊州簡牘』, 『인우첩鱗羽帖』 『혁제赫蹄』 등의 간찰첩을 소장하고 있다. 이 역시 한국국학진흥원에 기탁 소장되어 있으며, 간찰 연구의 자료로 활용할 수 있다.

---

13 소장자 조남혁 씨와 인터뷰.
14 배접한 작품 귀퉁이에 직접 쓰기도 하였다.

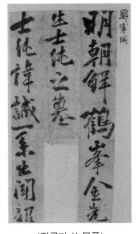

〈회재 이언적의 필적〉　　〈정구가 쓴 묘표〉

『필적유휘』는 편집자가 명확하고, 또한 전래의 과정 역시 분명하다. 편집자 조홍진은 초계문신으로 뽑힐 만큼 뛰어난 학자였기에 그는 뛰어난 감식안을 지니고 필적 자료를 수집하였으며, 분명한 자신의 견해를 가지고 이를 편집하였다. 그리고 많은 경우 피봉과 수결을 모두 붙여 놓아 진품 여부를 파악하기 쉽게 했다. 다만 1400년대의 작품들은 그에게서도 최소 300년의 시간적 차이가 난다. 그럼에도 위작이라고 할 만한 것을 발견할 수 없다.

『필적유휘』를 설명하는 데 빼놓을 수 없는 것이 편집자의 편집 구성안이다. 이는 서지적 특성을 살피는 것이다. 『필적유휘』는 원작품을 그대로 싣는 경우도 있지만 원작품을 잘라 편집한 경우가 많다. 편집이 된 작품들은 일반적으로 볼 때, 첩의 크기에 맞추어 잘라 넣은 것이다. 가장 기본적인 편집 방식은 한 작품을 두 장으로 잘라서 나누고 각 면에 잘라 배치하는 것이다. 여기에서는 이러한 것을 넘어서는 부분을 몇 가지 사례를 들어 설명하고자 한다.

『필적유휘』「춘」「학행」의 이언적 작품의 경우 조홍진이 온전한 작품을 얻지 못해 한 글자씩 잘라 넣었다. 이 작품은 "內資副正" 4글자만이 하나로 연결된 부분이다.[15] 이 작품은 왜 한 글자씩 잘라 넣었는지 명확히 밝힐 수가 없다. 또 성姓인 '이李' 자 뒤에 한 칸을 비우고 수결을 넣었다. 『필적유휘』를 통털어서 이렇게 한 글자씩 붙인 것은 이 작품 밖에는 없다. 이 작품은 글의 내용보다는 이언적의 필적을 보여 주려는 의도를 담았다.

그리고 옆의 사진은 정구鄭逑가 지은 김성일金誠一의 묘표이다. 이 경우는 원래 지었던 묘표가 아래로 길어 원래의 묘표를 한 줄씩 자르고, 첩의 길이에 맞추어 재단을 한 경우이다.[16] 이것은 편집의 의도를 분명히 알 수 있다.

그리고 피봉의 경우 상당 부분 편지의 앞에 잘라 넣은 부분이 많다. 또한 편지의 양이 많을 때는 일부분을 떼어 편지의 윗 부

---

15 이 원문은 다음과 같다. 『필적유휘』, 「춘」, 이언적 작품, "與兄此別, 生亦爲執右. 欣使汝處良, 并爲末官事功矣. 內資副正, 李." 임의로 표점을 찍었지만, 설령 번역이 된다 하더라도 큰 의미가 없다. 오히려 이 작품은 이언적을 글씨를 보여 주는 데 의의가 있다.

16 이 원문은 다음과 같다. 『필적유휘』, '춘', 「학행」, 정구 작품, "明朝鮮鶴峯金先生之墓. 士純諱誠一, 系出聞韶……."

분에 넣거나 아니면 날짜 등을 다시 본문 속에 넣어 처리하는 경우가 있다. 이는 한눈에 보고 읽기 쉽게 하기 위한 것이다.

그런데 작품들의 일부분을 고의로 결락시킨 부분이 있다. 이 서거정 작품의 경우 「묘향산에 유람가는 욱 상인을 전별하는 시의 서문[送郁上人遊妙香山詩序]」인데, 한국 초기 서예사를 살펴볼 수 있는 중요한 작품이다. 그런데 제목 하단부가 아예 잘려 있다. 분명히 이 부분에는 글이나 인장이 있었을 것이며, 그것은 아마 조홍진 이전의 소장자에 관한 기록이었을 것이다. 이수광의 작품 경우 무슨 내용인지를 아예 추정할 수조차 없다. 다만 붉은 색의 글씨로 편지지의 화문 花紋을 표시하고 있는 "漢蔡中郎竹冊"이라는 표기만을 부각해서 남겨 놓았다. 그리고 권필의 작품 경우 제목이 '차운次韻'으로 되어 있다. 그런데 이 사진을 자세히 보면 '차次' 자는 원래의 종이에 그대로 기록된 것이며, '운韻'은 종이를 아주 섬세하게 잘라 붙인 것이다. 실제로 '차次' 밑에는 2~3글자가 들어갈 부분이 있다. 이 부분을 오려 내었고, '운韻' 자는 아래에 있는 것을 떼어 붙였다. 이는 분명 '차□□운次□□韻'이며, 빈자리에는 사람 이름이 들어갔을 것이다. 당시는 정조의 때인데, 차마 넣을 수 없는 인물이었을 것이다. 이는 『필적유휘』 편집에 어느 정도 정치적 고려를 했음도 의미한다.

마지막으로 소개할 것은 『필적유휘』 앞뒤 간지와 '춘'의 경우 별지에 붙어 있는 전체에 대한 목록이다. 옆의 사진은 제1첩 '춘'에 별지로 붙은 목록이다. 『필적유휘』에는 저자가 기록되지 않은 작품이 있는데, 사실 이 목록을 통해 그 작품이 누구의 것인지 확인되는 것도 있지만, 확인되지 않는 것도 있다. 또 각 첩에 붙은 것 중 알아볼 수 없는 것이 많다. 다만 이 역시 중요 서지 사항이므로 여기에 기록한다. 이렇게 목록 작업을 한 것은 조홍진의 후손이 하였을 것이라 추정된다. 그것은 글씨체나 도장의 모양으로 추정하였고, 또한 『필적유휘』가 후손가에서만 전래되어 내려왔기 때문이다. 이 목록은 첩에 따라서 다르지만 앞 혹은 뒤쪽 간지 부분에 있으며, 글자를

(왼쪽부터)
〈서거정의 작품〉
〈이수광의 작품〉
〈권필의 작품〉

〈'춘'에 붙어 있는 작품 인명록(별지)〉

알아볼 수 없는 경우도 있다. '춘'에 기록된 목록이 가장 판독하기 좋은데, '춘'의 경우는 종이를 따로 붙여서 목록을 만들었다. 이 부분은 『필적유휘』 전체에 대한 목록을 수록하고 있어 그래도 원래의 작품과 대조할 수 있다.

『필적유휘』는 각 인물들의 작품을 각 편篇 아래에서는 대부분 시대의 순서에 따라 편집하였다. 다만 '춘' 「학행」의 경우 송당松堂 박영朴英(1471~1540)이 가장 빠른데 학문적 역량 때문인지 이를 여섯 번째에 배치하였고, '절' 「명절名節」의 경우 원천석元天錫(1330~?)이 더 빠르나 길재吉再(1353~1419)를 앞에 넣었다. 이 경우를 제외하면 모두 시대순으로 배치하였다. 그리고 한 첩 내에서 다음 항목으로 넘어갈 때는 일반적으로 간지 하나를 두고 다시 시작하기에 항목을 분류하는 데 큰 어려움이 없다.

『필적유휘』는 대략 80% 정도가 초서 간찰을 모은 것이기는 하지만, 앞서 말한 대로 '하', '추'의 경우 초서 작품, 전서 작품, 회화 작품 등도 있어 초서 간찰만을 담고 있지는 않다. 그럼에도 초서 간찰의 비율이 가장 크며, 다만 몇몇 편에 '시고詩稿'가 있다. 시들은 문집에 실린 경우가 많으나, 『필적유휘』에는 초고草稿가 담겨 있어 애초 어떻게 시를 지었는지 파악할 수 있다. 또한 간찰들은 대부분이 피봉이 붙어 있어 수신자를 파악할 수 있는 경우가 많고, 수결이나 인장이 들어 있는 것들도 많다. 이에 『필적유휘』는 선현들의 친필을 볼 수 있는 좋은 자료이다.

5. 유학사적 측면의 『필적유휘』 구성

『필적유휘』의 편집자 조홍진趙弘鎭은 유학자이다. 그는 자신처럼 유학자들의 작품을 가장 중시하였다. 이는 『필적유휘』 제1첩 '춘'이 「학행學行」과 「청사淸士」로 이루어진 것에서도 파악할 수 있다. 그는 가장 중요하다고 여긴 것을 가장 앞세워 편집하였다. 그리고 선현들의 필적을 정리하는 과정에서 자신이 담은 당파적 입장을 고스란히 반영하였다. 그는 소론이었고, 집안 역시 소론의 가문에서 태어나 소론계 인사들과 많은 연을 엮었다. 이에 간찰의 수집과 편집을 소론 위주로 하였다. 이는 곧 『필적유휘』가 소론계 당색을 기반으로 편집되었음을 말한다. 그리고 학파적으로는 '우계학파'를 위주로 편집하였다. 이에 『필적유휘』는 제1첩 '춘'의 「학행」만 분석하여 편성 의도를 파악하여도 『필적유휘』 각 편 전체의 편성 의도를 알 수 있다. 그 나머지 편들도 이 편성 의도가 관통하고 있기 때문이다.

'춘'의 「학행」은 조광조趙光祖·이언적李彦迪으로부터 이교년李喬年에까지 이른다. 「학행」에는 36개 작품이 수록되어 있는데, 윤증尹拯의 작품은 세 작품이어서 34인의 작품이 수록되어 있다. 그리고 「청사」 항목에는 6인의 6작품만 수록되어 있어, 『필적유휘』 「춘」이 대부분 학행들을 다루고 있음을 알 수 있다.

『필적유휘』의 편찬자 조홍진이 내세운 「학행」의 첫 번째 인물은 조광조趙光祖(1842~1519)이다. 만약 조광조보다 앞선 시대의 유학자가 없다면 그가 「학행」의 첫머리에 있는 것은 당연하다. 그런데 『필적유휘』 '동'에는 조광조의 스승인 김종직金宗直이 「문인」편에 수록되어 있다. 조광조는 분명 김굉필金宏弼과 또 김굉필의 스승 김종직을 계승하여 사림士林의 영수가 되었다. 특히 조홍진은 길재吉再 역시 절개를 지킨 '절節'의 「명절名節」로 분류하였다.

분명 조광조보다 앞선 여말선초의 학자들이 『필적유휘』에 들어 있는데, 조홍진은 오히려 후대 인물이라 할 수 있는 조광조를 가장 앞세웠다. 이렇게 조광조를 가장 앞에 둔 데에는 조홍진 나름의 이유가 있었다. 우리가 흔히 조선의 도통이 정몽주 → 길재 → 김숙자 → 김종직 → 김굉필 → 조광조로 이어진다고 여긴다. 하지만 이는 영남학파의 입장이 강하게 반영된 것으로, 이러한 도통관은 실제로 선조宣祖 때 제기되고 광해군 때인 1607년 문묘종사가 확정되고는 논의는 일단락되었다.[17] 조홍진은 영남 중심의 도통론을 인정하지 않았다. 물론 영남학파 내에서도 한강 정구도 도통을 인정하지 않았고, 남명 조식과 율곡 이이도 이러한 도통관은 인정하지 않았다. 이 입장은 이미 기호학파의 종장인 율곡 이이에게서 제기된다.

> 고려 말 정몽주가 유자儒者의 기상을 조금 지니고 있었으나 그 또한 학문을 성취하지 못하였고, 그가 행한 일을 살펴보면 충신에 지나지 않는다.[18]

이이는 한 걸음 더 나아가 조광조를 조선 리학의 연원으로 삼았다.[19] 범기호학파에 속하는 조홍진은 이이와 같은 입장에 서 있었다.

---

17 조선 시기 도통관에 대해서는 홍원식, 「여말선초 영남사림의 도통과 학통」, 『한국학논집』, 제45집, 2011과 김용헌, 「도학의 형성, 점필재 김종직과 그의 문생들의 도학 사상」, 『한국학논집』, 제45집, 2011을 참조하기 바란다.

18 李珥, 『東湖問答』, "麗末, 鄭夢周稍有儒者氣象, 亦未能成就其學, 迹其行事, 不過爲忠臣而已." 이이 저, 정재훈 역해, 『동호문답』, 아카넷, 2014, 60~65쪽.

19 홍원식, 「여말선초 영남사림의 도통과 학통」, 『한국학논집』, 제45집, 2011, 8쪽 각주 3번 참조.

조홍진이 조광조보다 앞선 유학자가 있었음에도 『필적유휘』 '춘' 「학행」의 첫 시작을 조광조로부터 시작한 것은 바로 이 이유 때문이다.

리학의 학맥과 조선 초기의 정치적 상황으로 설명해 보더라도 이는 해명될 수 있다. 김굉필과 김종직이 조광조라는 인물의 배출에 결정적인 영향을 끼쳤다면, 조광조라는 인물은 바로 이언적이나 이황, 이이를 배출하는 데 결정적인 영향을 끼친 인물이다. 길재, 김굉필, 김종직 등은 영남 사림파이면서 동시에 절의파 계열의 학자들이다. 정몽주에서부터 길재로 이어지는 계보를 흔히 조선 전기의 사림파라 한다. 이와 대비되는 후기 사림파는 이언적, 이황, 이이를 위시한 학자들로, 이들은 모두 영남학파와 기호학파의 종장이다. 그런데 조광조로 오면서 조선 전기 도학파의 성격이 조금 달라진다. 즉 도학의 맥이 영남 사림에서 기호 사림으로 무게가 옮겨진 것이다. 단적으로 조광조는 영남 사람이 아니다. 그리고 이전의 도학은 실천 위주 즉 김굉필 등을 위시한 『소학』 위주의 실천학파였다. 이들은 기본적으로 주체 즉 자기 자신의 유학 이념 실천을 중시했다. 그것이 조광조로 오면서 정치적 실현성, 즉 지치주의至治主義에 근거한 경세론적 성리학의 이념 실현으로 대두되었다.[20] 『필적유휘』의 편집자 조홍진의 관점에서 본다면 우선 조광조에게서 비롯하여 사림의 핵심이 기호학 계열로 옮겨지게 되었다. 여기에 18세기 말에 조홍진이 보았던 한국 유학사의 배경이 이미 내재되어 있는 것이다.

기묘사화로 조광조를 비롯한 사림 세력은 숙청되었지만, 여전히 성리학적 이념과 실천을 중시하고 또한 도학에 근거한 경세론을 펼친 사람이 바로 이언적李彦迪이다. 기묘사화는 조선 학풍을 움츠러들게 하였고, 이에 많은 유학자들은 낙향하거나 산림에 은일隱逸하여 성리학의 이론적 탐구에만 노력을 기울였다. 이언적은 이러한 상황에서도 유학의 실천적 면모는 물론 경세론적 측면에 치중하였고, 이러한 학문적 경향은 이황李滉에게 연결되었다. 『필적유휘』는 기본적으로 조광조, 이언적, 이황의 순서로 작품들이 연결되어 있지만, 이언적과 이황 사이에 성수침成守琛이 배치되어 있고 이황 뒤에는 조식曺植의 작품이 배치되어 있다. 성수침과 조식의 경우는 이언적, 이황, 이이 등과 달리 은둔처사형의 인물들이며, 관직에 나아가지 않았다. 성수침과 조식은 은둔형이자 실천형 학자이기는 하지만, 그 학문적 위상은 결코 낮지가 않다. 또한 그들이 직접 경세적 입장에서 정치에 참여하지는 않았지만, 후학들을 통해 서서히 정치에 구현되기도 한다. 더욱이 이들의 학문적 위상은 매우 높다고 할 수 있다.

또 『필적유휘』의 편집자인 조홍진은 자신이 소론이라는 당파적 입장에서 작품들을 구성하였다. 기호학은 율곡학파와 우계

---

20 한국사상사연구회 편저, 『조선 유학의 학파들』, 예문서원, 1996, 75~81쪽.

학파로 나누어진다. 율곡학파는 당연히 이이의 학술을 근본으로 하고 있으며, 우계학파는 성혼成渾의 학문을 자기 학파의 근간으로 삼는다. 비록 성수침이 자신의 아들인 성혼에 비하면 조선 유학사에서 위상이 낮지만, 성혼의 학술은 아버지인 성수침에 의해 발양되었다고 할 수 있다. 그러므로 우계학파라고 했을 때, 그 근원은 오히려 성수침이라 할 수 있다.

　이 부분은『필적유휘』'춘'의 구성 뿐만 아니라,『필적유휘』7첩 전체를 이해하는 데 매우 중요하다. 성수침은 조광조의 제자이다. 기본적으로『필적유휘』는 소론계의 입장을 반영하여 편집된 것이지만, 이 안에는 사승 관계를 포괄하고 있으며, 비록 작품수는 그다지 많지 않지만 중요한 인물들은 소론계의 입장과는 상관 없이 배치하였다. 소론계라고 했을 때 학파적으로는 성혼을 정점으로 하는 우계학파이며, 그 문하에 배출된 인물들과 심지어 강화학파의 정제두 등 양명학으로까지 이어지고 있다. 이러한 관점은 유학사의 관점과 거의 동일하다.

　　우계학파는 우계牛溪 성혼成渾을 정점으로 그의 문하에 윤황尹煌, 황신黃愼, 이귀李貴, 조헌趙憲, 김상용金尙容, 오윤겸吳允謙, 권극중權克中, 이항복李恒福, 최기남崔起南, 성문준成文濬, 강항姜沆, 이시백李時白, 윤전尹烇, 이정귀李廷龜, 안방준安邦俊, 정엽鄭曄, 신응구申應榘, 김덕령金德齡, 이수광李晬光 등이 있다. 특히 팔송八松 윤황尹煌은 성혼의 사위로 우계학파는 윤황을 통해 그의 아들 노서魯西 윤선거尹宣擧, 손자 명재明齋 윤증尹拯으로 이어진다. 윤증은 소론의 영수였고 송시열宋時烈과 결별 이후 박세채朴世采와 함께 소론계를 이끌어 왔다. 이 와중에서 오도일吳道一, 최명길崔鳴吉, 나량좌羅良佐, 장유張維, 박태보朴泰輔, 정제두鄭齊斗, 한영기韓永箕, 윤동원尹東源, 양득중梁得中, 임상덕林象德, 성지선成至善, 조익趙翼, 박세당朴世堂, 조지겸趙持謙, 임영林泳, 남구만南九萬 등도 범우계학파라고 볼 수 있다. 우계학파의 무실務實 학풍은 정제두를 통해 강화학파로 이어졌고, 조선 양명학의 발흥에 주류로 활약하였다.[21]

『필적유휘』에 위에서 언급한 인물들이 다 들어 있는 것은 아니지만,[22] 위의 인물들과 그리고 그들과 관련된 이들이 작품의 위주를 이룬다고 할 수 있다. 그렇다고 해서 위의 인물들이『필적유휘』'춘'의「학행」에만 있는 것은 아니고, 7편 전체에 고루 흩어

---

21 황의동,「청송 성수침의 도학정신과 무실학풍」,『한국사상과 문화』, 한국사상과 문화 학회, 69집, 2013, 283쪽.

22 그래도『필적유휘』는 인용문에서 언급한 인물들의 대략 70%의 작품이 각 편에 수록되어 있다.

져 보인다. 예를 들어 윤황은 『필적유휘』 '시'인 「명신名臣」에 나오며, 오도일은 '사'의 「사한詞翰」, 이항복은 '절'의 「명상名相」에 걸쳐 나온다. 이렇게 같은 소론 계열에도 각각의 편 구분과 분류를 엄격히 하였다. 물론 길재를 「명절」에, 김종직을 「문인」에 분류한 것도 이와 같은 맥락이다.

이에 다시 한 번 『필적유휘』 춘 「학행」에 실린 인물들을 살펴보면, 이것 자체로도 유학적 계통성을 지닌다. 허엽의 경우 이황과 이이로부터 비판을 받기는 하였지만 서경덕徐敬德으로부터 이어지는 계통성이 있다. 또한 장현광까지는 주로 퇴계로부터 이어진 영남의 인사들을 다뤘고, 김집부터는 본격적으로 기호학파의 인사들을 배치하였다. 여기부터의 인사들은 지역적으로도 서울, 경기, 충청, 전라에 한정되는데, 충청권 인사들이 가장 많다. 윤선거부터 박세채까지는 노소의 분당이 생기기 전이나, 송시열을 제외하고는 소론의 선구가 된 인물들로 볼 수 있다. 그리고 윤증부터 이교년까지는 모두 소론이라 할 수 있다. 물론 여기에는 양명학파도 포함된다.

6. 나가는 말

이상에서는 『필적유휘』 편집자와 구성을 전반을 살펴보았다. 아울러 『필적유휘』가 드러내는 성격과 유학사에 기반한 내용 구성도 고찰하였다. 작품 내용 전반을 언급하자면 개개의 실제 작품의 내용이 학파적 성향이나 당파적 이해를 표출하지는 않는다. 『필적유휘』는 서문에서 언급한 것처럼 편집자 조홍진이 글씨를 좋아하여 모은 하나의 취미벽 또는 풍류 취향에 의한 작품일 수 있다. 그러나 이는 그 개인의 취미벽이 아닌 그의 일파나 18세기 말 문인들에 나타나는 하나의 현상이다. 그의 사위인 홍경모의 『관암전서』의 「사의당지四宜堂志」에 『대동필종大東筆宗』에 대한 소개가 있는데,[23] 여기에 실린 인물의 흐름도 『필적유

---

23 『冠巖全書』, 권23, 「志‧四宜堂志」, "대동필종 : 신라의 김생, 고려의 행촌 이암, 본조의 안평대군 이용, 청송 성수침, 고산 황기로, 봉래 양사언, 이암 송인, 자암 김구, 퇴계 이황, 옥봉 백광훈, 석봉 한호, 남창 김현성, 낙전 신익성, 죽남 오운, 백하 윤순, 원교 이광서의 글씨가 진본으로 성첩되어 있다."(大東筆宗 : 新羅金生, 高麗李杏村嵒, 本朝 安平大君瑢, 成聽松守琛, 黃孤山耆老, 楊蓬萊士彦, 宋頤庵寅, 金自菴絿, 李退溪滉, 白玉峯光勳, 韓石峯濩, 金南窓玄成, 申樂全翊聖, 吳竹南竣, 尹白下淳, 李圓嶠匡師書, 眞本成帖.)

휘』와 유사하다. 이것은 적어도 당대 소론들의 공통된 서화書畫에 대한 인식을 보여 준다. 역으로 당대 소론들의 인식이 이『필적유휘』에 반영된 것일 수 있다.

『필적유휘』는 초서 간찰 등의 작품들을 무작위로 모은 것은 아니다.『필적유휘』는 분명한 구성 의도에 따라 뛰어난 작품들만 장첩粧帖하였다. 조홍진은 유학자적 의식이 강했다. 그의 학술 활동을 자세히 파악할 수 있는 자료는 아직 발굴되지 않았다. 그러나 문과에 합격하여 여러 버슬을 했다는 정황은 분명하게 드러나며, 관료 생활과 학술 활동, 그리고 취미 활동을 동시에 했으리라고 추정할 수 있다.『필적유휘』를 통해 볼 때 조홍진의 유가 의식은 분명하게 드러난다. 이에 유학의 학맥을 통한 작품 배열을 가장 먼저 한 것이다. 이는 그가 '덕德'을 우선시했음을 보여 준다. 제1첩인 '춘'에「청사淸士」가 배치된 것도 이러한 맥락에서이다. 그 다음으로 그는 자신의 취미와 좋아하는 일을 했다. 이것이「서법 상」「서법 하」를 통해 드러나는 예술 작품들이다. 그가 원래 선현들의 글씨를 좋아하였다. 이것이『필적유휘』제2첩과 3첩으로 드러난다. 그 다음의 배열이 문장가이며, 버슬을 한 사람은 가장 나중에 배치하였다. 여기에서 그의 출처관까지 엿볼 수 있다.

이상에서 논의한 것을 토대로『필적유휘』의 가치를 살펴보면,『필적유휘』는 선현들의 필적을 모은 것이지만, 우수한 작품만을 가려서 뽑은 것이다. 작가의 1/3정도는 일반인들이라도 알 수 있는 인물로 구성되어 있으며, 조선 시대와 관련된 약간의 전문적 지식을 갖춘 사람이면 작가 대부분을 이름만 보고도 파악할 수 있다. 이는『근묵』이나『근역서휘』등 소위 집대성류와는 그 특색이 다르다. 그럼에도 불구하고『필적유휘』는 234점이라는 방대한 양의 자료를 계통적으로 분류하여 수록하고 있다. 따라서 이 첩만으로도 조선 서예사와 예술사의 흐름을 파악할 수 있고, 나아가서는 한문학사, 문학사, 철학사 등의 활용 자료로도 사용할 수 있다. 또한 명인들의 작품으로 구성된 만큼 일반인들에게 교양으로서의 필적을 소개할 수도 있다. 그만큼 자료의 질이 훌륭하면서 작가마다의 표준작이라고까지 할 수 있다.

『필적유휘』는 이외에도 수결, 인장 등의 연구 자료가 될 수 있을 뿐만 아니라, 조선 시대 사회상을 엿볼 수 있는 자료들이 있다.『필적유휘』는 다양한 내용과 이야기를 담고 있다. 이 역시 주제별로 분류하여 살펴볼 수 있을 것이다. 더욱이 이들 작품은 상당수 오늘날 영화 필름을 편집하듯 간찰이 편집되어 있다. 이러한 장첩 방식을 살피는 것도『필적유휘』를 더 깊이 이해할 수 있는 방법이기도 하다.『필적유휘』문화예술사 뿐만 아니라 학술적 흐름과 학맥도 살필 수 있는 귀중한 자료이다.

필적유휘 서문 筆跡類彙序

洪良浩
1724年(景宗4年甲辰)生
1802年(純祖2年壬戌)沒
豊山人，初名良漢
字漢師，号耳溪
英祖28年壬申(1752)文科
官至 吏判，判中樞
典文衡，入耆社，諡文獻
工於書藝
纂修 英祖實錄
國朝寶鑑
著書 耳溪方字若干卷

古而嗜書蒐羅東方名人手跡上下

數百年之間儒賢士士達官高人名

不備載而各立部家群分類聚翰

墨之林儼有史法覽人物之盛衰錢

世級之升降其用心可謂勤且精美

使後之攬者指點而論之曰某道學

可尊也某勳業可傳也文章信

美矣名節誠偉而又曰彼發尊祿

厚位不稱德者耶於無毀譽

霅於清濁之間者耶惟其自擇

而取捨焉尔

丙辰仲秋耳溪洪良浩七十三歲書

筆跡類彙序

楊子雲曰書心畫也心畫形而君子小人

見矣故賢者未必皆善書而善書者

率多文雅豪俊之士盖其精神寄於

點畫氣像見於孫擧不可撝也至若片

簡尺牘乃是尋常揮灑而其發於天

機者尤不容矯飾善觀書者善於管

牘焉驗之不獨其人之邪正賢愚抑

贵贱夀殀亦可覘也故古之書法自

滷化帖以下大抵多聚歷代名人簡

牘吾我東則素不嫺摹刻書帖而

好事者泯泯集古人筆牘作蓄書

厨之珍惟其聚之也務博撣之也

不精觀者疵焉趙學士寬甫志

(인장) 筆跡類彙序

楊子雲曰, "書心畵也. 心畵形, 而君子小人見矣." 故賢者未必皆善書, 而善書者率多文雅豪俊之士. 蓋其精神寓於點畵, 氣像見於結構, 不可揜也. 至若片簡尺牘, 乃是尋常揮灑, 而其發於天機者, 尤不容矯餙. 善觀書者, 喜於簡牘焉驗之, 不獨其人之邪正賢愚, 抑貴賤壽夭, 亦可覘也. 故古之書法, 自『淳化帖』以下, 大抵多聚歷代名人簡牘焉. 我東, 則素不嫺摹刻書帖. 而好事者, 往往集古人簡牘, 作爲書厨之珍. 惟其聚之也務博, 擇之也不精, 觀者病焉. 趙學士寬甫, 志古而嗜書, 蒐羅東方名人手跡. 上下數百年之間, 儒賢才士達官高人, 無不備載. 而各立部家, 群分類聚, 翰墨之林, 儼有史法, 覽人物之盛衰, 感世級之升降, 其用心, 可謂勤且精矣. 使後之攬者, 指點而論之曰, "某道學可尊也, 某勳業可傳也, 文章信美矣, 名節誠偉矣." 又曰, "彼官尊祿厚, 位不稱德者耶, 抑無毁無譽, 處於淸濁之間者耶." 惟其自擇而取捨焉爾.

丙辰仲秋, 耳溪洪良浩, 七十三歲書. (낙관 1) (낙관 2)

『필적유휘』의 서문

　양자운楊子雲[01]은 "글씨는 마음의 그림이다. 마음의 그림이 드러남에 군자와 소인이 가려진다."[02]라고 하였다. 그러므로 어진 이가 모두 글씨를 잘 쓰는 것은 아니지만, 글씨를 잘 쓰는 사람은 대개가 학식 있고 우아한 호걸의 선비이다. 그 정신은 점과 획에 깃들어 있으며, 기상은 필획 속에 드러나 가릴 수가 없다. 짧은 편지에 있어서는 곧 평소에 붓을 휘둘렀던 것으로, 천기天機에서 발현된 것은 더욱 꾸밈이 없다.

　글씨를 잘 보는 사람은 편지에서 징험하기를 좋아하여 그 사람의 사정邪正과 현우賢愚 뿐만 아니라, 귀천貴賤과 수요壽夭까지도 알아낸다. 그러므로 옛날의 서법은 『순화첩淳化帖』[03]에서부터 대체로 역대 명인들의 간찰을 많이 모았다. 우리 동방은 서첩 모각하는 것을 좋아하지 않았으나 특별한 흥미를 가진 사람은 종종 고인들의 편지를 모아 글방의 보배로 삼았다. 오직 모으는 데는 많이 모으는 것만 힘쓰지만, 가려 뽑는 데는 정밀하지 못한 것을 보는 사람이 흠으로 여겼다.

　학사學士 조관보趙寬甫는 옛것에 뜻을 두고 글씨를 좋아하여 동방 명인들의 수적手跡을 널리 모았는데, 상하 수백 년 동안의 유현儒賢·재사才士·달관達官·고인高人 등의 편지를 두루 싣지 않음이 없었다. 그리하여 각각 부문을 두고 부류대로 나누어 모으니 무수한 글씨가 엄정히 사법史法이 있었고, 인물의 성쇠를 볼 수 있고 세도의 승강을 느낄 수 있게 하였으니, 그 마음씀은 참으로 부지런하고 정밀하다 할 수 있다. 이후에 열람하는 자를 위하여 "누구의 도학은 높일 만하고, 누구의 공로는 전할 만하며, 문장이 참으로 아름답다거나 명절名節이 참으로 위대하다."라고 말할 수 있도록 하였고, 또 "저 사람은 관직은 높고 복록은 후하지만 지위가 덕에 걸맞지 않은가! 폄훼할 것도 없고 칭찬할 것도 없이 청탁淸濁의 사이에 처한 사람인가!"라고 논할 수 있

---

01 양자운(楊子雲) : 자운은 양웅(揚雄, 기원 전53~기원 후18)의 자이다. 양웅은 전한 시기의 학자이다. 조선시대의 문집에 양웅이 많이 등장하는데, 대체로 그의 뛰어난 학술을 비유하는 데 사용하였다. 저서로는 『태현경(太玄經)』과 『양자법언(揚子法言)』이 있다.

02 글씨는……드러난다 : 이 글은 『양자법언』 「문신(問神)」에 나오는 말이다. 그곳의 번역문과 원문은 다음과 같다. "말은 마음의 소리이고, 글씨는 마음의 그림이다. 소리와 그림으로 드러남에 군자와 소인이 가려진다.[言心聲也, 書心畫也. 聲畫形, 君子小人見矣.]" 서문의 지은이는 이 말을 축약해서 사용하였다.

03 『순화첩(淳化帖)』 : 송대에 만들어진 서첩이다. 궁궐에 소장한 역대 묵적(墨蹟)을 모각한 것인데, 초탁본(初拓本)은 10여 부에 불과하여 송대에 이미 번각판이 나왔다. 역대로 수십 종의 번각판이 있다.

도록 하였으니, 오직 보는 사람이 선택하여 취사할 뿐이다.

병진년(1796) 한가을(8월)에 이계耳溪 홍양호洪良浩가 73세로 짓다.

해설

이계耳溪 홍양호洪良浩(1724~1802)가 쓴 『필적유휘』 서문이다. 자는 한사漢師, 호는 이계耳溪, 본관은 풍산豐山이다. 학문과 문장에 뛰어났으며, 글씨도 뛰어나 많은 작품을 남겼다. 『이계집』 이외에도 많은 저서를 남겼다. 『필적유휘』 '동冬'의 「문인文人」에 그의 작품이 실려 있다. 아울러 이 『필적유휘』의 서문 역시 하나의 초서 작품이다. 『필적유휘』의 서문은 홍양호의 『이계집』 권10에도 실려 있다. 뜻은 비슷하지만 몇 글자의 차이가 있다. 바로 이 글이 『이계집』에 실린 글의 초고인 것이다.

『필적유휘』의 편집자는 서문에 밝힌 대로 조홍진趙弘鎭(1743~1821)이다. 관보寬甫가 자이며, 호는 창암愴嵒, 본관은 풍양이다. 『필적유휘』에 실린 작품들은 모두 그가 수집하고 선별한 작품들이다. 서문을 쓴 이계 홍양호는 조홍진의 사위인 홍경모洪敬謨의 할아버지이다.

두인은 '이계耳溪'이며, 낙관 1은 '한사漢師'이며 낙관 2는 '조선국대학사홍양호朝鮮國大學士洪良浩'이다.

南之德善內外洽之後又不得

保其二孤仲哀之橫夭已是千

萬意外

孝烈血指之誠豈不慮動神明特

此不惧方待回春之眹遽傳此訃

痛哭⋯⋯世間有如此悽惘莫非

吾儕之無祿之友之不幸也宣舉

子即當奔赴而兄長引期已迫

有名方以病故俱陳文字不得出眼

望雪涕痛怛奈何家貧豈無

賻以將本二疋紙二束曇助万一

춘春

· 학행學行

1. 조광조의 시

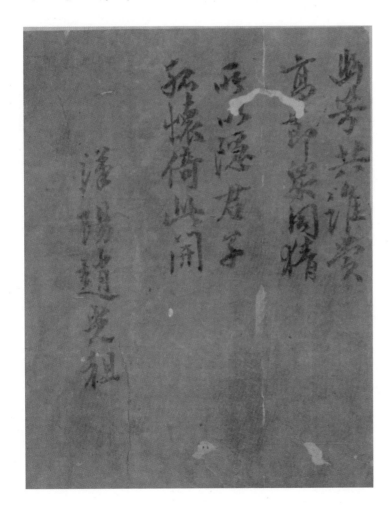

幽芳共誰賞
高節衆同猜
所以隱君子
孤懷倚此開

漢陽, 趙光祖.

그윽한 향기 누가 함께 즐기리
幽芳共誰[01]賞
높은 절조 모두가 시기하네
高節衆同猜
은둔한 군자의
所以隱君子
고독한 회포가 이에 서리어 피기 때문이니
孤懷倚此開

한양漢陽 조광조趙光祖.

해설

조광조趙光祖(1482~1519)가 지은 연작시 8수 중 한 수이다. 『정암집靜菴集』권1에 「강청로姜淸老 은灑의 난죽병풍에 지은 8수 −한 수 없어짐−[題姜淸老灑蘭竹屛八首 一首逸]」이란 제목으로 실려 있다. 김상헌金尙憲(1570~1652)의 『청음집淸陰集』「정암 선생의 난죽화병 시에 적다[題趙靜菴先生蘭竹畫屛詩後]」를 통해 이 시에 대한 상세한 사연을 알 수 있다. 강은姜灑(1492~1552)이 난초와 대나무가 그려진 병풍을 가지고서 조광조에게 글을 요청하여 조광조가 여덟 수의 시를 지었는데, 임진왜란에 병풍이 불에 탄 후에 병풍을 다시 만들 때 여덟 수 중 한 수는 사라지고 일곱 수만이 전한다.

남아 전하는 일곱 수는 아래와 같다. 자료의 내용은 마지막 것이다.

人生本自靜, 淸整乃其眞. 穩毓馨香德, 何殊草與人.

崖懸蘭亦倒, 石阻竹從疏. 苦節同夷險, 危香郁自如.

筍生俄苗葉, 稚長却成竹. 觀物做工夫, 如斯期進學.

嫩質托巖隈, 孤根依雲塋. 倩描寓逸懷, 擬取幽潛德.

南巡飄不返, 哭帝喪英皇. 血染成斑竹, 淚沾漾碧湘.

數竿蒙瞽雨, 葉葉下垂垂. 天意雖同潤, 幽貞恐卒萎.

幽芳誰共賞, 高節衆同猜. 所以隱君子, 孤懷倚此開.

필적유휘 春 學 行

2. 이언적의 편지

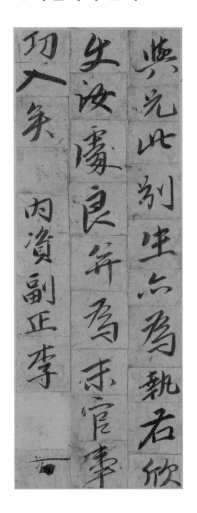

與兄此別, 生亦爲執右. 欣使汝處良, 幷爲末官事功人矣.
內資副正, 李.(수결)

형과 이렇게 이별하고, 저 또한 집우執右[02]가 되었습니다. 여처량汝處良과 함께 말관末官이 되어 공功만 일삼게 되었습니다.

내자부정內資副正 이李

해설

이 편지는 글자를 한 자씩을 오려서 붙여 집자集字한 것이다. 다만 '내자부정內資副正'이라는 관직명만 연결이 되어 있다. 마지막 '이李' 자 뒤에 공란이 있고 그 아래 수결이 있는 듯하나 이것도 완전한 형체를 이루지 못한다. 이 글은 앞뒤로 빠진 글자가 있어 전체적으로 문장이 성립되지 않는다. 그런 까닭에 번역을 하였지만 내용과 잘 맞지 않는다. 많지 않은 이언적의 글씨를 감상할 수 있다는 데 더 큰 의미가 있다.

이언적李彦迪(1491~1553)은 38세이던 1528년 2월에 봉상시 첨정奉常寺僉正을 거쳐 내자시 부정이 되었다. 이 편지는 비록 집자로 되어 있지만 '내자부정'이라는 직함으로 미루어 보아 1528년에 쓰여진 것을 알 수 있다. 이언적은 그해 6월 성균관 사성이 되었다.

---

02 집우(執右) : '집우'는 '집좌(執左)'와 함께 예전에 빚을 줄 때 빌려주는 사람은 오른쪽 반을 가져 집우라 하고, 빌리는 사람은 '집좌'라 하였다고 한다.(『老子』)

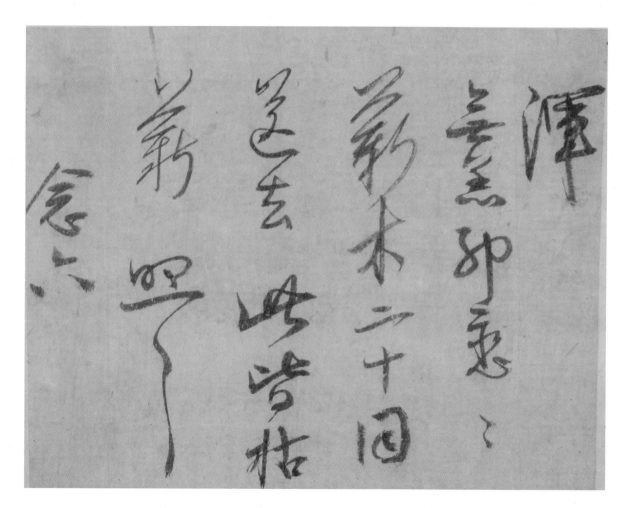

渾, 無恙耶? 戀戀. 薪木二十同送去. 此皆枯薪, 照之.

念六.

혼渾아. 아무 탈은 없느냐? 그립고 그립구나. 땔나무 20동을 보낸다. 이것은 모두 마른 땔감이니, 살펴보아라.

26일

해설

성수침이 공부하는 아들 성혼成渾(1535~1598)에게 마른 땔감 20동을 보내면서 쓴 편지이다. 발신자와 발신 연도는 알 수 없고, 발신 일자는 땔감이 필요한 겨울철 26일이다.

성수침成守琛(1493~1564)의 자는 중옥仲玉, 호는 청송聽松, 본관은 창녕, 시호는 문정文貞이다. 조광조趙光祖의 문인으로, 그의 아들이 바로 율곡 이이와 쌍벽을 이룬 우계牛溪 성혼成渾이다. 성혼은 조선 후기 소론계 인사들의 정신적 지주가 되었다.

4. 이황의 편지

去發　僉伏

問遠　禮安月川趙生員琴一生員

謹拜

伏惟

僉聽履就中今承

孔孟心學者吝禮書議而啓樂先儒十

餘人以苦而李臨齋先生迪之在其中其

集中與忘機堂於無極書錄其名下乞

使因見其書故禮書於郭其書素發

馬馳人去恒家中無子孫在者只有彿因不

辭字不能授出

吕二人中須速馳去授付亦可二其書箱在汴

上東齋架上箱上書彦臨齋遺業入箱其

箱有白衣二冊兩面題臨齋集者是也而

其一去詩也其第二卷文類取此卷曰彿因

封過低外裏授之

右敬菴傳亦其書只呈付亦餘不法言

家亦二郎亦　學ホ　　十七八至

廿日問遠及云坡知悉余亦や

丁卯七月十四滉

滉

[피봉]

士敬聞遠斂白

禮安月川趙生員琴生員 (수결)

前答聞遠書, 已達斂聽否? 就中, 今來天使問, 東國亦有能知孔孟心學者否. 禮曹議所答, 擧先儒十餘人以答, 而李晦齋先生彦迪, 亦在其中. 其集中
與忘機堂論無極太極書, 錄其名下. 天使無乃欲見其書? 故禮曹欲取其書來, 發馬馳人去, 但家中無子孫在者, 只有寂目不辨字, 不能搜出. 君二人中,
須速馳去搜付, 爲可爲可. 其書箱在溪上東齋架上. 箱上, 書李晦齋先生遺藁入箱, 其箱有白衣二册, 前面題晦齋集者, 是也. 而其一卷, 則詩也. 第二
卷, 乃文類, 取此卷, 白紙內封, 油紙外裏, 授送爲可. 兩紙皆取於家中, 爲可. 又有一焉, 士敬若傳得其書, 只送付其件, 不須吾家所藏也. 量處之. 天
使十七入京, 二十日間還發云. 故如是急也.

丁卯七月十四日, 初昏日, 滉.

[피봉]

사경士敬[03]과 문원聞遠[04] 모두에게 알립니다.

예안禮安 월천月川 조趙 생원과 금琴 생원에게 (수결)

이전에 문원에게 답한 편지는 이미 도착하여 모두 읽어 보셨습니까? 드릴 말씀은 지금 오는 명나라 사신이 우리나라에도 공

---

03 사경(士敬) : 사경은 조목(趙穆, 1542~1606)의 자이며, 호는 월천(月川), 본관은 횡성이다. 그는 퇴계의 제자 가운데 퇴계를 가장 가까이서 모셨다. 1552년 생원시에 합격한
이후, 여러 벼슬에 제수되었으나, 부임하지 않았다. 특히 그의 『심경(心經)』 관한 논의는 오히려 이황에게 영향을 끼쳐 이황이 「심경후론」을 짓게 되는 계기가 되었다.

04 문원(聞遠) : 문원은 금난수(琴蘭秀, 1530~1604)의 자이며, 호는 성재(惺齋), 본관은 봉화이다. 그는 1561년 사마시에 합격하였고, 이황 사후 여러 하급 관직을 역임하였다.
정유재란 때 의병을 모아 의병장으로도 유명하다.

맹孔孟의 심학心學[05]을 아는 자가 있느냐고 물었습니다. 예조에서 논의한 답에서는 선유先儒 10여 인을 뽑아 답하였고, 회재晦齋 이언적李彦迪[06] 선생도 그 가운데 있었습니다. 그리고 그 문집 가운데 망기당忘機堂 조한보曺漢輔[07]와 '무극·태극을 논한 편지'를 그 이름 아래 기록하였습니다. 명나라 사신이 그 편지를 보고 싶어하지 않겠습니까? 그러므로 예조에서는 그 편지를 가져오고자 사람을 재빨리 보냈으나, 집에 마침 자손들이 없고 다만 눈이 어두워 글자도 구별하지 못하는 이들만 있어 찾아내지 못하였습니다.

그대들 두 사람은 빨리 가서 이를 찾아내어 보내 주셨으면 좋겠습니다. 그 책 상자는 계상서당溪上書堂의 동재東齋의 시렁 위에 있습니다. 상자 위에는 '이회재선생유고입상李晦齋先生遺藁入箱'이라 씌어 있고, 그 상자는 흰색 외피로 싸인 두 책이 있는데, 앞쪽에 『회재집晦齋集』이라 적힌 것이 이것입니다.

그 1권은 시詩입니다. 제2권이 바로 문류文類인데, 이 책을 취하여 흰종이로 안을 봉하고, 기름종이로 바깥을 싸서 보내 주면 됩니다. 두 종이는 모두 집안에서 취하여 쓸 수 있습니다. 또 한 가지가 있는데, 만약 사경이 그 책을 전해 얻었다면 그것을 송부하면 되지, 우리 집에 소장된 것은 보낼 필요가 없습니다. 재량껏 처리하십시오. 명나라 사신이 17일에 서울에 들어오고 20일 쯤에 되돌아간다고 합니다. 그러므로 이와 같이 급한 것입니다.

정묘년(1567) 7월 14일 땅거미가 질 때.

황滉

---

05 공맹(孔孟)의 심학(心學) : 공자와 맹자의 학문 핵심이 마음에 관한 학문이란 것인데, '심학'이란 명칭을 본격적으로 사용한 것은 육구연(陸九淵) 이후였다. 이와 반대로 주희의 학문은 리학(理學)이다. 그런데 이황은 주자학을 이으면서 주자학적 심학의 체계를 확립한 인물이다.

06 이언적(李彦迪, 1491~1553) : 자는 복고(復古), 호는 회재, 본관은 여주이다. 그는 조한보(曺漢輔)와 무극태극논쟁(無極太極論爭)을 펼쳤는데, 그는 여기에서 태극을 리(理)라 하였다. 이황은 이에 대한 성리적 견해를 높이 샀고, 이언적에 대한 행장을 썼다.

07 조한보(曺漢輔, ?~?) : 1518년 이언적과 '무극태극논쟁'을 펼쳤다. 원래 이 논쟁은 그와 손중돈(孫仲暾) 사이에서 1517년 시작한 논쟁이다. 1518년 조한보와 이언적 사이에 다시 논쟁이 시작되어 조선 성리학계의 주목을 받았다.

해설

이 편지의 발신인은 이황李滉(1501~1570)이며, 수신자는 조목과 금난수이다. 이 편지는 『퇴계집』 권23에 「여조사경금문원與趙士敬琴聞遠」에 실려 있지만, 중후반의 "而其一卷……量處之."까지는 빠져 있다. 대신 『퇴계선생전서退溪先生全書』(『도산전서』) 권32 부분에는 모든 글이 다 들어 있다. 다만 『퇴계선생전서』의 편지 끝부분에 주석으로 "명나라 사신 허국과 위시량은 모두 육학陸學(상산학)을 하는 사람이다.[天使許國魏時亮, 皆陸學之人也.]"라는 주석이 달려 있다. 이 간찰의 내용은 『퇴계선생전서』와 같지만, 초서 간찰의 피봉과 발신 일자가 들어 있다.

특히 이 편지는 날짜를 살펴보면 그 긴박함을 알 수 있다. 조선왕조실록 『선조수정실록』 즉위년인 1567년 7월의 17일의 기사명이 '예조에 명하여 두 사신에게 선정신 10여 명의 성명을 적어 보이게 하다'이다. 그 기사 내용은 다음과 같다.

> 두 사신은 또 학문을 좋아하여 우리 나라의 문장을 보기를 원하였고, 또 우리 나라에도 공맹孔孟의 심학을 하는 이가 있느냐고 물어와 그 사실이 알려지자, 상은 예조에 명하여 선정신先正臣 10여 명의 성명을 적어 보이게 하였는데, 사신 위시량魏時亮이 그중에서 이언적李彦迪의 저서를 보자고 하여 이황이 그의 「논태극서論太極書」를 보여 주자 위시량은 그것이 옳다고 하지는 않았다. 그것은 위시량이 육학陸學을 하는 사람이므로 주자朱子와는 논의를 달리하기 때문이었다.

이것을 보면 이황이 7월 14일 저녁에 안동 예안으로 편지를 보내어 『회재집』을 가져오게 하고 17일 『회재집』이 이미 조정에 들어가 사신들이 보았음을 말한다. 이는 그 당시 이틀 사이에 편지가 서울과 안동을 오갔음을 의미한다. 이는 오늘날의 '당일 택배'와 같은 속도라고 할 수 있다.

또 실록의 내용에 근거하였을 때, 중국 사신이 말한 심학心學과 이황이 생각한 심학 사이에 내용적 차이가 발생했음도 알 수 있다. 즉 중국 사신이 말한 심학은 양명학적 심학이고, 이황이 생각한 심학은 주자학적 심학이었다. 더욱이 이황이 1560년경부터 심학이란 용어를 사용하고 있음도 알 수 있다.

5. 조식의 편지

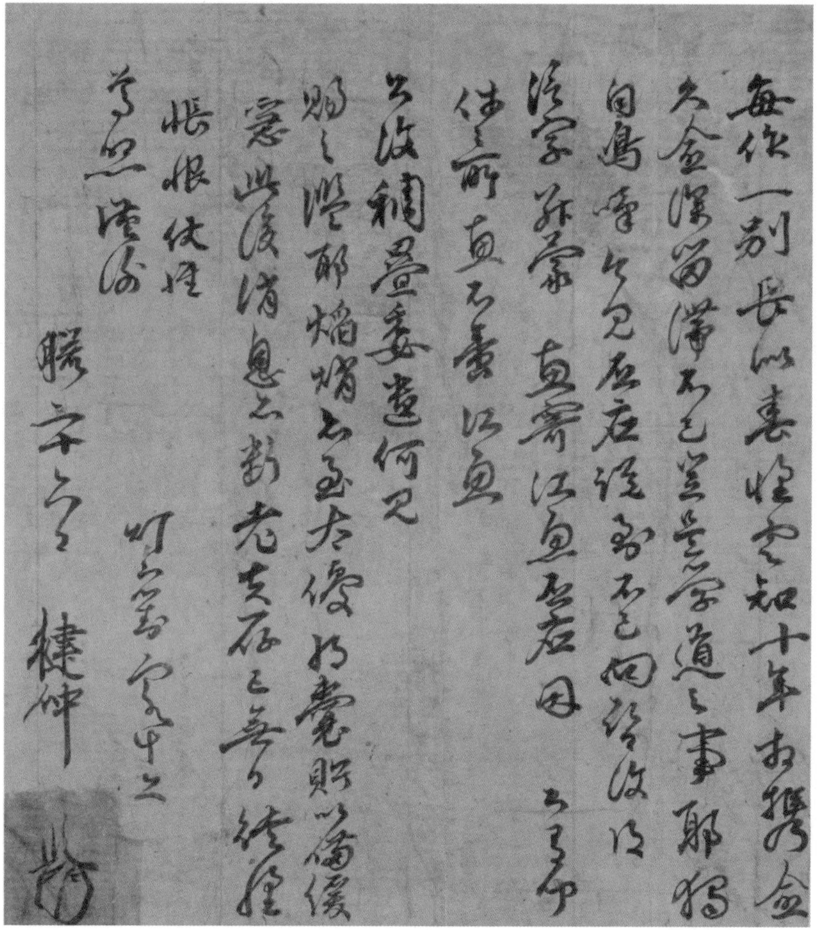

每作一別, 長似春懷, 定知十年相携, 愈久愈深, 留滯不已, 豈是學道之事耶? 獨自鳴嘆. 今見啓應, 說到不已, 向昏復得信字, 幷蒙惠寄江魚. 啓應因公有聞, 件件所惠, 不啻江魚. 公復稠疊委遺, 何見賜之濫耶? 焰焵亦至太優, 將囊貯以備緩急. 此後消息亦斷, 老夫存亡無日, 徒懷悵恨. 伏惟尊照, 謹謝.

臘二十六日, 楗仲. (수결)

燈下對客艸恐.

매번 작별할 때마다 늘 봄을 보내는 마음과 같으며 십 년을 함께 어울려도 오랠수록 더욱 심해지며 막힘이 그침이 없는 줄 알겠으니 어찌 이것이 도를 배우는 일이겠습니까? 홀로 탄식할 뿐입니다. 지금 계응啓應을 보니 말할 수 없을 정도로 기쁜데 모년에 다시 편지를 얻었고 아울러 보내 준 민물고기를 받았습니다. 계응啓應이 공께 들은 대로 일일이 들려주어 받은 것이 민물고기뿐만이 아니었습니다. 공께서 다시 거듭거듭 보내 주시니 어찌 이렇게 넘치게 보내 주십니까? 염초焰硝(화약 원료)도 매우 넉넉히 주셨는데 장차 저장했다가 급할 때를 대비하겠습니다. 이 이후에 소식이 또한 끊어질 것이고 늙은이가 살날이 얼마 남지 않았으니 다만 한스럽습니다. 삼가 살펴주십시오. 삼가 답장 올립니다.

12월 26일
건중楗仲 (수결)

추신 : 등불 아래에서 쓰며 손님과 마주한지라 급히 적어 죄송합니다.

해설

    1565년 12월 26일, 조식曺植(1501~1572)이 받은 물건에 대한 감사의 뜻을 전하기 위해 배삼익裵三益(1534~1588)에게 보낸 편지이다. 이 편지에는 피봉이나 수신자가 적힌 부분이 없으나 오세창吳世昌(1864~1953)이 엮은 『근묵槿墨』에 동일의 편지가 실려 있는데 "汝友 侍史拜謝 裵正字 校衙"란 수급자가 써져 있어 수신자가 배삼익임을 알 수 있다. 또한 이 편지에는 해당 연도의 간지가 없으나 배삼익은 1565년에 정9품의 종사랑從仕郎이 되었으므로[08] 이로써 연도를 알 수 있다. 조식은 당시 출사하지 않고 경남 지리산 덕천동德川洞에 있었다.

    간찰의 수결은 원래 위치가 아니며 옮겨 붙인 것이다. "건중楗仲"이란 인명 뒤에 수결을 옮겨 붙였는데, 이는 아마 피봉에 있던 수결을 잘라온 것으로 추정된다.

    『근묵』의 것은 동일한 내용인데 필체는 거의 비슷하지만 같은 것은 아니다. 『필적유휘』의 것은 수신자가 적힌 부분이 없다. 『근묵』에 수록된 것은 종이의 가운데가 잘렸으며 또한 잘린 부분의 행 간격이 매우 넓은데 이는 일반적인 서간의 예와는 다르다.

    조식曺植(1501~1572)의 자는 건중楗仲, 호는 남명南冥, 본관은 창녕이다. 배삼익의 자는 여우汝友, 호는 임연재臨淵齋, 본관은 흥해興海이다. 안동에서 거주했고 이황의 문인이다.

---

08 『임연재선생문집(臨淵齋先生文集)』「부록 연보」참조.

6. 박영의 편지

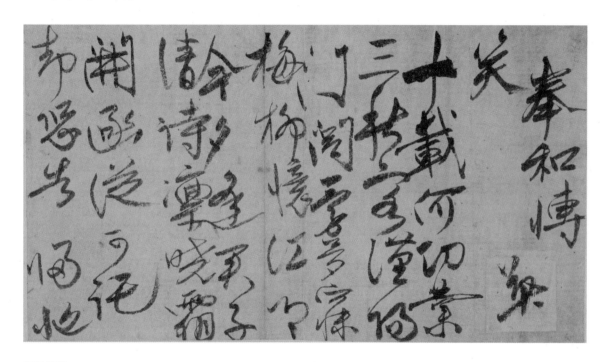

奉和博笑

十載何功業, 三秋客漢陽. 門閭勞夢寐, 梅柳憶江鄕. 今夕逢君子, 淸詩凜曉霜. 開函從可託, 却恐告歸忙.

英.

화운을 받들어 답하니 웃어 주십시오[奉和博笑]

십 년 동안 어떤 공업 이루었나	十載何功業
삼 년간 한양에서 객지 생활하였네	三秋客漢陽
꿈속에서도 내 고향 자주 보이고	門閭勞夢寐
고향의 매화와 버들 생각나네	梅柳憶江鄉
오늘 저녁 그대를 만나니	今夕逢君子
맑은 시는 새벽 서리보다 늠름하네	清詩凜曉霜
편지를 열어 보니 믿을 만한 내용 담겼는데	開函從可託
도리어 바삐 돌아간다 말할까 두렵네	却恐告歸忙

영英

해설

이 시는 박영朴英(1471~1540)이 어떤 이의 시에 화답한 것이다. 박영의 자는 자실子實, 호는 송당松堂, 본관은 밀양이고, 시호는 문목文穆이다. 그는 본래 무관이었지만 1494년 성종 서거 이후 고향으로 가서 낙동강 변에 집을 짓고 송당松堂이라는 편액을 걸고 공부에 몰두하였다. 1519년 5월 성절사聖節使로 명나라에 다녀와 기묘사화己卯士禍를 모면하였다. 저서는 『송당집』 등이 있다.

참고로 이 첩에서는 작가의 이름인 '영英'이라는 글자를 오려서 시의 제목 아래 붙였다. 탈초와 번역서에서는 이 이름을 가장 나중으로 돌렸다.

夜來尊候如何? 仰慕仰慕. 承奉忙未穩頌, 迨切耿耿. 就將三斗太送上, 馬鐵二部所呈, 愧略愧略. 尊豈不知此間之事乎? 餘冀行李萬安. 不備. 伏惟尊照. 謹上狀.

庚辰一月初九, 曄拜.

밤사이 안부는 어떠했습니까? 우러러 매우 사모합니다. 편지를 받고 바빠서 차분하게 읽어 보지 못했지만 애타게 그리워하는 마음은 절실합니다. 아뢸 말씀은 세 말의 콩을 올려 보내면서 마철馬鐵[09] 2부도 올리니, 부끄럽고 부끄럽습니다. 당신께서 이 사이의 사건에 대하여 어찌 모르겠습니까? 나머지 행차가 모두 편안하시기를 바랍니다.

이만 줄입니다. 삼가 살펴 주시기를 바랍니다. 삼가 답장을 올립니다.

경진년(1580) 1월 9일

엽曄 배拜

해설

허엽許曄(1517~1580)이 64세 때인 1580년에 상대의 편지를 받고 콩 3말과 말편자 2부를 보내면서 쓴 답장이다. 허엽의 자는 태휘太輝, 호는 초당草堂, 본관은 양천陽川이다. 서경덕徐敬德의 문인이고, 노수신盧守愼과 교유하였다. 아들은 허성許筬, 허봉許篈, 허균許筠 등이고, 딸은 난설헌蘭雪軒 허초희許楚姬이다. 1580년 봄에 재차 상소를 하여 체직되어 돌아오던 중 경상도 선산부善山府에 이르러 병이 위독하여 2월 4일에 상주尙州의 공관公館에서 졸하였다.

---

09 마철(馬鐵) : 말의 발굽에 박아 붙이는 쇠인 말편자이다.

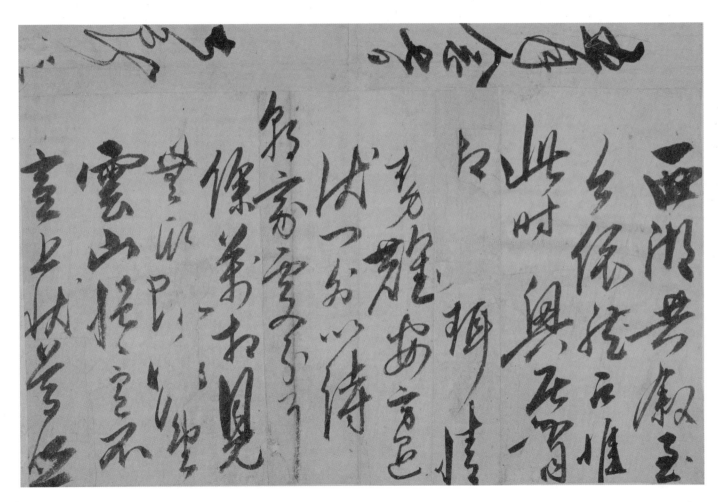

西湖共敍, 至今依然. 而惟此時, 興居有相口. 珥情勢難安, 方退伏門外, 以待朝家處分耳. 餘萬相見無期, 口口望雲山, 悒悒而已. 不宣. 上狀, 尊照.

五月念七日, 叔獻, 頓.

서호西湖에서 함께 풀었던 회포는 지금도 남아 있습니다. 이때 기거하시는 데 신의 도움이 있으시리라 생각합니다. 저는 일의 형세가 편치 않아 궐문 밖으로 물러나와 조정의 처분을 기다리고 있습니다. 이후 서로 만날 기약이 전혀 없으니 -원문 마멸- 구름 덮힌 산을 바라보며 근심할 따름입니다. 나머지는 예를 갖추지 못합니다. 편지를 올립니다. 살펴 주십시오.

5월 27일
숙헌叔獻이 올립니다.

해설

이 편지는 이이李珥(1536~1584)가 쓴 것이지만, 수신자가 누구인지 알 수 없다. 이이의 자는 숙헌叔獻, 호는 율곡栗谷, 본관은 덕수德水이다. 태어난 곳은 강릉이며, 자란 곳은 파주의 율곡리이다. 기호학파의 창시자이다.

우선 이 편지에서 말한 '서호'는 황해도의 서호일수도 있고, 경기도 파주의 서호일 수 있다. 또한 한강에도 서호가 있다. 여기에는 부가적인 정보가 많지 않아 정확한 곳을 알 수 없다. 그리고 이이가 조정의 처분을 기다리고 있다는 말만으로 이것이 언제인지도 알 수 없다. 그리고 이 편지는 편지지의 종이가 얇게 한 겹이 벗겨져 세 글자를 판독할 수 없다. 아울러 편집자는 편지의 폭을 줄여서 첩에 맞추기 위해서 최소 여섯 조각을 내어 편집하여 붙였다. 첫 번째 글자를 추정하자면 '호乎' 자나 '야耶' 자가 들어갈 수 있다. 그리고 두 번째와 세 번째 결락된 글자는 각기 '한限' 자와 '지只' 자 정도로 추정할 수 있는데, 이 글자로 추정하면 원문은 "餘萬相見無期限, 只望雲山"이 되어 번역문에는 큰 변화가 없다. 그런데 빠진 글자들이 문맥에서 큰 역할을 하는 것은 아니고, 또한 이것을 완벽하게 추정하는 것도 불가능하다.

9. 성혼의 편지

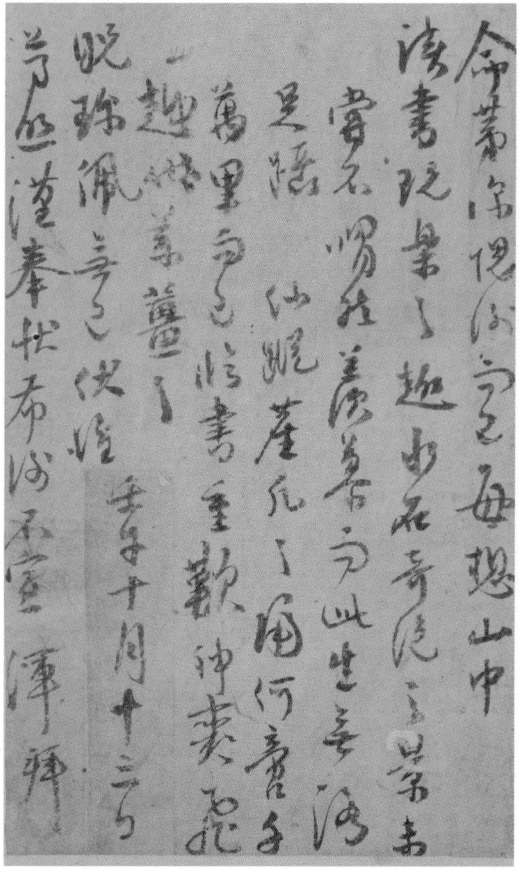

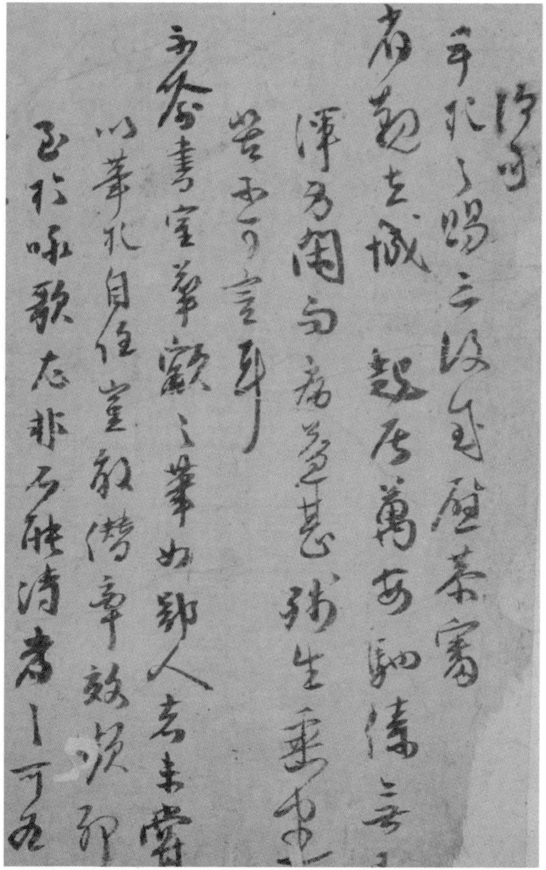

仰承手札之賜, 三復感慰, 恭審省覲在城, 起居萬安, 馳傃無已. 渾身閑而病益甚, 殘生垂盡, 苦不可言耳. 示喩書室華額之筆, 如鄙人者, 未嘗以筆札自任, 豈敢僭率效嚬耶? 至於咏歌, 尤非不能詩者之可爲也. 以此不敢聞命, 第深愧謝而已. 每想山中讀書玩樂之趣, 水石奇絶之景, 未嘗不喟然羨慕. 而此生無路足躡仙蹤, 塵凡之隔, 何啻千萬里而已? 臨書重歎, 神爽飛越. 供芥薑之貺, 珍佩無已. 伏惟尊照, 謹奉狀布謝, 不宣.

壬午十月十三日, 渾拜.

　　주신 수찰手札을 우러러 받아 거듭 읽음에 감동되고 위로되었습니다. 어버이 문안차로 성에 계시며 기거가 편안하신 줄 삼가 알았으니 그립기 그지없습니다. 혼渾은 한가히 지내나 병이 더욱 심해져 잔약한 생명이 다해 감에 괴로움을 말할 수 없습니다.

　　말씀하신 서실의 편액을 쓰는 일은 저 같은 사람이 글씨로 자임한 적이 없는데 어찌 감히 참람되고 경솔하게 흉내 내겠습니까? 시를 짓는 일은 시에 능하지 않은 사람이 할 수 있는 일이 더욱 아닙니다. 이 때문에 감히 명을 받들지 못하니 다만 몹시 부끄러울 뿐입니다.

　　매양 산중에서 독서하시며 즐기는 흥취와 물과 돌의 기이한 경치를 생각하면 찬탄하며 부럽고 그리워하지 않은 적이 없었습니다. 그러나 이 사람이 신선의 발자취를 따를 길이 없으니 먼지 낀 이곳과 어찌 천만 리만 떨어졌을 뿐이겠습니까? 편지를 씀에 거듭 한탄스럽고 정신이 달아난 듯합니다.

　　보내 주신 겨자와 생강은 귀하게 잘 쓰겠습니다. 삼가 살펴봐 주십시오. 삼가 답장을 올립니다. 서식을 갖추지 못합니다.

임오년(1582) 10월 13일

혼渾 배拜

해설

1582년 10월 13일, 성혼成渾이 편액과 시를 써 달라는 상대방의 청탁을 사양하기 위해 쓴 편지이다. 간찰 원본의 날짜와 이름이 적힌 곳은 본래의 위치가 아니다. 간찰첩의 크기에 맞추기 위해 본래의 위치에서 오려서 여백 부분에 배치하여 붙여 넣었다.

성혼(1535~1598)의 자는 호원浩原, 호는 우계牛溪, 본관은 창녕이다.

10. 기대승의 편지

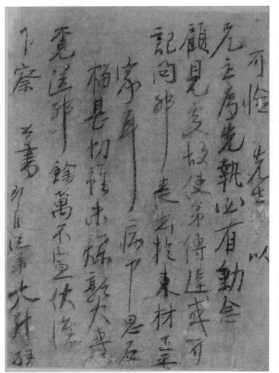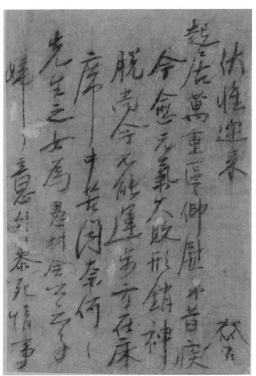

（수결） 謹封

伏惟邇來, 起居萬重, 區區仰慰. 弟昔疾今愈, 元氣大敗, 形銷神脫, 尙今不能運步, 方在床席中苦悶, 奈何奈何. 先生之女, 爲愚村令公之子婦, 意外暴死, 情事可憐. 先生以兄主爲先執, 必有動念顧見處. 故使弟傳達, 或可記問耶? 喪出於東村正平家耳. 病中思石榴甚切, 雖未爛熟, 或覓送耶. 餘萬不宣, 伏惟下察. 上書.

卽日, 從弟大升拜.

생각건대 근래에 편안하시다니 그리운 마음 간절합니다. 저는 묵은 병이 지금 더욱 기승을 부려서 몸은 쇠잔하고 정신은 나간 듯하여 지금까지도 걷기가 어려워 침상에 누워 지내니 고민스러움을 어찌 하겠습니까. 선생의 따님이자 우촌 영공의 며느리가 갑자기 숨졌다고 하니 정사가 가련합니다. 선생은 형님을 선집[10]으로 생각하고 있으니 반드시 돌아보는 바가 있을 것입니다. 그런 까닭에 저로 하여금 부고를 전달하게 하였으니 혹 기억하였다가 조문하는 것이 좋겠습니다. 상여는 동촌 정평가正平家에서 나온다고 합니다. 병중에 석류 생각이 몹시 간절합니다. 아직 덜 익었더라도 혹 구해 보내 주실 수 있겠습니까? 나머지는 갖추지 못합니다. 살펴주십시오. 편지를 올립니다.

편지를 받은 날
종제 대승大升 올림

해설

이 편지는 기대승奇大升(1527~1572)이 우촌 영공의 며느리가 갑자기 세상을 떠났다는 사실을 알리고, 수신인이 기억하였다가 문상해 주기를 바란다는 내용이다. 수신인이 누구인지 알 수 없으나 인척 형인 듯하다. 기대승은 자가 명언明彦, 호는 고봉高峯이고, 본관은 행주幸州이며, 시호는 문헌文憲이다. 1558년에 문과에 급제하여 선조 때에는 벼슬이 대사간에 이르렀다. 32세 때 이황·김인후 등의 제자가 되어 성리학을 연구한 끝에, 대학자들도 미처 깨닫지 못한 새로운 학설을 내놓아 스승들을 놀라게 하였다. 특히 스승인 이황과 8년 동안이나 편지로 성리설에 대한 논쟁을 벌였던 사실은 유명하다. 이황은 그의 뛰어난 학문을 인정하여 그를 제자로서가 아닌 동등한 학자로서 대하였다고 한다.

---

10 선집(先執) : 선친(先親)의 친구이다.

11. 조목의 편지

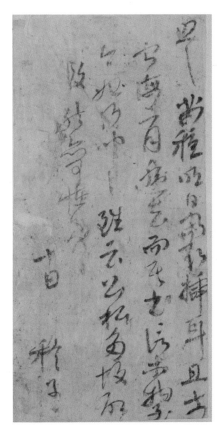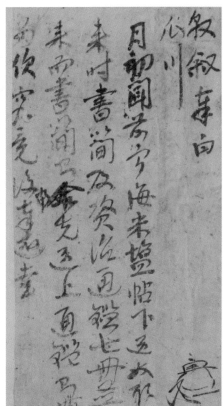

月初聞前寧海米鹽帖下, 送奴所來時, 書簡及資治通鑑七冊並來. 而書簡則今先送上, 通鑑則姑留, 須究竟後, 當奉還, 幸恕之. 苗種明日, 當欲揷耳. 且前寧海二月遞去, 而其書信等物, 至今始得聞之. 雖云公私多故所致, 然亦可怪矣.

十日, 穆, 草草.

[피봉]

돈서敦敍[11]에게 받들어 아룀.

과천瓜川[12] (수결)

68

월초에 들으니 전임 영해 부사가 미염米鹽의 체하帖下[13] 일로 보낸 노비가 왔을 때 서간 및 『자치통감』 7책도 아울러 왔습니다. 서간은 지금 먼저 보내고 『자치통감』은 잠시 남겨두고 다 읽은 뒤에 돌려보낼 테니, 용서해 주시기 바랍니다. 모내기는 내일 할 것입니다. 또한 전임 영해 부사가 2월에 체직되어 떠나갔는데, 그 서신 등의 물건은 지금 비로소 소식을 들었습니다. 비록 공사 간에 많은 연고가 있었기 때문이라고 하지만 또한 괴이합니다.

10일
목穆은 간략하게 씁니다.

해설

조목趙穆(1524~1606)이 외내[瓜川]에 사는 김부륜金富倫(1531~1598)에게 보낸 편지이다. 영해부에서 보내온 서간 및 『자차통감』 7책을 받고 서간은 먼저 보내고 『자치통감』은 잠시 남겨두고 다 읽은 뒤에 보내겠다는 내용이다. 또 2월에 체직되어 떠난 영해 부사의 소식을 모심기를 할 때인 4월에 알게 되었으니, 괴이하다고 하였다.

조목의 자는 사경士敬, 호는 월천月川, 본관은 횡성橫城이다. 이황의 문하에서 공부한 뒤 이황의 수제자로 도산서원 사당인 상덕사尙德祠에 종향되었다. 저서로는 『월천집』과 『사문수간師門手簡』이 있다. 김부륜의 자는 돈서惇敍, 호는 설월당雪月堂, 본관은 광산光山이다.

---

11 돈서(惇敍) : 김부륜(金富倫)의 자이다. 그는 오천(烏川) 군자리(君子里)에 세거하면서 조목과 빈번히 교류를 하였다.

12 과천(瓜川) : 경북 안동시 와룡면 오천 군자리를 가리킨다. 오천 군자리를 한문으로 표현했을 때 과천(瓜川)이며, 한글식으로 표현하여 '외내'라고도 한다.

13 체하(帖下) : 관아에서 일꾼·상인들에게 돈이나 물건을 줄 때, 서면으로 적어 주는 증표(證票)이다.

12. 김성일의 편지

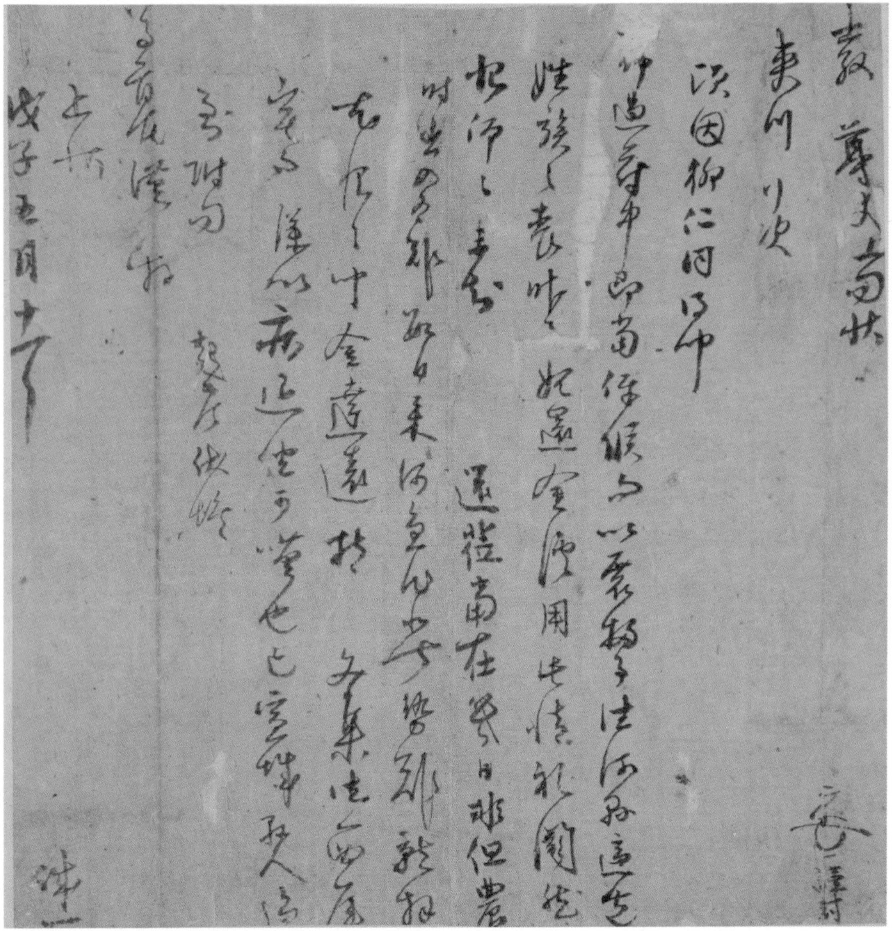

[피봉]

士敬尊丈, 上問狀.

陜川行次 (수결) 謹封

頃因柳仁同, 得聞旆過府中. 卽當伻候, 而以展掃事, 往河縣, 適遭姓族之喪, 昨日始還金溪. 用此情禮闕然, 恨仰恨仰. 未知還莅當在幾日? 非但農時出入爲難, 數日來河魚作苦, 勢難就拜, 尤恨尤恨. 聞金達遠持文集, 往西厓宅. 而僕以病退坐, 可嘆也已. 宣城縣人適到, 附問起居. 伏惟尊亮. 謹拜上狀.

戊子五月十一日, 誠一.

[피봉]

사경士敬[14] 어른께 문후 편지를 올립니다.

합천 현감의 행차에 (수결) 삼가 봉함

근자에 전 인동 현감仁同縣監 류운룡柳雲龍[15]을 통해 현감의 행차가 안동부를 지났다고 들었습니다. 곧장 심부름꾼을 시켜 문후를 여쭈어야 하나 성묘를 하는 일 때문에 임하현에 갔고, 마침 친척의 상을 당해 어제야 비로소 금계金溪[16]로 돌아왔습니다. 이 때문에 정리와 예의를 빠뜨리게 되었으니 한스럽게 우러르기만 합니다.

언제 임소로 돌아가십니까? 저는 농번기로 바깥을 드나들기 어려울 뿐만 아니라, 요 며칠 사이 설사병을 만나 나아가 배알하기 어려울 형편이니, 더욱 한스럽습니다. 김달원金達遠[17]이 『퇴계집』을 가지고 서애 댁에 왔다고 들었습니다. 그런데 저는 병으로 물러나 앉아 있으니 탄식할 따름입니다. 선성현[18]의 사람들이 마침 왔기에 문안 편지를 올립니다. 존장께서는 헤아려 주십시오. 삼가 편지를 올립니다.

무자년(1588) 5월 11일

성일誠一

---

14 사경(士敬) 어른 : 사경은 조목(趙穆, 1524~1606)의 자이다. 조목의 호는 월천(月川), 본관은 횡성이다. 이황을 가장 가까이서 모신 제자로 꼽힌다. 이 편지를 받을 당시 조목은 합천 현감을 지내고 있었다.

15 류운룡(柳雲龍, 1539~1601) : 자는 응현(應見), 호는 겸암(謙菴), 본관은 풍산이다. 서애 류성룡의 형이다. 그는 1588년 인동 현감에 제수되었기에 편지에서 '류 인동(柳仁同)'으로 표기하였다.

16 금계(金溪) : 학봉(鶴峯) 김성일(金誠一, 1538~1593)의 집이 있었던 곳이다. 현재도 학봉 종가가 있다.

17 김달원(金達遠) : 달원은 김해(金垓, 1555~1993)의 자이다. 호는 근시재(近始齋), 본관은 광산이다. 이황의 제자이며, 임진왜란 때 의병을 일으켜 싸웠는데, 1593년 왜적을 추적해 경주까지 추적하던 중 진중에서 병으로 사망하였다.

72　**18** 선성현(宣城縣) : 현재 경북 안동의 예안을 가리킨다. 예안은 바로 도산서원이 있는 곳이며, 또한 조목이 살았던 곳이다.

해설

1588년 5월 11일 김성일金誠一(1538~1593)이 조목에게 보낸 편지이다. 김성일은 자가 사경士敬, 호는 학봉鶴峯, 본관은 의성이다. 1590년 일본 통신사로 일본에 갔다가 1591년 돌아온 후 일본이 침입하지 않을 것이라는 주장을 폈다. 임진왜란이 일어나자 경상도 초유사로 활동했으며, 그 활동 중 병으로 사망했다.

이 당시 김성일은 조정의 여러 벼슬을 맡고 있었던 상태지만 자신의 집인 안동의 금계에 있었다. 그리고 수신자인 조목은 1587년 조정에서 합천 현감을 제수받고, 1588년 1월에 임지인 합천으로 갔다. 다른 연보나 기록에서 확인되지는 않지만 이 편지의 기록에 따르면 조목은 이해 4월 말 5월 초에 관아의 여러 하급 관리와 더불어 안동부를 방문하였다. 이 소식을 류성룡의 형인 류운룡을 통해 전해 들었지만, 김성일은 자신의 출생지인 안동 임하현으로 가 조상의 묘에 성묘를 하였다. 이 성묘는 바로 단오 절기 제사임을 추정할 수 있다. 그리고 종친의 상에 참여하여 1588년 5월 10에 자신의 집으로 돌아왔다.

그런데 당시 안동 유림에게는 커다란 학술적 논쟁이 있었다. 그것은 바로『퇴계집』을 어떠한 방식으로 편찬하는가 하는 문제였다. 편지에서는『퇴계집』을 직접 언급하지 않고 단지 '문집文集'이라고 하였지만, 한 칸의 공백을 두어 존경의 의미를 표하였으므로 이 문집이 바로『퇴계집』임을 알 수 있다. 류성룡을 중심으로 한 제자 일군에서는『퇴계집』의 편찬을 이황의 핵심적인 언사만을 추려서 하자는 쪽이었다. 하지만 조목을 중심으로 한 제자 일군에서는 이황의 말을 한 단어도 빼서는 안 되며 모두 싣자는 쪽이었다. 이 당시는 류성룡 계열의 제자들의 입장대로『퇴계집』은 이황의 주요 언사만을 추려 편집하게 되었다. 이렇게 편집된 것이 1600년에 간행된『퇴계집』(경자본)이었다. 그러나 이후 조목이 다시『퇴계집』을 편찬하는데, 이것은 오늘날『도산전서』라는 이름으로 남게 되었고, 『도산전서』에는 이황의 말을 모두 실었다. 그런데 1588년 당시 등장하는 인물이 바로 김해金垓이다. 그는 비록 퇴계 제자 그룹에서 후학에 속했지만, 편찬의 실무를 담당하고 있었음을 이 편지로 알 수가 있다.

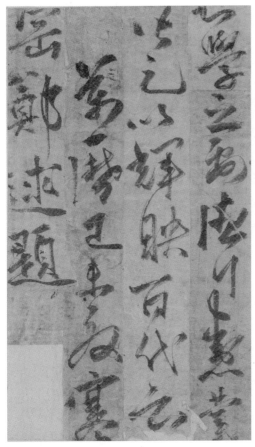

| 4 |

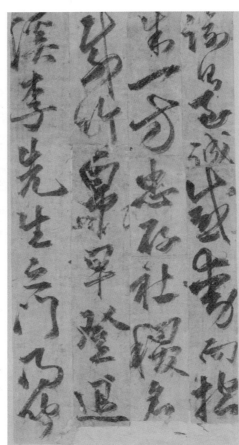

| 3 |

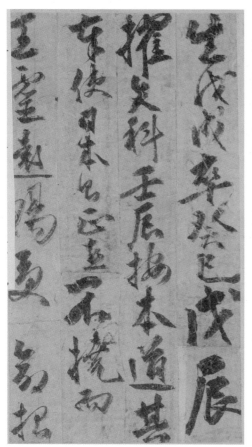

|2| |1|

明朝鮮鶴峯金先生士純之墓.

　士純諱誠一, 系出聞韶. 生戊戌, 卒癸巳. 戊辰擢文科, 壬辰按本道. 其奉使日本, 則正直不撓, 而王靈遠暢. 受命招諭, 則至誠感動, 而控制一方. 忠存社稷, 名載竹帛. 早登退溪李先生之門, 得聞心學之要. 德行勳業, 皆足以輝映百代云.

　萬曆己未夏, 寒岡鄭逑題.

명조선明朝鮮[19] 학봉鶴峯 김선생金先生 사순士純의 묘墓

　사순士純의 휘諱는 성일誠一이다. 선계가 문소聞韶(의성)에서 나왔다. 무술년(1538)에 태어났고 계사년(1593)에 죽었다. 무진년(1568)에 문과에 급제했고 임진년(1592)에 본도本道(경상도)를 맡았다.[20]

　명을 받들어 사신으로 일본에 갔을 때는 바르고 곧게 행동하며 흔들림이 없어 왕령王靈을 멀리 떨쳤고, 명령을 받아 백성을 초유招諭[21]할 때는 지성으로 감동시켜 한 지역을 지휘하고 다스렸다. 충성한 공적은 사직에 남아 있고 이름은 죽백竹帛에 실렸다.[22]

　일찍이 퇴계 이선생의 문하에 들어가 심학心學의 요체를 들었다. 덕행德行과 훈업勳業이 모두 백 대에 빛나기에 충분했다.

　만력萬曆 기미년(1619) 여름 한강寒岡 정구鄭逑가 짓다.

---

19 명조선(明朝鮮) : 당시에 국명을 표시할 때 일반적으로 '유명조선(有明朝鮮)' 혹은 '대명조선(大明朝鮮)'이라는 표현이 상용되었으나 이 묘표에서는 특별히 '명조선'이라고 하였다. 현재 묘 옆에 있는 표石의 내용 역시 동일하다.

20 본도(本道)를 맡았다 : 경상좌우도 순찰사를 연이어 지낸 사실을 가리켜 말한 것이다.

21 초유(招諭)할 : 김성일이 1592년 초유사(招諭使)에 임명되어 전란으로 흩어진 사람들을 훈계하여 모이게 한 일을 말한다.

22 충성한……실렸다 : '사직에 남아 있다.'는 것은 김성일의 사후 1605년 선무원종공신(宣武原從功臣)이 된 사실을 말하고, "죽백(竹帛)에 실렸다."는 것은 '왕조실록' 등의 역사서에 그의 행적이 기록된 사실을 말한다.

해설

1619년 정구鄭逑가 지은 김성일金誠一의 묘표이다. 묘표는 묘에 묻힌 사람이 누구인지를 알리기 위해 묘 옆에 세우는 표석이다. 글머리에 김성일의 묘임을 밝히고 이어 인물에 대한 기본 사항을 비롯하여 공훈과 학문적 성과를 핵심적인 짧은 말로 압축하여 적었다.

『한강집寒岡集』권13에 「김학봉묘표金鶴峯墓表」라는 제목으로 실려 있고, 『학봉집』부록에 「제묘방석題墓傍石」이라는 제목으로 동일한 글이 실려 있다.

정구(1543~1620)는 자가 도가道可, 호는 한강寒岡, 본관은 청주이다. 이황과 조식을 스승으로 삼았고 형조 참판을 지냈으며 영의정에 추증되었다. 시호는 문목文穆이다. 저서로는 『한강집』과 『오선생예설분류五先生禮說分類』, 『오복연혁도五服沿革圖』, 『심경발휘心經發揮』등이 있다.

14. 정경세의 편지

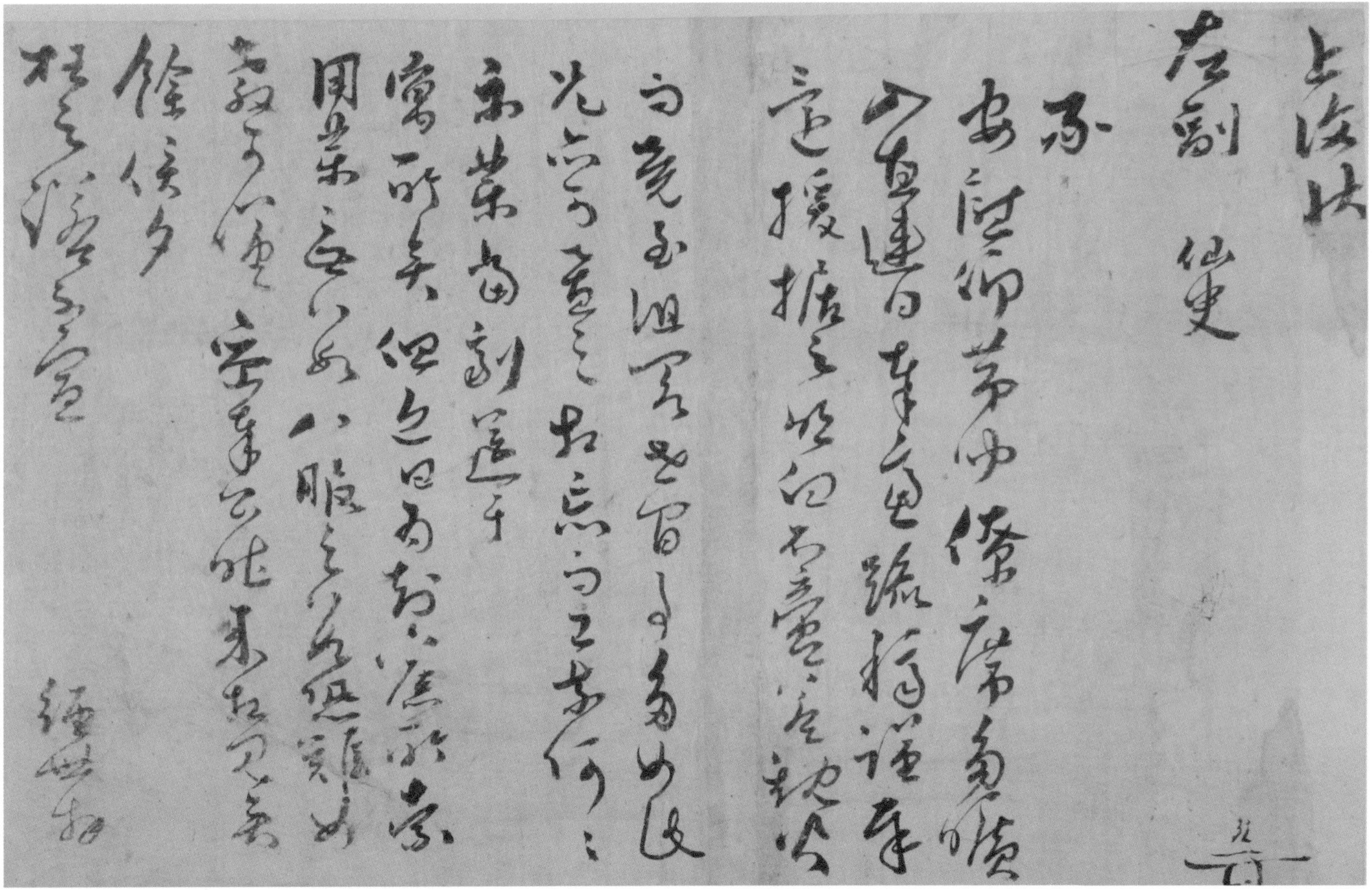

[피봉]

上復狀

左副, 仙史 (수결)

承安慰仰. 第聞僚席多曠, 入直連日奉慮. 疏稿謹奉還, 援据之明白, 不啻若觀火, 而竟至阻閣, 世間事多如此. 兄亦可置之相忘而已, 奈何奈何. 示藥當劑送于寓所矣. 但近日爲知舊所索, 用藥無數, 八服之數, 恐難如教, 可嘆. 參奉公昨來相見矣. 餘俟夕枉之諾. 不宣.

經世 拜.

[피봉]

답장을 올립니다.

좌부승지 댁 선사仙史[23] (수결)

편지를 받았는데 잘 계시다는 것을 알고 위로가 되었습니다. 다만 동료들의 자리가 많이 비었고 연일 입직을 하신다고 들었는데 걱정이 됩니다. 상소 원고는 삼가 되돌려 보내려고 하는데 근거가 명백할 뿐 아니라 불을 보듯이 분명한데도 마침내 받아들여지지 않으니 세간의 일에 이 같은 것이 많습니다. 형 또한 그것을 내버려 두고 서로 잊어야 할 따름이니 어찌하겠습니까. 보내 주신 약 처방은 조제해서 살고 계시는 곳으로 보냈습니다. 다만 근일에 친구들이 약을 찾는 것이 무수히 많아 여덟 번 복용할 만큼의 수는 아마 보내 드리기 어려울 것 같습니다. 참봉공이 어제 오셨기에 서로 만났습니다. 나머지는 저녁에 오신다는 약속을 기다리겠습니다. 삼가 갖추지 못합니다.

---

23 선사(仙史) : 사관(史官)을 높여서 부르는 말이다. 편지글에서는 기록을 맡아서 보는 사람을 이야기하며, 여기서는 좌부승지 댁의 기록을 관리하는 사람을 말한다.

경세經世[24] 올림

해설

　이 편지는 정경세鄭經世(1563~1633)가 좌부승지에게 보낸 답장이다. 정경세의 자는 경임景任, 호는 우복愚伏, 본관은 진주이다. 정경세는 1598년 2월 승정원 우승지, 3월에 좌승지로 승진되었고 4월에는 경상 감사가 되었다. 1624년에 도승지가 되었으며 대제학을 역임하였다. 저서로는 『우복집愚伏集』・『상례참고喪禮參考』가 있다.

---

24 이 편지는 정경세鄭經世(1563~1633)가 좌부승지에게 보낸 답장이다. 정경세의 자는 경임景任, 호는 우복愚伏, 본관은 진주이다. 정경세는 1598년 2월 승정원 우승지, 3월에 좌승지로 승진되었고 4월에는 경상 감사가 되었다. 1624년에 도승지가 되었으며 대제학을 역임하였다. 저서로는 『우복집愚伏集』・『상례참고喪禮參考』가 있다.

15. 김장생의 편지

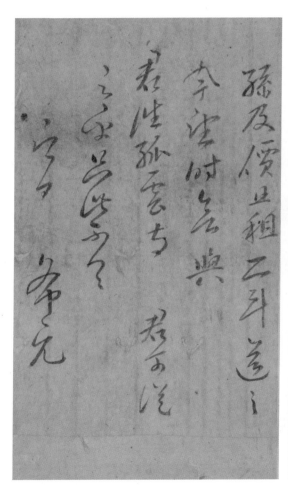
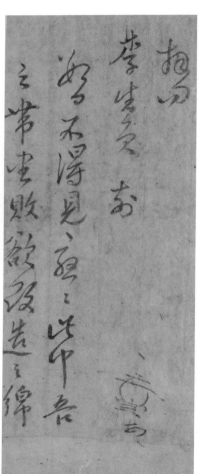

[피봉]
拜問, 李生員前.
(수결) 頓.

數日不得見, 懸懸. 此中, 吾之帶盡敗,
欲改造之, 綿絲及價且租二斗送之. 今
望時, 欲與君往孤雲寺, 君可從之乎? 只
此不具.
卽日, 希元.

[피봉]

절하며 안부를 묻습니다.

이생원 앞. (수결) 돈頓

며칠을 보지 못하니 그립고 그립습니다. 이곳에서 나의 의대衣帶가 모두 헤어져 다시 지으려고 무명실과 수공 비용으로 또 조租[25] 두 말을 그곳으로 보냅니다.

이번 보름에 그대와 함께 고운사孤雲寺에 가려고 하니, 그대는 올 수 있겠습니까? 이만 줄입니다.

즉일卽日에

희원希元

해설

김장생이 이 생원에게 보낸 부탁의 편지이다. 수신자와 발신 연도를 알 수 없다. 편지에 나오는 고운사는 충남 논산시 천호산天護山 동쪽에 있었던 사찰로 지금은 없다. 송시열과 이유태는 1665년에 고운사에서 『사계선생유고沙溪先生遺稿』를 교정하였다.

김장생金長生(1548~1631)의 자는 희원希元, 호는 사계沙溪, 본관은 광산光山, 시호는 문원文元이다.

이 편지가 필적유휘 학행에서 차지하는 위상은 대단하다. 김장생의 스승인 이이와 아들 김집 그리고 제자인 송준길·송시열·이유태·윤선거의 편지가 모두 수록되어 있다.

---

25 조(租) : 찧지 않은 벼, 또는 좁쌀을 말한다.

君寢 賢兄 上狀

すい魚之趣夫之列功成宿ねや偉宮
苦為寄之达人以子之新お故賜人考
や饌視　自家聆畫謹狀
　　　　　　　　庚午仲去哎
　　　　　　　　　　　顯光お
之發已在粗同之疑矣而

得一月相同あ一月相離以偹俦於山海之
間云云幸矣寺　　今袖之可月符
情か自釋衰年將之乃于一宿之外寺及我睽お

遠登岡頭直待兩形之相隔而稿
凝立以送眼使行君不息安報寫寄考
賢兄之交道然右之人学以加氏之第念鄙人
自無患信自乏学術實来有以酬得
寫厚之義徒月愧報言賤於文常雨お間報
咋如抵家中僅保耳但愛し偹之別焖
久而昨何住お寂寞し濱離以書比生やネ不
知送為名汝肯遂ほ言志慕頁子
政又不言形範渾眼作月此し壹寄廣大業小

84

君燮賢兄上狀 (수결) 敬

　得一月相同, 無一日相離, 以徜徉於山海之間, 亦云幸矣. 而分袖之日, 且荷情示自釋, 遠于將之, 乃于一宿之外. 而及我賤行之發, 已在極目之路矣, 而遂登岡頭, 直待兩形之相隔, 而猶凝立以送眼, 使行者不忍於鞭馬. 則吾賢兄之交道, 雖古之人, 無以加此矣. 第念鄙人, 自無忠信, 自乏學術, 曾未有以酬得篤厚之義, 徒自愧叔而已. 賤行又滯雨於聞詔, 昨始抵寓, 寓中僅保耳. 但愛之深而別恒久, 要非同住於寂寞之濱, 難以盡此情也. 不知造物者, 終肯許遂此事否? 春暮夏初, 政又不遠, 移觀海之眼, 作月波之賞, 若大若小, 可以兼其趣矣. 更願必成宿約也. 僮則姑留, 馬則還之, 以此中亦艱於數喙之養也. 餘祝自愛珍重. 謹狀.
　庚子仲春晦, 顯光拜.

군섭君燮 현형賢兄[26]에게 드리는 편지 (수결) 경敬

한 달 동안 서로 함께하며 하루라도 떨어지지 않고서 산과 바다 사이 여기저기 소요하였으니 또한 행운이라 할 수 있습니다. 그러나 헤어지는 날 또한 그대는 깊고 정다운 말을 풀어내며 멀리까지 전송하여 하룻밤 잘 거리까지 나왔습니다. 그리고 나의 초라한 행차가 출발하여 시야에서 끝까지 멀어지자 곧장 언덕 꼭대기로 올라가 두 사람이 서로 멀어질 때까지 그대로 우두커니 서서 송별의 눈길을 보내니, 떠나는 사람도 차마 말채찍질을 하지 못하였습니다. 우리 현형의 사람 사귀는 도는 비록 옛사람이더라도 더할 것이 없습니다.

다만 나 같이 원래부터 충신忠信이 없고 학술도 부족한 비천한 사람이 돈후한 의리로 대한 적이 없었음을 생각하니 스스로 부끄러워 얼굴이 붉어질 따름입니다. 나의 행차는 또 의성에서 비에 막혀 머무르다가 어제야 비로소 우소로 돌아와 겨우 몸을 추스렸습니다. 그런데 서로 아끼는 것은 깊고 이별은 늘 오래되니 요컨대 적막한 강가에서 함께하지 않는다면 이 회포를 다 풀 수가 없습니다. 조물주가 과연 이 일을 허락하려 할까요? 봄날은 가고 초여름이 시작될 날이 바야흐로 머지않은 즈음에 바다를 보던 눈을 돌려 월파月波[27]의 경치를 감상한다면 크든 적든 그 지취旨趣를 함께할 수 있을 것입니다. 다시금 묵은 약속을 꼭 이루기를 바랍니다. 어린 종은 잠시 머물게 하고 말은 곧장 돌려 보낼 것인데, 여기서도 몇 마리 말을 먹이기가 어렵기 때문입니다. 나머지는 스스로를 바르게 지켜 진중하길 바랍니다. 편지를 드립니다.

경자년(1600) 중춘仲春 그믐(2월 29일)에
현광顯光 드림

---

26 현형(賢兄) : 어진 형이라는 뜻이나, 여기에서는 나이가 많아서 붙인 말이 아니며 제자이면서 같이 공부하던 사람을 높여 일컬은 것이다.

27 월파(月波) : 선산의 월파촌을 가리킨다. 장현광이 1599년 이곳으로 이주하였다.

해설

이 편지는 장현광張顯光(1554~1637)이 자신의 문인인 정사진鄭四震(1567~1616)에게 보낸 편지이다. 정사진은 장현광의 제자 가운데 첫째 제자라고 일컬을 만하다. 실제로 영천의 입암은 그가 장현광에게 소개한 것이다.

장현광은 임란 시기 고향인 인동仁同 주위로 피란을 다녔다. 장현광은 임란 직후인 1599년 선산의 월파촌月波村으로 이주하였다. 다음 해 봄 그는 입암과 동해를 유람하였다. 이 편지는 바로 그때 유람이 끝난 직후에 씌어진 편지로 추정된다. 제자인 정사진과 계속 함께 지냈는데도, 또 자신의 집으로 들어간 이후 제자를 찾는 모습을 보이고 있다. 그럼에도 불구하고 이 편지에서 장현광은 제자를 찾는 모습이 아니라, 동학同學을 그리워하는 모습을 고스란히 드러내고 있다.

이 편지의 피봉과 앞 부분 여백은 오려서 붙인 것이다. 날짜 부분이 그대로인 것으로 보아, 이것은 원래 앞에 쓰여졌는데 아마 편집을 할 때 간격을 줄이기 위해 그렇게 했던 것으로 추정된다.

장현광은 자가 덕회德晦, 호는 여헌旅軒, 본관은 인동仁同이다. 1576년부터 조정에 천거되어 인조대까지 여러 벼슬을 받지만, 대부분 나아가지 않았다. 1636년 병자호란이 일어난 후 조정이 항복하자 입암에 은거하여 생을 마쳤다. 정사진은 자가 군섭君燮, 호는 수암守菴, 본관은 영일迎日이다. 일찍이 과거를 포기하고 학문에 전념하였다.

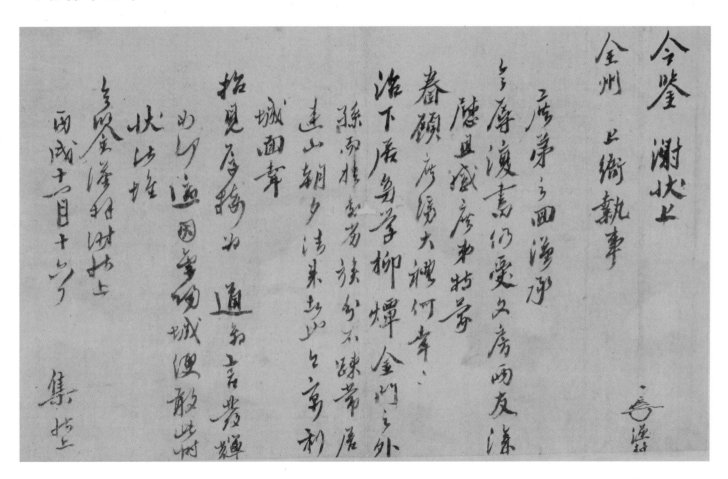

[피봉]

令鑒, 謝狀上.

全州上衙, 執事. (수결) 謹封.

庶弟之回, 謹承令辱復書, 仍受文房兩友, 深慰且感. 庶弟, 特蒙眷顧, 庶得大禮, 何幸何幸. 治下居幼學柳燂, 金門之外孫, 而族數劣, 族分不疏, 常居連山, 朝夕往來者也. 今寓利城面, 幸招見厚接, 爲通命言發輝如何? 適因金歸城便. 敢此附狀. 伏惟令鑒, 謹拜謝狀上.

丙戌十一月十六日, 集, 狀上.

[피봉]
답장 올림
전주全州 상아上衙 집사執事
(수결) 근봉謹封

　서제庶弟가 되돌아왔을 때 삼가 답서를 받고 아울러 문방文房 두 가지를 받았으니 매우 위로되고 감동되었습니다. 서제庶弟가 특별히 돌보아 주심을 입어 대례大禮를 잘 치렀으니 얼마나 다행스럽고 다행스러운지 모르겠습니다.
　다스리는 역내에 사는 유학幼學 류첨柳燂은 우리 김문金門의 외손外孫으로 그 일족의 수는 적으나 문족門族의 정분은 소원하지 않으며 늘 연산連山[28]에 살면서 아침저녁으로 왕래하는 사람입니다. 지금 이성利城[29]에 우거하고 있는데, 불러 보시고 후하게 대접하고 알고 지내며 가르쳐서 빛나게 해 주시는 것이 어떠하겠습니까? 마침 김金이 성城으로 돌아가는 인편에 감히 이렇게 부칩니다. 삼가 살펴 주십시오. 삼가 절하며 답장을 올립니다.
　병술년(1646) 11월 16일
　집集 올림

---

28 연산(連山) : 충청남도 논산의 옛 지명이다.
29 이성(利城) : 전라북도 김제의 옛 지명이다.

해설

1646년 11월 16일에 김집金集(1574~1656)이 전라도 이성利城(김제)에 우거하고 있는 외손 류첨柳燁의 편의를 부탁하기 위해 전라 감사 정유성鄭維城(1596~1664)에게 보낸 편지이다.

김집은 자가 사강士剛, 호는 신독재愼獨齋, 본관은 광산光山이다. 아버지는 김장생金長生이며 연산連山에 살았다. 숭정대부에 올랐으며 이이李珥와 송익필宋翼弼의 학문을 이어 송시열宋時烈에게 전했다. 시호는 문경文敬이다. 저서로는『의례문해속疑禮問解續』과『신독재유고』가 있다.

정유성은 자는 덕기德基, 호는 도촌陶村, 본관은 영일迎日이다. 1627년에 문과에 급제하였고, 경기도 관찰사 · 이조 판서 · 우의정 등을 지냈다. 시호는 충정忠貞이다. 저서로는『은대일기銀臺日記』가 있다.

曾西

天摧長我　仁人以
市南之德善內外游喪之後又不得
保其二孤　仲哀之橫夭已是千
萬意外　伯哀之疾雖曰危篤
孝烈血指之誠豈不感動神明特
世不惧方待回春之報邊傳此計
痛哭痛哭世間豈有如此悟禍莫非
吾儕之無祿士友之不幸也宣舉父
子即當奔赴而兄喪引期已迫無
有
嚴名方以病故俱陳文字不得拔出瞻
望雪涕痛怛奈何家貧無以爲
賻只將本二疋紙二束暑助万一
伏惟
僉諒不宣謹狀
已酉正月十七日
俞　洪川進士　護喪所　　尹宣舉坐

天掩喪我仁人, 以市南之德善, 內外淯喪之後, 又不得保其二孤, 仲哀之橫夭, 已是千萬意外. 伯哀之疾, 雖曰危篤, 孝熱血指之誠, 又不感動神明.

恃此不懼, 方待回春之報, 遽傳此訃, 痛哭痛哭. 世間豈有如此慘禍. 莫非吾儕之無祿士友之不幸也. 宣擧父子卽當奔赴, 而兄喪引期已迫, 兼有嚴召,

方以病故, 俱陳文字, 不得拔出. 瞻望雪涕, 痛悍奈何. 家貧無以爲賻, 只將木二疋紙二束, 略助萬一. 伏惟僉諒, 不宣謹狀.

己酉正月十七日. 尹宣擧上狀.

俞洪川 進士 護喪所.

直納.

하늘이 우리의 인인仁人을 치시어 유계兪棨와 같이 덕이 뛰어난 사람의 내외가 거듭 상을 당한 후에 또 두 아들을 보존하지 못하고, 둘째 아들의 요절하였으니 천만 뜻밖입니다. 큰아들 병이 위독하더라도 효성스럽게 손가락을 잘라 피를 먹이는 정성이 또 어찌 신명을 감동시키지 못하겠습니까. 이것을 믿고 두려워하지 않고 회복된다는 소식을 기다렸는데, 갑자기 이 부고를 전해 받으니 통곡 또 통곡입니다. 세간에 어찌 이와 같은 참화가 있습니까. 우리 복 없는 사람들의 불행입니다. 선거 부자는 곧바로 달려가는 것이 마땅하지만 형의 상 발인이 임박했고 아울러 군왕의 부름이 있었으나 병고 때문에 문자를 갖추어 올렸으니 몸을 빼지 못합니다. 처다보면서 눈물만 흘리니 애통함을 어찌합니까! 집안이 가난하여 부조할 것이 없어 다만 무명 2필과 한지 2묶음을 보내니 만에 하나 작은 도움이 되었으면 합니다. 여러 상주께서는 헤아려 주십시오. 예를 갖추지 못하고 글을 올립니다.

기유(1669)년 1월 17일
윤선거 드림
유 홍천, 진사 호상소

바로 뜯어 보시기 바랍니다.

해설

이 편지는 1669월 1월 7일 윤선거尹宣擧(1610~1669)가 큰 형과 둘째 형을 여읜 유계兪棨(1607~1664)의 막내 아들 유명흥兪命興에게 애도의 뜻을 전한 것이다. 유계는 1664년에 세상을 떠났고, 그의 처도 곧 세상을 떠났다. 유계는 세 아들을 두었는데 첫째가 명윤, 둘째는 명필命弼, 막내는 명흥이었다. 명필과 명윤은 어머니 상을 당하여 여막살이를 하다가 4일 차이로 죽었다. 명필은 1657년 식년 문과에 급제하여 홍천 현감을 역임하였고, 명윤은 1660년 진사시에 합격하였다. 이 때문에 편지의 마지막 부분에 '유 홍천'이라 하고 또 '진사'라 하여 두 사람을 언급하였다. 이 편지를 초서로 쓰지 않은 것은 호상소에 보내는 편지는 초서로 쓰지 않고 해서로 쓰는 것이 관례였다. 윤선거의 자는 길보吉甫, 호는 미촌美村 · 노서魯西 · 산천재山泉齋, 본관은 파평坡平이다.

19. 송준길의 편지

後吉再拜言伏聞

祥事已迫不勝悲慰之至自

初喪時心語口必欲逡

祥前一往哭

靈筵無興

僉哀持討多少此來經營蓋切爲避寓數月連處亭

榭觸傷大風神氣頓憊咳喘日劇無路出動平生情

義到此掃盡矣他年地下無以爲謝茲遣孤兒替申

情抱但祝

僉哀順變安吉不宣謹疏上

辛亥四月十六日　宋後吉疏上

尹　持平　生員　僉大孝　哀前

曾見退陶集中送一雙燭於宋圭庵靈

筵而已明以心令茲敢效斯義

浚吉再拜言, 伏聞祥事已迫, 不勝悲慰之至. 自初喪時, 心語口, 必欲趁祥前, 一往哭靈筵, 兼與僉哀, 抒討多少. 比來經營益切, 而避寅數月. 連處亭榭, 觸傷大風, 神氣頓憊, 咳喘日劇, 無路出動. 平生情義, 到此掃盡矣, 他年地下, 無以爲謝. 茲遣孫兒, 替申情抱. 但祝僉哀, 順變安吉. 不宣. 謹疏上.

辛亥四月十六日, 宋浚吉疏上.
尹持平生員僉大孝哀前.

曾見退陶集中, 送一雙燭於宋圭庵靈筵, 而曰, 一明此心. 今茲敢效斯義.

준길은 재배하고 말씀드립니다. 삼가 듣건대 상사祥事[30]가 이미 임박했다 하니, 비통한 마음 금할 수 없습니다.

초상初喪 때부터 마음속으로 반드시 상전祥前에 한번 가서 영연靈筵에 곡하고 겸하여 여러 상주와 다소의 생각을 토로하며 회포를 풀고자 했습니다. 그러나 근자에 집을 짓는 일이 더욱 절박해서 피접避接한 지 몇 달 되었습니다. 계속 정자에서 지내면서 큰바람을 쐰 탓에 몸이 상하여 심신이 피로하고 기침이 날로 심해서 출타할 수가 없습니다. 평생의 정의가 이에 이르러 비로소 쓴 듯이 다하였으니, 후일 지하에서 사죄할 말이 없습니다.

이에 손자아이를 보내어 대신 슬픈 마음을 고합니다. 다만 상주들께서 변화에 순응하여 편안하시기를 축원합니다. 이만 줄입니다. 삼가 위장[31]을 올립니다.

신해년(1671) 4월 16일 송준길宋浚吉은 위장을 올립니다.
윤지평尹持平·생원生員 첨대효僉大孝 상주 앞

일찍이 『퇴계집退溪集』을 보건대, 그 속에 한 쌍의 초를 송규암宋圭庵[32]의 영연에 보내며 "한 번 이 마음을 밝힌다."[33]라는 말이 있었으니, 지금 저도 감히 이 뜻을 본받습니다.

---

30 상사(祥事) : 죽은 지 24개월 만에 지내는 제사이다. 대상(大祥) 또는 종상(終喪)이라고 한다.

31 위장(慰狀) : 상중에 있는 사람에게 상제(喪制)가 편지를 보낼 때 사용하는 투식으로, 소상(疏上)이라고도 한다.

32 송규암(宋圭庵) : 규암은 송인수(宋麟壽, 1499~1547)의 호이다. 그는 성리학의 대가로, 1534년 김안로(金安老) 일당의 미움을 받아 경상도 사천에 유배되었다가 1537년에 석방되었다. 당시 그는 유배지에서 이정(李楨) 등 지역의 선비들에게 학문을 전수하였다.

33 한 번 이 마음을 밝힌다 : 이 말은 『퇴계집』 권9의 「여송태수기수與宋台叟麒壽」에 "두 자루를 그 사자(嗣子)에게 보내어 그 아버지의 제사에 사용하게 하여 한 번 평소의 마음을 드러낸다.[二柄幸付其嗣, 俾用於其禰之祭, 一明平生之心.]"라는 말에서 유래한다.

해설

송준길宋浚吉(1606~1672)이 1671년 4월 16일에 부친 윤선거尹宣擧(1610~1669) 상중에 있던 지평 윤증尹拯(1629~1714)과 생원 윤추尹推(1632~1707)에게 손자를 대신 보내면서 쓴 조문 편지이다. 그는 1669년 4월에 세상을 떠난 윤선거의 상喪에 가지 못했기 때문이다. 이 편지는 『동춘당집同春堂集』 권14 「여윤인경증자서추 신해與尹仁卿拯子恕推 辛亥」와 조금 차이가 있다.

송준길의 자는 명보明甫, 호는 동춘당同春堂, 본관은 은진恩津, 시호는 문정文正이다. 김장생의 문인이고 정경세의 사위이다. 저서로는 『동춘당집』이 있다.

윤증의 자는 인경仁卿·자인子仁, 호는 명재明齋, 본관은 파평, 시호는 문성文成이다. 윤선거의 아들이고, 소론의 영수이다. 윤추의 자는 자서子恕, 호는 농은農隱, 유계兪棨의 문인이다.

令監前上状
戸曹参議宅

今監湖南時紫燕僧

起居珎重否苦年

臨賁汔不能忘即日

城裏

為赤黨將者其名為誰

方去何處渠雖之死而必

有以踰益望

下示也善有釜還而仍有討

還者耳　呂政

下照

癸丑九月廿五日　時烈

令監前上狀

戶曹參議宅 (수결) 謹封

城裏臨賁, 訖不能忘. 卽日, 起居珍衛否? 昔年令監湖南時, 紫燕僧爲赤裳將者. 其名爲誰, 方在何處? 渠雖已死, 而必有沙彌, 幷望下示也. 蓋有欲還而仍有討還者耳. 只此. 下照.

癸丑九月卄五日. 時烈.

[피봉]
영감께 보내는 편지
호조 참의 댁 (수결) 삼가 봉함

성城까지 몸소 오신 것은 지금껏 잊을 수 없습니다. 지금 기거하시는 데 몸은 편안하십니까?

옛날 영감이 호남에 있을 때 자연紫燕의 승려로 적상산성赤裳山城[34]의 승장이 된 사람이 있습니다. 그 이름은 무엇이고 지금 어느 곳에 있습니까? 그 승려가 비록 죽었다고 하더라도 반드시 사미승은 있을 것이니 아울러 알려 주시기를 바랍니다. 이는 돌려 보내고자 하는 것도 있고 또 찾는 사람도 있어서입니다.

여기까지 씁니다. 살펴 주십시오.

계축년(1673) 9월 25일
시열時烈

---

34 적상산성(赤裳山城) : 전북 무주에 있는 적상산의 산성이다. 산성은 고려 시기부터 축조되었으며, 정묘호란 이후인 인조 11년(1633) 적상산에 사고(史庫)를 설치하면서부터 수비대가 상주하였다. 이때 승려가 장수를 맡기도 하였다.

해설

이 편지는 송시열宋時烈(1607~1689)이 호조 참의에게 보낸 편지이다. 당시 호조 참의는 여성제呂聖齊(1625~1691)이고 그가 호남을 자세히 규찰하였다는 기록이 남아 있어서, 수신자는 여성제일 가능성이 매우 크다. 그는 1673년 8월에 호조 참의로 임명되었고, 송시열은 이미 좌의정을 역임하였기에 부탁을 하면서 어떠한 일을 지시하였다고 볼 수 있다.

또 인조 당시 무주의 적상산에 왕조실록의 사고史庫가 설치되었다. 이때 적상산성, 특히 사고를 보호할 수비대가 있었고, 승려들 또한 그 수비대의 대장이 되는 경우가 많았다. 사실 사고나 태실은 사찰이나 승군들이 수호하는 경우가 많았다. 이 편지로는 세부 사정을 자세히 알 수 없으나, 송시열은 바로 그 승려에 대해 묻고 있는 것이다.

덧붙여 말하자면 이 편지를 쓸 당시 송시열은 몇 개월의 아주 짧은 기간 조정에서 물러나 있었다. 이 편지와는 직접 상관은 없지만, 이때가 노론과 소론의 분열이 일어나던 때였고, 오늘날 이른바 '회니시비懷尼是非'라는 것이 이 편지를 즈음한 시기에 발생하였다.

송시열(1607~1689)은 자가 영보英甫, 호는 우암尤菴, 본관은 은진恩津이다. 정치적으로 노론의 영수이고, 학문적으로도 기호학파의 맥을 이은 사람이다.

天涯二痛決 組歲忽生有

懷

總音方欣壽候

厚書先至一盂眷鄭重况庸

慷廣

趣寫清相思感慰昌勝意

喻瘵廉二疾雛鄙府浮羽

喘疫甚芸芳而雛羽榷譬

消月問惘開西凌湯天日少

隨教不鄙諸趙候條

既二陽喜祥

福復博純拓民不害治

怪

福二重塞尋柎在记末笑俞掾

104

天涯病伏, 徂歲忽盡, 有懷德音, 方欲委候, 辱書先至, 垂眷鄭重, 況審臘寒, 起居淸相, 區區感慰, 曷勝言喻? 棨寒疾, 雖卽得汗, 而喘症甚苦, 尙不離耳, 枕席伏自悶惱. 開正後, 倘天日少喧, 敢不卽謀趨候? 餘祝三陽發祥, 福履增綏. 姑此不宣. 伏惟下鑑. 謹拜謝狀上.

記末服人, 兪棨頓.

하늘가에 병으로 칩복하고 있는 중에 한 해가 문득 다하려고 하여 덕음德音이 그리워 막 안부를 여쭙고자 하였는데, 당신의 편지가 먼저 와 돌아봐 주심이 정중하였고, 더욱이 섣달 추위에 탈 없이 계신 줄을 알았으니 구구히 위로되는 마음 어찌 다 말하겠습니까? 계棨는 감기가 걸렸는데 비록 곧바로 땀을 내기는 했으나, 기침으로 인한 심한 괴로움은 아직 떨치지 못했으며, 침석枕席에 누워 괴로워하고 있습니다. 새해가 되어 혹 날이 조금 따뜻해지면 어찌 곧바로 나아가 뵙지 않겠습니까? 삼양三陽이 상서로운 기운을 발하려는 때[35]에 복리福履가 더욱 편안하시기를 바랍니다. 이만 줄입니다. 삼가 살펴주십시오. 삼가 절하고 편지를 올립니다.

기말記末 복인服人[36] 유계兪棨 돈頓.

해설

유계兪棨(1607~1664)가 세모歲暮에 상대방의 편지를 받고서 감사의 인사를 하기 위해 보낸 편지이다.

유계의 자는 무중武仲, 호는 시남市南, 본관은 기계杞溪이다. 김장생金長生의 문인이며, 송시열宋時烈·윤선거尹宣擧와 교유했다. 부제학·도승지를 역임했다. 시호는 문충文忠이다. 저서로는 『가례원류家禮源流』·『여사제강麗史提綱』이 있다.

---

35 삼양(三陽)……때 : 새해의 정월을 가리켜 말한 것이다. '삼양'은 '3개의 양효(陽爻)'라는 말로 『주역』의 64괘 가운데에서 「태괘(泰卦)」를 가리켜 말한 것이다. 「태괘」는 6효 중에 아랫부분에 3개의 양효를 가지고 있어 1년 12개월 중 음력 1월을 상징한다.

36 기말(記末) 복인(服人) : '기말'은 '기억 속의 말단에 있는 사람'이란 뜻의 겸사이고, '복인'은 상중에 있는 사람을 가리키는 말이다.

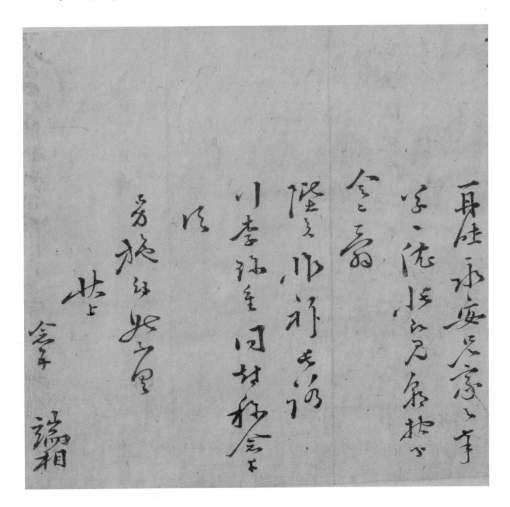

再昨永安兄家之奉, 草草依悵. 卽見朝報,
則令已辭陞矣. 惟祈長路, 行李珍重. 同
封稱念, 幸須另施. 餘姑不具. 狀上.
念五. 端相.

엇그제 영안永安 형[37] 집에서 만났지만 경황이 없어 한탄스러웠습니다. 지금 조보를 살펴보니 영감은 이미 임금께 하직 인사를 하셨더군요. 오직 먼 길의 여행에 진중하시기 바랍니다. 동봉한 부탁의 내용은 잊지 말고 꼭 조처해 주시기를 바랍니다. 나머지는 갖추지 못합니다. 편지를 올립니다.

25일
단상

해설

이 편지는 이단상李端相(1628~1669)이 보낸 것으로 수신인은 알 수 없다. 이단상의 자는 유능幼能, 호는 정관재靜觀齋 또는 서호西湖이며, 본관은 연안이다. 저서로는 『정관재집靜觀齋集』·『대학집람大學集覽』·『사례비요四禮備要』·『성현통기聖賢通紀』 등이 있다.

---

37 영안(永安) 형 : 영안 형은 홍주원(洪柱元, 1606~1672)을 가리킨다. 홍주원의 자는 건중(建中), 호는 무하당(無何堂), 본관은 풍산(豐山)이다. 1623년 선조의 딸 정명공주(貞明公主)에게 장가들어 영안위(永安尉)에 봉해졌다. 1647년 사은사로 청나라에 가서 시헌력(時憲曆)을 구입해서 귀국, 새로운 역법의 시행을 건의하였다.

23. 권시의 편지

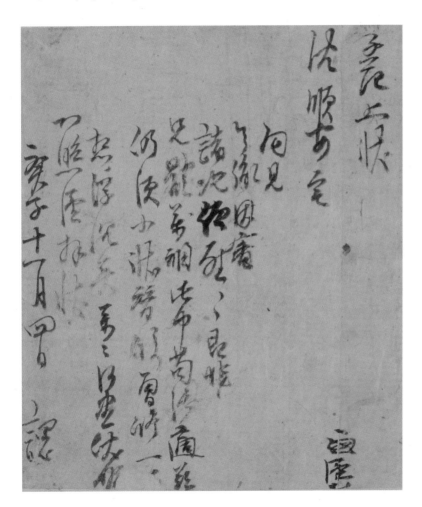

[피봉]

子范上候.

沈順安宅. (수결) 謹封.

向見令胤, 因審諸況, 仰慰仰慰. 卽惟兄體萬福. 此中苟活,
適玆仍便, 小候替復. 曾修一一, 想浮沈矣. 萬萬何盡? 伏
惟下照. 謹拜狀.

庚子十一月四日, 諰.

[피봉]
자범子范에게 올림
심 순안沈順安의 댁 (수결) 삼가 봉함

지난번 영윤令胤을 만나 보고 여러 근황을 알고 우러러 위로되고 위로됩니다. 오직 당신의 옥체에 만복이 깃드시길 바랍니다. 이곳에서 구차하게 사는데 마침 이 인편을 통해 짧은 문후로 답장을 대신합니다. 일찍이 쓴 하나하나의 편지는 중간에 분실한 듯합니다. 수많은 사정을 어찌 다 말하겠습니까? 삼가 살펴 주시길 바랍니다. 삼가 절하고 답장을 올립니다.

경자년(1660) 11월 4일
시誀

해설

권시權諰(1604~1672)가 1660년 11월 4일에 순안 현감順安縣監을 지낸 심지엄沈之淹(1609~1672)에게 답장한 편지이다.

권시의 자는 사성思誠, 호는 탄옹炭翁, 본관은 안동이고, 권득기權得己의 아들이다. 박지계朴知誡의 문인이고, 송시열·윤선거 등과 교유하였다. 1660년 4월, 상소하여, 효종의 초상에 자의대비慈懿大妃의 복제服制를 3년으로 해야 함을 아뢰고, 삼년복三年服을 주장한 윤선도尹善道를 죄주지 말 것을 아뢰었다. 이 상소로 인하여, 송준길과 송시열을 비판하였다는 이유로 유계兪棨, 김만기金萬基, 이유태李惟泰 등 당시의 삼사三司 관원들에게 논박을 받았다.

자범子范은 심지엄의 자이고, 본관은 청송이다. 그는 1648년 장릉 참봉을 제수받고, 1655년 순안 현령이 되었다. 영덕 현령·이천 부사·군기시 첨정 등을 역임하였다.

數日來連承台札，教意加勤，慰荷之至，
有難容諭. 玉候靡寧，中外憂遑，今聞勉
從下請，其果有顯效耶？鄙陋蒙恩至此，
惶媿已深，職名長帶，圖脫無路. 今玆聖
敎，更加一層. 實緣諸公前後推引，同歸
狼狽，惡得無怨！所懷前書略盡，更無可
言. 乞俯察下誠，細敎之也. 謹不宣.
己亥八月二十三日.
弟惟泰頓.

며칠 사이 연이어 대감의 편지를 받으니, 가르친 뜻이 더욱 정성스러워 지극히 위로되고 감격하여 말로 형용하기 어렵습니다.

주상[38]의 옥체가 미령하여 도성의 안팎이 근심스럽고 황망한데, 지금 아랫사람의 청을 애써 따르겠노라 하셨으니, 그것이 과연 효과를 보이겠습니까? 비루한 제가 입은 주상의 은혜가 여기에까지 이르렀으니 황공하여 부끄러워함이 이미 심한데, 관직의 이름까지 오래 지니니 이를 벗어날 길이 없습니다. 오늘 성상의 교지는 이를 한층 더합니다. 실제로 이는 여러 공이 앞뒤에서 밀고 당긴 것이라 함께 낭패를 당할 것인데, 어찌 원망이 없겠습니까! 제 생각은 앞선 편지에서 대략 모두 말씀을 드려 더 이상 할 말이 없습니다.

자그마한 정성을 굽어 살피시고 세밀한 가르침을 주시기 바랍니다. 삼가 나머지는 갖추지 못합니다.

기해년(1659) 8월 23일

제弟 유태惟泰 올림

해설

이 편지의 발신자는 이유태李惟泰(1607~1684)이지만, 수신자는 명확하지 않다. 그러나 '태찰台札'이라는 용어에서 수신자를 대략은 추정할 수는 있는데, '태台'는 삼정승 또는 종2품 이상의 관직을 의미한다. 즉 이 편지는 고위 관료에게 보낸 것이다. 이 당시 이유태는 어머니를 모신다는 핑계로 계속 출사를 거부하고 있었다. 하지만 이 편지를 쓰기 직전인 1659년 8월 14일 집의에 임명되었다. 현종은 당시 그를 조정에 두려 하였다.

이유태의 자는 태지泰之, 호는 초려草廬, 본관은 경주이다. 김장생·김집 부자를 사사하였고, 그 문하의 송시열·송준길·윤선거·유계와 더불어 호서산림의 5현으로 숭앙받았다. 비록 송시열과 같이 공부하였으나 송시열과 의견이 달랐고, 정치적으로는 소론이다.

---

38 주상 : 현종을 가리킨다. 이해가 현종의 즉위년이다.

25. 박세채의 편지

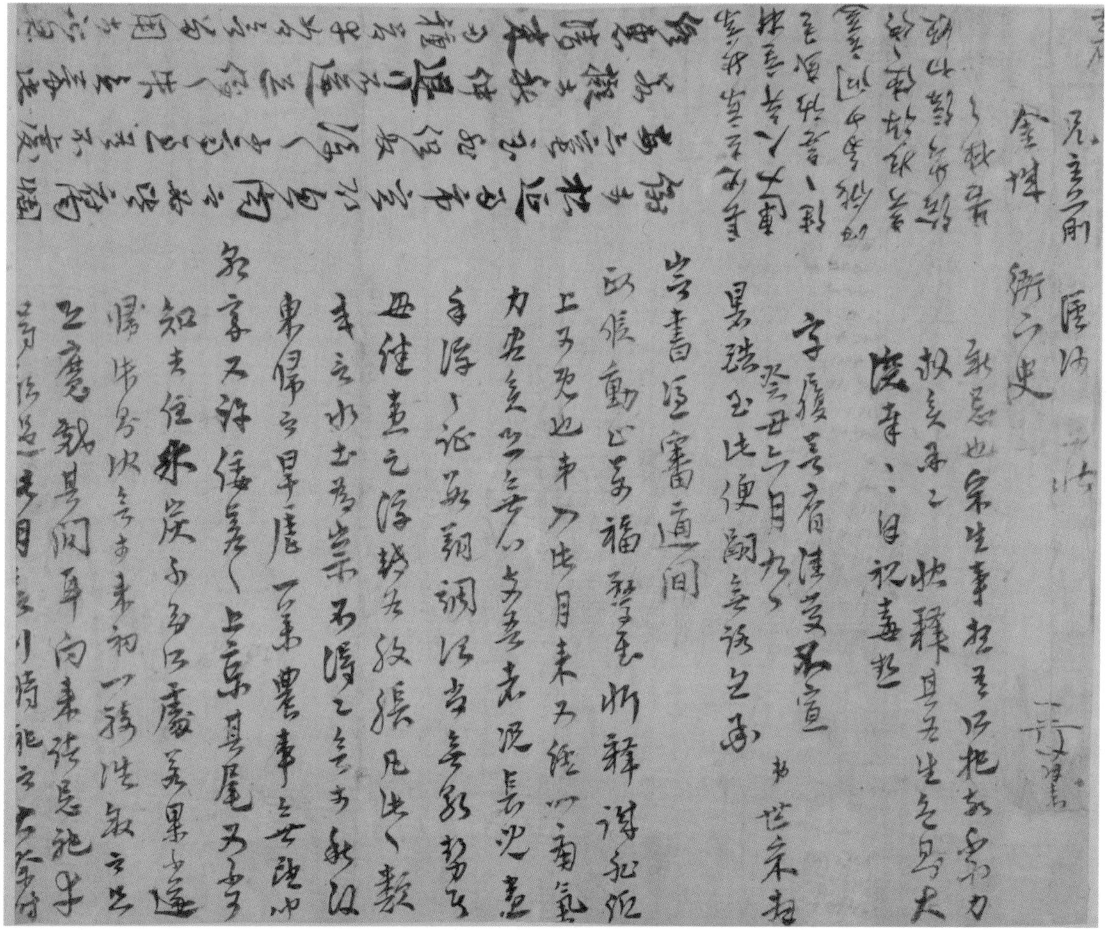

兄主前, 謹謝上狀.

金城衙下史.

(수결) 謹封.

暑酷至此, 便嗣無路, 忽承尙書, 憑審邇間, 政候動止萬福, 驚慰忻釋, 誠非紙上可旣也. 弟入此月來, 又經一痛, 氣力盡矣, 恐無以支吾者. 況長兒患手浮之証, 數朔調治, 尙無歇勢, 其母繼患足浮, 轉爲腹脹. 凡此之類, 或言水土爲祟, 不得已欲於秋後東歸, 而旱虐一樣, 農事無望. 聞朝家, 又許倭差之上京, 其尾又不可知, 去住氷炭不知所處. 若果不遂歸計, 則決欲於來初, 一騎往敍, 而只恐魔戱其間耳. 向來諸忌祀, 幸得治過, 此月欲行時祀, 而大祭時, 例於松延兩市, 宜取魚肉, 而必皆腐爛, 每亦窘急. 非但奴僕之不齊, 慮有不虔. 玆擬於秋仲退行, 不遂送伻之計矣. 蒙此優惠淸末兩種, 荷幸如何? 欲留用於七月. 長兒在京服藥, 連入人參, 重材繼之無路, 或有餘儲, 多少間急送彦姪許, 使之傳給如何? 緣切煩告, 悚悚. 新懇也宋生事, 想有所犯, 故不爲力救矣. 悶悶快釋, 其爲生色, 則大深幸深幸. 餘祝毒熱, 字履益膺佳慶, 不宣.

癸丑六月九日, 弟世采拜.

형님께 삼가 답장 올림.

금성金城[39] 관아 하사下史.

(수결) 근봉謹封

---

39 금성(金城) : 강원도 김화 지역의 옛 이름이다.

혹서가 이렇게도 심하여 인편이 이어질 길이 없었는데 문득 편지를 받아 이를 통해 근래에 정사를 보는 안부가 만복을 누린다는 것을 알았으니 놀랍고 위로되며 근심스런 마음이 기쁘게 풀렸습니다. 참으로 종이에 다 말할 수 없을 정도입니다. 저는 이달에 들어서 또 병을 앓아 기력이 다하여 지탱할 길이 없습니다. 하물며 맏아이가 손이 붓는 증세를 앓았는데 수개월 동안 치료했으나 여전히 덜한 기세가 없고 그 어미가 연이어 다리가 붓는 증세를 앓으면서 복창腹脹으로 전이되었습니다. 무릇 이러한 종류의 병은 어떤 사람이 물과 풍토가 원인이 되었다고 하여 부득이하게 가을이 지난 후에 고향으로 돌아가고자 했으나 가뭄이 한결같아 농사에 희망이 없습니다. 든건대 조정에서 또 왜차倭差[40]가 상경하는 것을 허락했다고 하니 그 일이 어떻게 될지 알 수 없어서 떠날지 머물지를 어떻게 해야 할지 모르겠습니다. 만약 과연 돌아갈 계획을 이루지 못하면 결단코 다음 달 초에 홀로라도 말 타고 가서 회포를 풀 것인데 다만 마귀가 장난을 칠까 근심스러울 뿐입니다.

앞으로의 여러 기사忌祀를 잘 치르고 나면 이달에 시사時祀를 지내고자 하는데, 대제大祭를 지낼 때에는 으레 송시松市와 연시延市 두 곳에서 어육魚肉을 구하는데 필시 모두 썩어 문드러지니 매번 군색하고도 급합니다. 노복이 한결같지 않을 뿐만 아니라 신중하지 못한 염려가 있습니다. 이에 중추仲秋로 물려서 거행하고자 하니 하인을 보내는 계획은 하지 못하겠습니다. 이렇게 청주와 밀가루 두 가지를 넉넉히 주시니 고맙고 다행스러움이 어떻겠습니까? 두고서 7월에 쓰려고 합니다.

맏아이가 서울에 있으면서 약을 복용하는데 연달아 들어가는 인삼 중재重材를 이어갈 길이 없으니 혹 여분이 있으면 약간을 조카 언彦에게 급히 보내어 전하여 주도록 하시는 것이 어떻겠습니까? 절실해서 번거로이 아뢰니, 죄송하고 죄송합니다.

새로 꺼리는 일에 대한 송생宋生의 일은 범한 바가 있으리라 생각되어 힘써 구하지 않았습니다. 이미 흔쾌히 풀어 주셔서 빛이 나도록 하신다면 매우 다행이고 다행이겠습니다. 독한 열기에 백성을 보살피시는 정사에 아름다운 경사가 더욱 많기를 기원합니다. 서식을 이만 줄입니다.

계축년(1673) 6월 9일

제弟 세채世采 배拜

---

40 왜차(倭差) : 왜국의 사신을 말한다.

해설

1673년 6월 9일에 박세채朴世采(1631~1695)가 인삼을 구하기 위해 자형姊兄인 금성 현령金城縣令 이항李恒에게 보낸 편지이다.

박세채는 자가 화숙和叔, 호는 현석玄石 또는 남계南溪, 본관은 반남이다. 김상헌金尙憲과 김집金集에게 수학했으며, 좌의정을 지냈고 시호는 문순文純이다. 저서로는 『복제사의服制私議』, 『이학통록보집理學通錄補集』, 『이락연원속록伊洛淵源續錄』 등이 있다.

이항은 자가 사상士常이다. 박세채의 자형姊兄이다.

26. 윤증의 편지

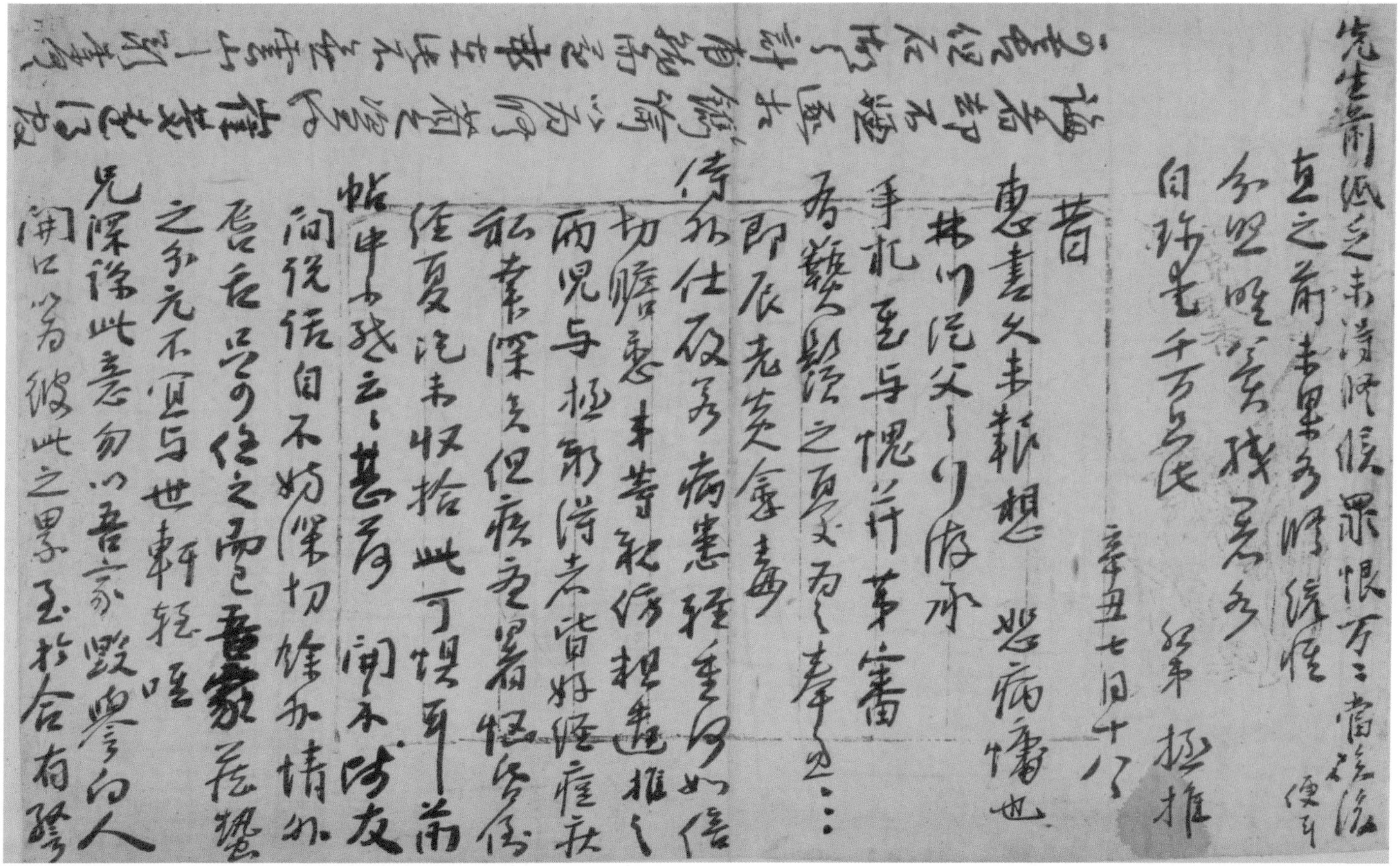

昔惠書久未報, 想恕病懶也. 林川從父之行, 洊承手札, 慰與愧幷. 第審有蓺蓼之憂, 爲之奉慮奉慮. 卽辰老炎愈毒, 侍外仕履, 若病患輕重何如? 倍切瞻戀. 弟等親仿粗遣, 推[41]之兩兒與拯新得者, 皆好經痘疾, 私幸深矣. 但疾憂暑惱, 昏到經夏, 訖未收拾, 此可懼耳. 前帖中小紙云云甚荷. 開示師友間說話, 自不妨深切, 餘外情外, 脣舌只可任之而已. 吾家藏蟄之分, 元不宜與世軒輕, 唯兄深諒此意, 勿以吾家毁譽, 向人開口, 以爲彼此之累. 至於合有警誨者, 却不嫌逐相鐫誨, 以爲修省之資也. 崔慶遠得官可喜, 但石湖之計, 甫就而還乖在此, 不無雲山之歎, 奈何奈何. 直之前未果各修, 統惟分照. 唯冀殘暑各自珍愛, 千萬只此.

辛丑七月十八日
服弟拯推.

先生前紙乏, 未得修候, 罪恨萬萬. 當俟後便耳.

지난번 보내 주신 편지를 받고 오랫동안 답장을 하지 못하였는데 병들어 게으른 탓이라 용서해 주시리라 생각합니다. 임천 林川에 사시는 숙부가 오는 길에 거듭 손수 쓴 편지를 받고 위로되고 또 부끄러움이 겹칩니다. 다만 형의 누이가 아픈 우환이 있음을 알게 되니 매우 근심스럽습니다. 지금 늦더위가 더욱 기승을 부리니, 부모를 모시는 것 이외에 벼슬하는 분의 건강 및 병환의 경중이 어떠하십니까? 우러러 그리움이 갑절이나 됩니다.

저희들은 부모님을 모시고 그럭저럭 살고 있습니다. 추推의 두 아들과 제가 새로 얻은 아들[42]은 모두 천연두를 잘 지냈으니 개인적으로 큰 다행입니다. 그러나 질병 걱정과 더위의 시름으로 매우 어렵게 여름을 지내면서 지금까지도 수습하지 못하고

---

41 윤추尹推(1632~1707)는 소론의 영수 윤증의 동생이다. 그는 1668년에 문과에 급제하였고 1681년 장흥고長興庫 주부主簿, 회덕현감, 사헌부 장령 등을 역임하였다.

42 새로 얻은 아들 : 윤증의 맏아들 윤행교(尹行敎, 1661~725)를 말한다.

있으니, 이것이 두려울 따름입니다. 지난번 편지 가운데 별지別紙를 보내어 말씀하신 것은 매우 고맙습니다. 형이 말씀하신 것은 사우들 간에 절실함이 없이 할 수 있는 말이지만 나머지 상정常情 이외에 오가는 말들은 그냥 두고 볼 따름입니다. 우리 집은 세상에 나서지 않고 숨어 지내는 것을 분수로 여기니 원래 세상과 더불어 오르내리는 것을 마땅치 않게 여깁니다. 오직 형은 이 뜻을 깊이 헤아려 우리 집안의 일을 남에게 헐뜯거나 칭찬하려고 입을 열어 서로 간에 누累가 되지 않게 하십시오, 응당 경계하고 가르치는 것에 이르러서는 도리어 서로 깨우쳐 주는 것으로 반성하는 재료로 삼아도 혐의될 것 같지 않습니다. 최경원崔慶遠이 관직을 얻은 것은 기쁜 일이나 석호石湖에서의 계책은 겨우 이루어지는 듯하다가 여기에서 도리어 어긋나 버렸으니, 그리워하는 탄식이 없을 수 없으니 어찌 하겠습니까! 직지直之에게는 아직 편지를 보내지 못했으니 각자 나누어 살펴보십시오. 오직 바라는 것은 늦더위에 각기 자중자애하시기 바랍니다. 이만 줄입니다.

신축년(1661) 7월 18일
상중의 동생 윤증과 윤추

선생께는 지면이 모자라 문후의 편지를 드릴 수 없어 매우 죄스럽고 한스럽습니다. 마땅히 뒤에 인편을 기다릴 뿐입니다.

해설

이 편지는 1661년에 윤증尹拯(1629~1714)과 그의 동생 윤추尹推(1632~1707)가 보낸 것으로 수신인은 알 수 없다. 윤증의 자는 자인 子仁이며, 호는 명재明齋 또는 유봉酉峰이다. 서인이 노론과 소론으로 분리될 때 소론의 영수로 추대되어 송시열宋時烈과 대립하였다. 윤 증의 동생 윤추尹推는 1668년에 문과에 급제하였고 1681년 장흥고 주부長興庫主簿 · 회덕 현감 · 사헌부 장령 등을 역임하였다.

27. 윤증의 편지

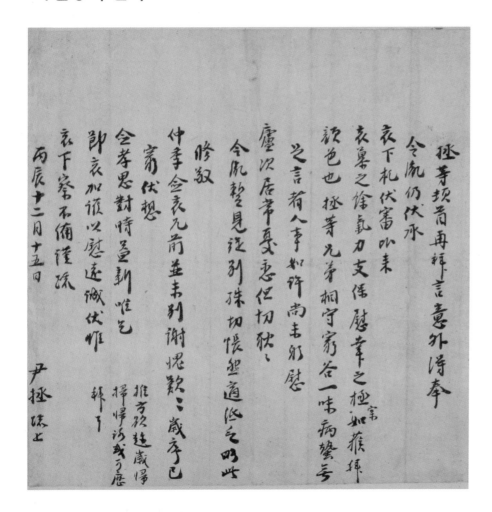

拯等頓首再拜言. 意外得奉令胤, 仍伏承哀下札. 伏審比來, 哀幕之餘, 氣力支保, 慰幸之極, 實如獲拜顔色也. 拯等兄弟, 相守窮谷, 一味病蟄, 無足言者. 人事如許, 尙未躬慰廬次, 居常憂戀, 但切耿耿. 令胤暫見旋別, 殊切悵然. 適紙乏, 略此修敬, 仲季僉哀兄前, 并未別謝, 愧歎愧歎. 歲序已窮, 伏想僉孝思對時益新, 唯乞節哀加護, 以慰遠誠. 伏惟哀下察. 不備, 謹疏.

丙辰十二月十五日, 尹拯疏上.

推方欲趁歲歸掃, 歸路或可歷拜耳.

윤증尹拯 등은 머리를 숙여 재배하고 말씀드립니다. 뜻밖에 아드님을 만났고, 이어 삼가 상주喪主께서 보내신 편지를 받았습니다. 이에 근자에 슬퍼하고 그리워했던 나머지에 기력을 지탱하여 보존하심을 알고서는 아주 크게 위안이 되어 실로 얼굴을 뵙는 듯하였습니다.

저희 형제는 서로 곤궁한 골짜기를 지키며 줄곧 병으로 칩거하고 있으니 특별히 드릴 말씀은 없습니다. 인사가 이러하니 아직까지 몸소 여막을 찾아가 보지도 못하고 평소에 근심으로 애태웠으니, 다만 간절히 잊지를 못하였습니다.

아드님께서는 잠시 만나고 곧 헤어졌으니 특히나 섭섭했습니다. 마침 종이가 모자라 대략 이리 편지를 쓰고 중씨仲氏와 계씨季氏 여러 상주 앞으로는 따로 답장을 쓰지 못하오니 부끄럽고 한탄스럽습니다. 한 해가 이미 다하여 삼가 여러 상주의 효성스런 생각이 더욱 새로울 것이라 생각합니다. 오직 슬픔을 절제하고 몸을 보중하시어 멀리 있는 저의 정성을 위로하시기 바랍니다. 삼가 상주께서는 살펴 주십시오. 예를 갖추지 못하고 삼가 소疏[43]를 올립니다.

병진년(1676) 12월 15일
윤증이 위로의 편지를 올림

동생 윤추尹推가 새해에 맞춰 귀성하여 성묘하려 하는데, 돌아오는 길에 혹 들르겠습니다.

해설

이 편지는 윤증이 고향 근처에 사는 지인에게 보낸 위문의 편지이다. 편지의 수신자는 알 수 없다. 1676년 1월 윤증은 이산尼山의 유봉酉峰에 거처를 마련하였다. 이산은 지금의 논산인데, 이에 '니尼'라는 글자가 윤증을 지칭하게 되었다.

---

43 소(疏) : 상중에 있는 사람에게 보내는 위문의 편지를 '소'라 한다.

28. 윤증의 편지

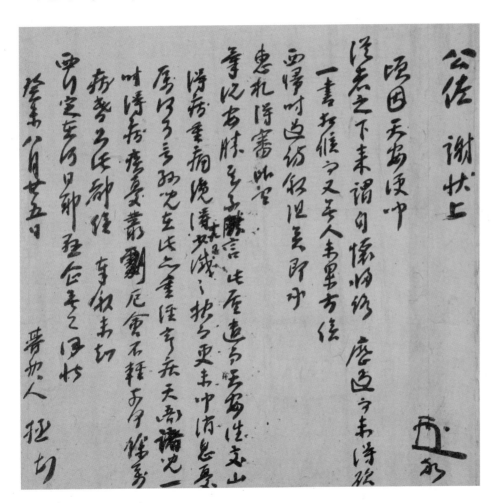

[피봉]

公佐謝狀上 (수결) 敬

頃因天安便, 聞從者之下來. 謂自懷歸路,
歷過而未得, 欲一書相候, 而又無人未果.
方俟西歸時, 過訪敍沮矣. 卽承惠札, 得審
比間, 氣況安勝, 慰不勝言.
此董遣, 而天安往交山, 得病重痛, 纔得
十九日, 少減之報, 而更未聞消息, 憂慮何
可言.
孫兒在此, 亦重經寒疾, 天衙諸兒, 一時得
病, 疾憂叢劇, 厄會不輕, 奈何? 餘萬病昏
只此, 都俟奉敍. 未知西行, 定在何日耶?
懸企無已. 謹狀.
癸未八月卄五日, 朞服人 拯 頓.

[피봉]

공좌公佐에게 답장 편지를 올림. (수
결) 경敬

지난번 천안天安에서 온 인편을 통해 종자從者[44]께서 내려오신다는 소식을 들었습니다. 회덕懷德에서부터 돌아오는 길에 들리실 줄 알았으나 들리시지 않았고, 문후 편지를 올리려고 했으나 또 사람이 없어서 실행하지 못했습니다. 서쪽으로 돌아올 때를 기다려 찾아가서 막힌 회포를 풀려고 합니다. 지금 보내 주신 편지를 받고 요사이 기운이 편안하고 좋음을 알았으니, 위로됨을 이루 다 말하지 못합니다.

이곳에 겨우 보내고 있으나 천안에서 교산交山[45]으로 가다가 병을 얻어 거듭 통증을 앓았습니다. 겨우 19일에 조금 호전되었다는 통보를 들었으나 다시 소식을 듣지 못하니 걱정과 괴로움을 어찌 말하겠습니까?

손자도 여기에서 또한 거듭 감기를 앓고 있고, 천안 관아[天衙]에 있는 여러 아이들도 일시에 병을 얻었으니, 질병과 근심이 쌓이고 지극하고, 재앙을 만남이 가볍지 않으니 어떠하겠습니까? 나머지는 병으로 혼미하여 여기에 줄이고, 모두 만나서 회포 풀기를 기다립니다. 서쪽으로 행차할 때가 정녕 언제인지 알지 못하겠습니다. 그리운 마음 끝이 없습니다. 삼가 편지를 씁니다.

계미년(1703) 8월 25일
기복인朞服人 증拯 돈頓

해설

윤증尹拯(1629~1714)이 1703년 8월에 인편을 통해 유상기兪相基(1651~1718)의 편지를 받고 답장한 것이다. 이 편지로 인하여 아들 윤행교尹行敎(1661~1725)와 윤충교尹忠敎(1664~?)는 천안 관아에 기거하고 있고, 손자 윤동원尹東源(1685~1741)은 윤증과 함께 있음을 알 수 있다. 또 윤증의 가족들이 감기와 질병으로 고통 받고 있는 정황을 알 수 있다.

---

44 종자(從者): 편지에서 상대방을 지칭할 때 사용하는 용어이다.

45 교산(交山): 경기도 파주시 교산을 가리킨다. 교산에는 윤증의 모친 묘소가 있다. 1637년 1월 1일에 강도(江都)가 함락되어 윤선거의 아내 공주 이씨(公州李氏)는 순절(殉節)하였다.

29. 임영의 편지

謹拜狀上

玄江先生 服座前　　　　　　　　　　林泳謹封

前者曰便草二　慰狀伏計已獲

開照即日春寒尚峭伏問

服履起居何如頃竊伏聞

閤中患候殊不輕細　海西之行日此淹滯

喪戚慘切之中更有　病憂為撓回知

空刀有素必慮之有道其於憂即至誠下誠

未委近間

憂撓淂間而　已作西行也歟　撫棺臨視益

何以自想其悲傷耶　窆期想復不遠奉念

尤非一端也　詠奉老流徙辛粗遣免過十

許日當作南鄉行還期當在開初其問音

問當益曠尤切悵然所懷千萬回不敢煩

悲於

悲撓之頃姑竢它日只伏冀

加護道體慰慰此遠想　不宣謹拜　狀上

己未二月初五日　　門下　林泳　狀上

謹拜狀上.

玄江先生服座前. 林泳謹封.

前者, 因便草草上慰狀, 伏計已獲關照. 卽日春寒尙峭, 伏問服履起居何如? 頃竊伏聞, 閤中患候, 殊不輕細, 海西之行, 因此淹滯. 喪威慘切之中, 更有病憂爲撓, 固知定力有素, 必處之有道, 其於慮仰, 豈勝下誠? 未委近間, 憂撓得間, 而已作西行也歟? 撫棺臨視, 益何以自堪其悲傷耶? 窆期想復不遠, 奉念尤非一端也. 泳, 奉老流徙, 幸粗遣免. 過十許日, 當作南鄉行, 還期當在開初, 其間音問, 當益曠, 尤切悵然. 所懷千萬, 固不敢煩悉於悲撓之頃, 姑竢他日. 只伏冀加護道體, 慰此遠想. 不宣. 謹拜狀上.

己未二月初五日, 門下林泳狀上.

삼가 절하고 올림

현강 선생玄江先生[46] 복좌전服座前[47] 임영林泳 근봉謹封

전에 인편이 있어 급히 위장慰狀을 적어 올렸는데, 이미 받아 보셨으리라 생각됩니다. 지금 봄추위가 아직 매서운데 상중의 기거가 어떠하십니까? 삼가 문득 듣건대 부인의 환후가 전혀 가볍지 않다고 하니 황해도로 가는 행차[48]가 이로 인해 지연될 것입니다. 상으로 참혹한 중에 다시 병환의 근심이 있으니 평소 수양된 힘이 있어 반드시 대처함에 도리가 있을 줄 알지만 저의 우러러 걱정하는 마음에 어찌 견딜 수 있겠습니까? 모르겠습니다만 근간에 병환이 차도가 있으며 이미 서행西行을 하셨습니까? 관榓을 어루만지며 바라봄에 더욱 어떻게 아픔을 견디십니까? 장사 지내는 날이 또다시 멀지 않았으니 염려스러움이 한 가지가 아닙니다.

영泳은 늙은 어른을 모시고 옮겨 다님에 다행히 탈 없이 그럭저럭 보내고 있습니다. 10여 일 후에 남쪽 고을[49]로 갈 것인데, 돌아올 날이 다음 달 초이므로 그간에 소식이 더욱 뜸해질 것이니 매우 서글픕니다. 천만 가지 생각을, 슬프고 어수선한 때에 번거롭게 다 아뢸 수는 없으니 우선 후일을 기다립니다. 다만 삼가 도체道體를 보호하시어 멀리서 그리는 저를 위로해 주시기를 바랍니다. 이만 줄입니다. 삼가 절하고 올립니다.

기미년(1679) 2월 5일
문하門下 임영林泳 올림

---

46 현강 선생(玄江先生) : 현강은 박세채(朴世采)의 별호이다.

47 복좌전(服座前) : '복좌'의 '복(服)'은 '상복'을 뜻하며, 복좌는 상을 당한 사람을 가리킨다. 박세채는 이해 1월에 셋째 아들을 잃었다.

48 황해도로 가는 행차 : 박세채는 묘 이장과 성묘의 일 때문에 이해 이후로 몇 해 동안 황해도에 거주했다.(『南溪集』「答尹子仁」)

49 남쪽 고을 : 부여를 말하는 듯하다. 임영은 이때 강원도 통천에서 어버이를 모시고 거주하고 있었으며 11월에 부여 조계촌(藻溪村)으로 옮겼다.

해설

1679년 2월 5일에 임영林泳(1649~1696)이 스승의 안부를 묻고 자신의 근황을 전하기 위해 박세채朴世采(1631~1695)에게 보낸 편지이다.

임영의 자는 덕함德涵, 호는 창계滄溪, 본관은 나주이다. 1666년 사마시에 수석으로 합격했으며 1671년 문과에 합격하였다. 박세채朴世采의 문인으로 대사간·대사헌·부제학을 지냈다.

박세채의 자는 화숙和叔, 호는 현석玄石 또는 남계南溪, 본관은 반남이다. 김상헌金尙憲과 김집金集에게 수학했고, 좌의정을 지냈으며 시호는 문순文純이다. 저서로는 『복제사의服制私議』·『이학통록보집理學通錄補集』·『이락연원속록伊洛淵源續錄』 등이 있다.

30. 권상하의 편지

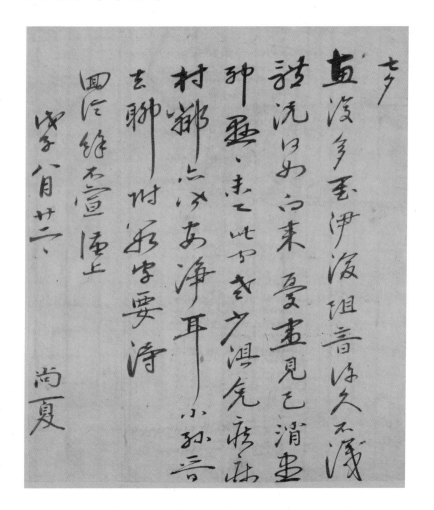

七夕惠復多慰, 伊後阻音許久, 不識體況何如? 向來憂患,
見已消患耶? 懸懸未已. 此間老小俱免疾病, 村隣亦皆安淨
耳. 小孫晉去, 聊附數字, 要得回信, 餘不宣. 謹上.
戊子八月卄二日, 尚夏.

칠석에 보내 주신 편지를 받고 많이 위로되었습니
다. 이후 오랫동안 소식이 막혀 건강이 어떠하신
지 알지 못하겠습니다. 지난번에 병으로 아프셨던
것은 지금은 나으셨습니까? 걱정스런 마음 그치
지 않습니다. 요사이 노소가 모두 질병을 면하여
촌동네가 또한 모두 편안하고 깨끗할 따름입니다.
손자가 가는 길에 몇 글자 부치니, 회신을 바랍니
다. 나머지는 갖추지 못합니다. 삼가 글을 올립니
다.

무자년(1708) 8월 22일
상하尙夏

해설

이 편지는 권상하權尚夏(1641~1721)가 1708년 8월 20일에 보낸 답장이다. 권상하의 자는 치도致道이고, 호는 수암遂菴 또는 한수재 寒水齋이며, 시호는 문순文純이다. 송시열의 제자로서 스승의 유언을 받들어 화양동에 명나라 신종神宗과 의종毅宗의 사당인 만동묘萬 東廟와 대보단大報壇을 세웠다. 저서로는 『한수재집寒水齋集』・『삼서집의三書輯疑』 등이 있다.

省式政以懸溯

袞霞書傳至經歲之餘始此

惠音承審慰洗無以勝喻日月逾邁

袞奉之經益想

孝思何漠為慰頃日　禮詢書月初始

傳采蓋　題主之禮其時當之行且無

泩便不得奉報之久許矣便因稀闊

首如是起今又有

別幅之示姑此遽伸疏尾良草千萬不

宣　敬疏

乙巳二月二十五日　鄭齊斗疏上

甲國多不用鄉賢常有茶歲之稱祓題主亦書之以時之宜也遂前例与不書亦無妨邪

人皆以鄉賢稱祓題主亦書之以時之宜也遂前例与不書亦無妨邪

恒　前妻既不用之別雜遂前例与不書亦無妨邪

那日行祀先曰墓後新山自是次第始也雜三年之中何為不可邪

山神祭此異先送若無服輕者孝子以凶服行之未妥古有墓為尸

之祝不得已以墓舍人為之薦祝如何

省式. 政以懸溯哀覆書, 傳至經歲之餘. 始此惠音, 承審慰洗, 無以勝喩. 日月逾邁, 襄奉已經, 益想孝思, 何復爲慰. 頃日, 禮詢書, 月初始傳來.

盖題主之禮, 其時當已行, 且無往便, 不得奉報, 已許久矣. 便因稀闊有如是也. 今又有別幅之示, 始此追伸. 病伏艱草. 千萬不宣. 敬疏.

乙巳二月二十五日, 鄭齊斗疏上.

中國多不用鄕貫, 常有第幾之稱, 故題主亦用之. 我東則姓本, 各有定鄕, 人皆以鄕貫稱. 故題主亦書之, 以時之宜也. 從時宜而用, 固無可疑. 而但前喪旣不用之, 則雖從前例, 而不書, 亦無妨耶?

節日行祀, 先舊墓後新山, 自是次第然也. 雖三年之中, 何爲不可耶?

山神祭, 此異先墓, 若無服輕者, 孝子以凶服行之, 未安. 古有塚人爲尸之說, 不得已, 以墓舍人爲之薦獻, 而無祝如何.

예식을 생략합니다. 정말로 그립고 바라던 상주의 답장이 오기만을 기다린 지가 이미 한 해를 지나게 되었습니다. 비로소 이 편지를 받으니 위로됨을 무엇으로 비유해야 될지 모르겠습니다. 세월이 지나 분묘墳墓가 이미 만들어졌을 것이니 더욱 효성스런 마음을 생각하니 무슨 말로 다시 위로하겠습니까? 지난번 예에 대하여 질문한 편지가 월초에야 전해 왔습니다.

신주를 쓰는 예는 그때 마땅히 이미 시행하였을 것이고, 또한 가는 인편도 없어서 답장을 하지 못한 지 이미 오래 되었습니다. 인편이 드물기가 이와 같습니다. 지금 또 별폭으로 말씀하신 것은 추신으로 기록합니다. 병으로 엎드려 지내며 어렵게 편지를 씁니다. 할 말은 많지만 이만 줄입니다. 삼가 소疏를 올립니다.

을사년(1725) 2월 25일
정제두鄭齊斗는 위문의 편지를 올림

중국은 대부분 관향을 사용하지 않고, 늘 몇 번째라는 호칭이 있었으므로 신주를 쓸 때도 그렇게 사용했습니다. 우리 동방은 성과 본관이 각각 정해진 고향이 있어 사람이 모두 관향으로 호칭합니다. 그러므로 신주를 쓸 때도 그렇게 쓰는데, 시속의 마땅함을 따른 것입니다. 시의時宜를 따라서 사용하는 것이 진실로 의혹됨이 없는 것입니다. 그러나 다만 전前의 상喪에 이미 그 것을 사용하지 않았다면 비록 전례를 따라 쓰지 않는 것도 또한 무방하지 않겠습니까?

절일節日에 행하는 제사는 구묘舊墓에 먼저하고 새로 쓴 묘소에 뒤에 하니, 원래 차례가 그런 것입니다. 비록 삼년상 중이라도 무엇이 불가하겠습니까?

산신제山神祭는 선조의 묘제와 다르니 만약 복服이 가벼운 사람이 없다고 효자가 흉복凶服을 입고서 시행해서는 안 될 듯합니다. 옛날 "총인이 시가 된다.[塚人爲尸]"[50]는 예설이 있는데, 부득이 묘사인墓舍人(묘지기)으로 하여금 산신제를 올리게 하되 축문 없이 시행하는 것이 어떻습니까?

---

50 총인(塚人)이 시(尸)가 된다 : 총인은 주(周)나라의 관명으로 왕실의 묘가 있는 지역을 관장하는 관리를 이른다. 시는 '신주(神主)'라는 뜻으로, 죽은 이를 대신하여 제사상 앞에 앉아 직접 제사를 받는 사람을 이른다. 『주례(周禮)』「춘관(春官)・총인(塚人)」에 "무릇 묘제에 시가 된다.[凡祭墓爲尸]"라고 하였다.

해설

　정제두鄭齊斗(1649~1736)가 이백령李栢齡(1689~?)이 질정한 상례와 절일節日의 예에 대하여 1725년에 답장한 편지이다. 이백령은 1724년부터 상례에 대한 의문을 정제두에게 편지로 질정하였다. 이 편지의 추신 부분은『하곡집霞谷集』권3「답이백령서 을사答李栢齡書 乙巳」에 수록되어 있다.

　정제두의 자는 사앙士仰, 호는 하곡霞谷, 본관은 연일延日, 시호는 문강文康이다. 박세채朴世采의 문인이다. 최석정崔錫鼎·최규서崔奎瑞 등과 교유하였다. 양명학자로서 강화학파江華學派의 시조이다.

　이백령의 자는 수경壽卿, 본관 전주全州, 부친은 이승겸李承謙이다. 효령대군의 10세손이다. 1713년 무과에 급제하였다.

32. 심육의 편지

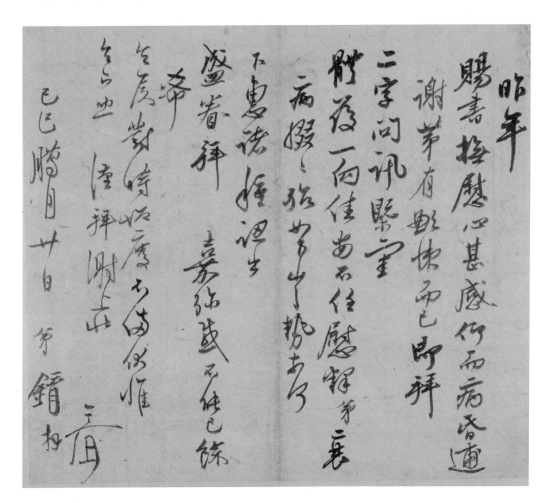

昨年賜書, 撫慰心甚感仰. 而病昏
逋謝, 第有歉悚而已. 卽拜二字問
訊, 槪審體履一向佳安, 不任慰釋.
弟衰病憊憊, 殆如下山之勢, 奈何.
下惠諸種, 認出盛眷, 拜嘉珍感不
能已. 餘希令候對時增慶. 不備.
伏惟令下照. 謹拜謝上狀.
己巳臘月卄日, 弟 銷拜. (수결)

지난해에 내려 주신 편지는 마음을 어루만져 주시어 매우 감동되었습니다. 그러나 병으로 혼미하여 답장을 미루게 되었으니 다만 체면이 없고 송구할 따름입니다. 안부의 편지를 곧바로 받고서 대략 지내시는 형편이 줄곧 평안하신 줄 알고 이루 위로됩니다. 저는 쇠약해 생긴 병으로 너무나 고달파서 거의 막을 수 없는 지경에 이르렀으니 어찌하겠습니까. 내려 주신 여러 종류의 물품은 성대하게 보살피는 뜻에서 나왔음을 알았으니, 감사한 마음 끊이지 않습니다. 나머지 영감의 체후가 때에 따라 경사만 늘기를 바랍니다. 이만 줄입니다. 삼가 영감께서 살펴 주십시오. 삼가 답장을 올립니다.

기사년(1749) 납월臘月(12월) 20일
제弟 육銷이 올립니다. (수결)

해설

이 편지는 심육沈銷(1685~1753)이 1749년에 쓴 편지이다. 심육의 자는 언화彦和, 호는 저촌樗村, 본관은 청송이다. 그는 여러 차례 벼슬에 제수되었으나, 대부분은 나아가지 않고 공부를 하며 유람을 하였다. 그는 중국 연경까지 다녀오면서 견문을 넓혔다. 심육은 강화학파의 중심인물로 하곡霞谷 정제두鄭齊斗를 계승한 인물이다. 그런데 이 편지의 수신자에 관해서 다른 정보가 없어 알 수가 없다. 이때 심육은 65세의 나이였고, 이해 대사헌과 좨주에 제수되었으나 나아가지 않았다.

참고로 편지의 마지막 부분에 있는 수결은 오려서 끝 부분에 붙인 것이다. 수결의 글자 크기로 보아 피봉이 따로 있었다고 추정할 수 있다.

33. 윤동원의 편지

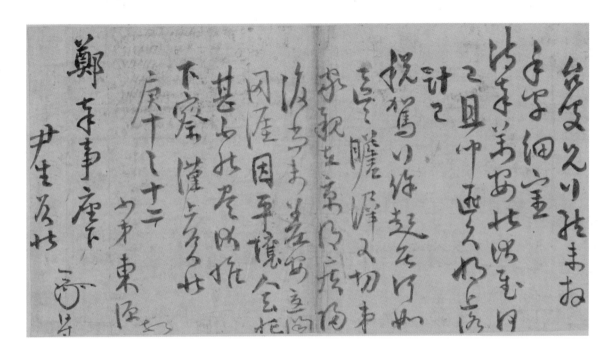

[피봉]

鄭奉事座下.

尹生候狀.

(수결)謹封.

台叟兄行雖未拜, 手字細審侍奉萬安狀, 伏慰何已? 且聞匪久, 將上洛計, 已稅駕? 行餘起居何如? 區區瞻溸又切. 弟, 家親在京得疾, 歸後尙未差安, 憂悶罔涯. 因平壤人去, 忙甚不能盡. 伏惟下察, 謹上候狀.

庚十之十二, 小弟東源頓.

[피봉]

정봉사鄭奉事 좌하座下

윤생尹生 후장候狀

(수결) 근봉謹封

태수台叟 형[51]의 행차에서 비록 뵙지 못했으나 편지를 받고 시봉侍奉함에 모든 것이 편안하다는 것을 자세히 알았으니 삼가 위로되기 어찌 끝이 있겠습니까? 또 오래지 않아 서울에 갈 계획이라고 들었는데 이미 가셨습니까? 행여行餘의 기거[52]는 어떠합니까? 구구한 그리움이 더욱 절실합니다.

제弟는 아버지가 서울에서 병을 얻었는데 돌아온 후에 아직 차도가 없어 걱정이 끝이 없습니다. 평양으로 가는 사람이 있어 적는데 몹시 바빠 다 쓸 수 없습니다. 삼가 살펴 주십시오. 삼가 안부 편지를 올립니다.

경년庚年(1710) 10월 12일

소제小弟 동원東源 돈頓

해설

1710년 10월 12일에 윤동원尹東源(1685~1741)이 안부를 묻기 위해 처남 정석규鄭錫圭(1675~1727)에게 쓴 편지이다.

---

51 태수(台叟) 형 : 태수는 정석로(鄭錫老)의 자이다. 정석로는 정석규의 아우이고, 윤동원의 처남이다.

52 행여(行餘)의 기거 : 일을 실행하고 난 후의 여가에 하는 공부를 가리켜 말한다. 『논어』에서 "실행하고 여력이 있으면 글을 익힌다.[行有餘力, 則以學文]"라고 한 것에서 비롯된 말이다.

34. 이재의 편지

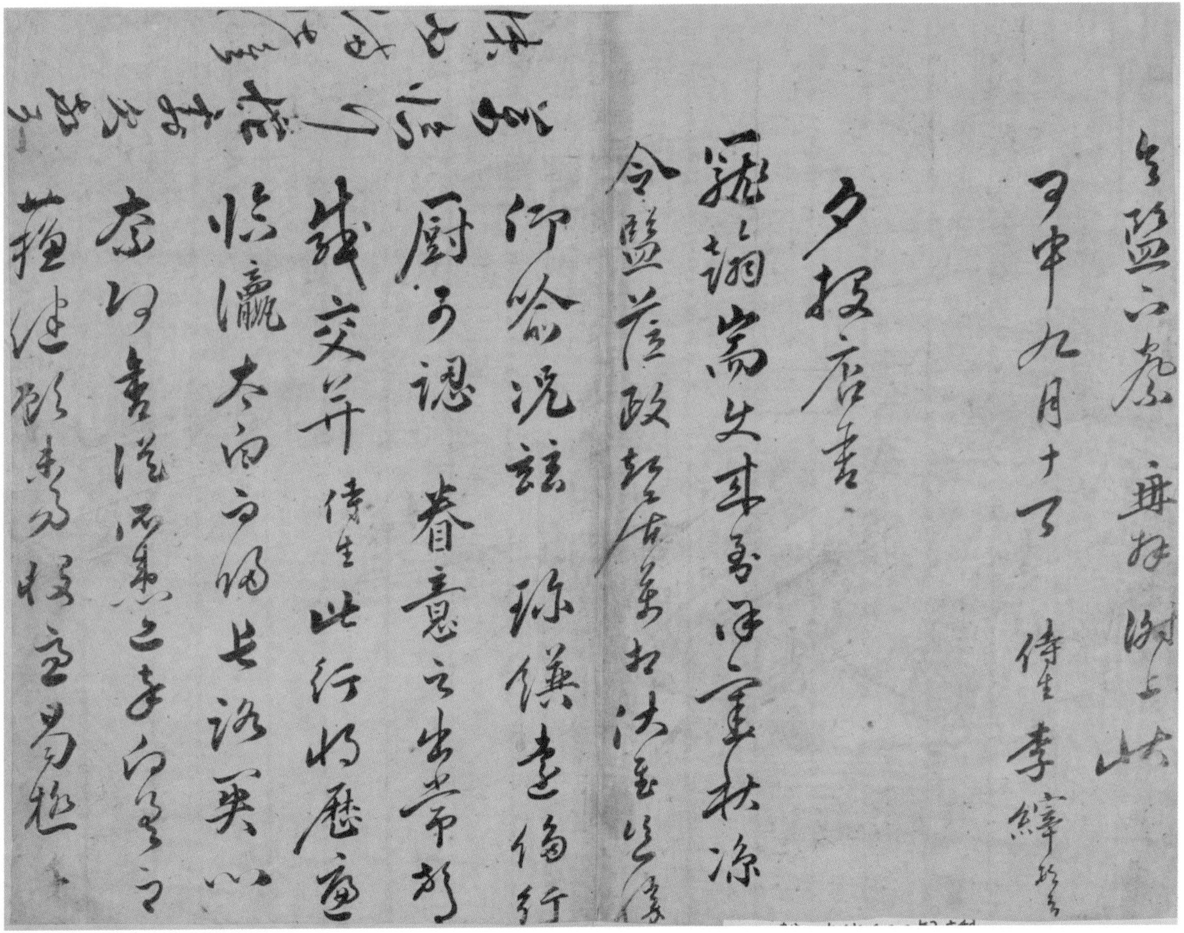

夕投店舍, 寵翰崇使來到, 謹審秋涼, 令監莅政, 起居萬相, 伏慰豈勝仰喩? 況茲珍饌, 遠俵行廚, 可認眷意之出常, 驚感交幷, 侍生此行, 將歷遍臨瀛太白而歸, 長路關心, 奈何? 舍從所患 近幸向差 而蘇健顧未易 憫慮曷極千萬? 臨行忙劇, 欠敬可悚不備, 伏惟, 令監下察. 再拜謹謝上狀. 甲申 九月十一日, 侍生李縡頓首.

저녁에 여관에 들어가서 당신께서 보내신 편지가 와 있어 살펴보았더니 서늘한 가을 날씨에 영감의 건강이 좋으시다니 그리운 마음 위로됨을 어찌 말로 할 수 있겠습니까? 하물며 이렇게 귀한 반찬을 멀리까지 보내 주셔서 부엌이 사치스러워졌고 저를 생각해 주시는 것이 놀라워 감동이 교차합니다. 저는 이번에 두루 강릉을 돌아 태백을 거쳐 긴 여정을 떠나는데 관심이 어떠하십니까? 집안 종제從弟의 근심은 근래에 다행히 나아지고 있지만 예전처럼 건강해지기는 쉽지 않을 것 같으니 걱정스러움이 어찌 끝이 있겠습니까? 떠남에 임해 마음이 바빠서 공경스러움을 빠뜨렸으니 죄송하오며 예를 갖추지 못합니다. 영감께서는 살펴주십시오. 두 번 절하고 글을 올립니다.

갑신년(1704) 9월 11일
시생侍生 이재李縡 올림

해설

이 편지는 이재李縡(1680~1746)가 1704년에 쓴 편지다. 이재의 자는 희경熙卿, 호는 도암陶庵·한천寒泉이다. 이재는 1702년 알성문과에 병과로 급제하여 관직에 진출하였다. 이재는 송시열宋時烈의 제자인 권상하權尙夏를 비호하였으며 노론의 중심 인물로 활약하였다. 저서로 『도암집陶庵集』·『도암과시陶庵科詩』, 『사례편람四禮便覽』·『어류초절語類抄節』등 다수가 있다.

35. 이덕윤의 편지

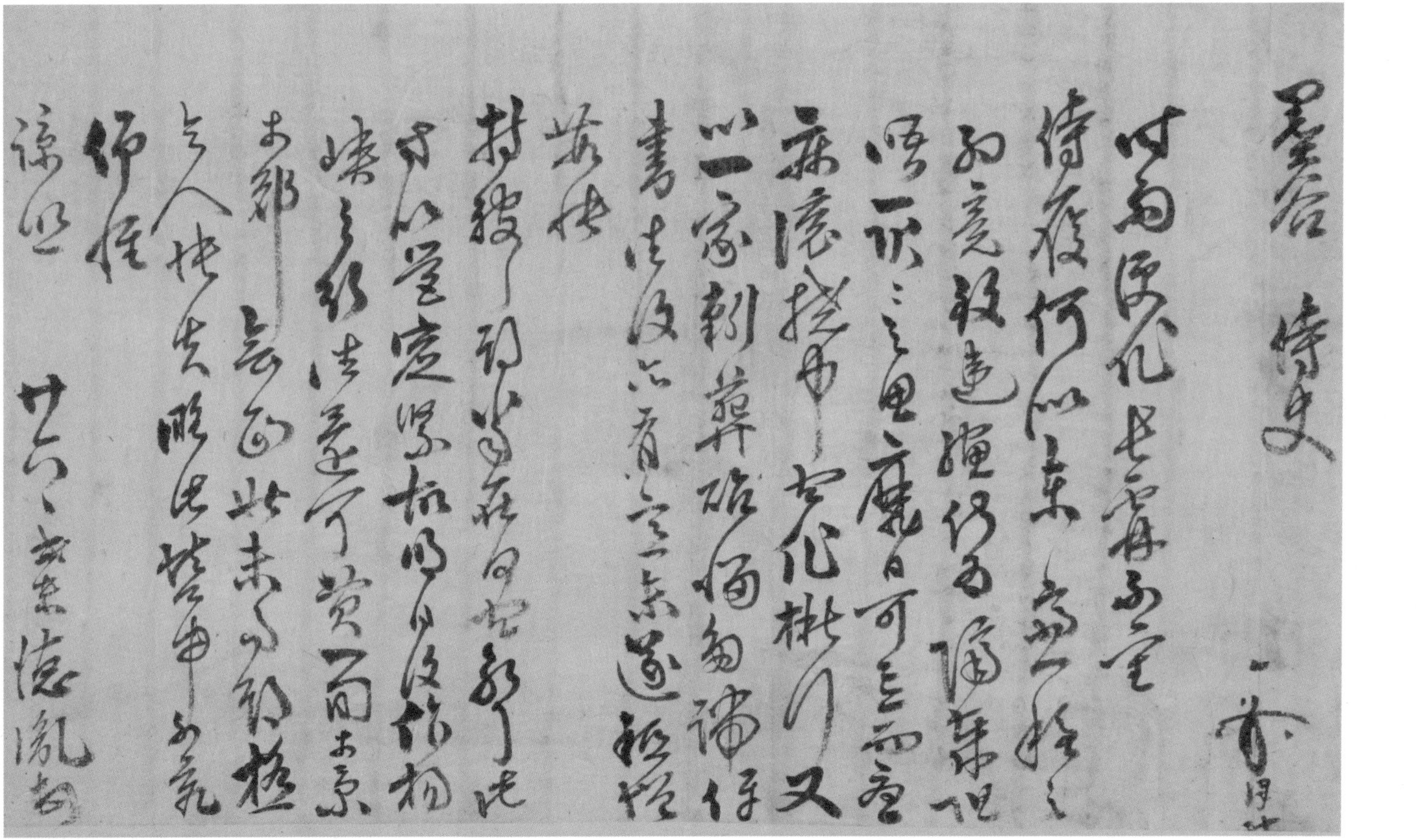

墨谷 侍史 (수결) 謹封.

時雨便作長霖, 不審侍履何似. 東齋一穩之約, 竟致違繻. 仍爲隔歲阻晤, 耿耿之思, 靡日可忘. 而憂病滾撓中, 間作楸行, 又以一家窆葬, 貽惱多端, 伻書往復, 亦有意未遂, 秪增茹悵. 持被之期, 當在何間耶? 此方以營窆緊故, 明日復作楊峽之行, 往還可費一旬, 於京於郊, 會面姑未易期, 極令人悵失. 略此, 替申不究. 仰惟諒照.

廿六日, 世末德胤頓.

묵곡墨谷 시사侍史 (수결) 근봉謹封

때맞추어 내리던 비가 바로 장마가 되었는데, 안부가 어떠한지 모르겠습니다. 동재東齋에서 한 번 만나자는 약속은 끝내 어긋나게 돼 버렸습니다. 더욱이 해가 바뀌도록 소식이 막혀 애타게 그리워하는 마음은 날마다 잊을 수 없습니다.

그리고 근심과 질병으로 매우 바쁜 와중에도 간혹 성묘를 하고, 또 일가의 발인發靷과 장례가 있어 번뇌가 많았습니다. 심부름꾼을 시켜 돼지를 보내려는 마음만 먹고 이루지 못하여 다만 슬픔만 더하고 있습니다. 이불을 들고[53] 만날 날은 마땅히 언제쯤인지요?

저는 지금 무덤을 만드는 일이 긴박하므로 명일에 다시 양주楊州 골짜기로 가야하고, 갔다가 돌아오는 데 열흘은 소요됩니다. 서울에서나 교외에서 만나 뵙는 것은 다만 쉽게 기약할 수 없으니, 극도로 사람을 슬프고 실망스럽게 합니다.

대략 이와 같이 편지로 대신하고 다 표현하지 못합니다. 삼가 헤아려 살펴 주시길 바랍니다.

26일
세말世末 덕윤德胤 돈頓

---

53 이불을 들고 : 한유(韓愈)의 「송은원외서(送殷員外序)」에 "지금 세상 사람들은 수백 리만 가려도 문을 나서면 망연자실하여 이별의 가련한 기색이 있고, 이불을 가지고 삼성에 숙직만 들어가려도 여종을 돌아보고 시시콜콜 여러 가지 당부를 하여 마지않는다.[今人適數百里, 出門惘惘, 有離別可憐之色, 持被入直三省, 丁寧顧婢子, 語刺刺不能休.]"라고 한 데서 온 말이다.

해설

　이덕윤李德胤(1717~1791)이 장마철 26일에 묵곡墨谷에 사는 전의 이씨 친족에게 보낸 안부 편지이다. 수신자의 성명은 구체적으로 알 수 없다.

　이덕윤의 자는 석여錫予, 호는 내곡萊谷, 본관은 전의全義이다. 조부는 이조 참판을 지낸 이정겸李廷謙이다. 아버지 이징성李徵成(1668~1733)은 성천 부사成川府使를 지냈고, 하곡霞谷 정제두鄭齊斗(1649~1736)의 딸에게 장가들었으나 자식이 없었다. 서종눌徐宗訥의 딸을 후취後娶로 취하여 이덕윤과 조윤형曹允亨에게 출가한 딸을 낳았다. 부인 청송 심씨는 영의정 심수현沈壽賢의 딸이고, 아들은 숭배崇培와 준배峻培이다. 호는 경기도 남양주시 진접읍 선산이 있는 내곡촌萊谷村에서 따온 것이다. 1773년에 선공감 감역관繕工監監役官에 제수되고, 1790년에 첨지중추부사僉知中樞府事에 제수되었다. 이덕수李德壽의『서당사재西堂私載』권5에 수록된 이조 참판 이정겸李廷謙 신도비명과 신대우申大羽의『완구유고宛丘遺集』권9에 수록된 이덕윤 행장行狀에 이덕윤의 가계와 학맥이 자세하게 서술되어 있다.

泰源一味苟活至今日之字今日又逢足妻
情理吾兒竟竟終此恨誠爲之久痛也況
子廣逝之事完全動作如常矣待之

泰源僑額再拜言三日之內
兩書荐至乃革紋渡 乞永逮二
衰感之至見對 德儀頓忘
南川之屬在完山下也且審春寒
謹審泰進修有相宏可衰慰
至於貧病吾道之厄不幸如此
賓善採之通准當及飢讀書
淸味於無味之中真知云貿之言
不妪若蕎麥之悦口則雖終身學
瓢慶空經袍露肘不自知其爲華
若而頹子之不改亦可望美紅絲
之餘敦誦所聞如在來也弟以月
別惕玆迷石性淫誅
壬寅二月十六日
學生泰源拜

養源稽顙再拜言. 三日之內, 兩書荐至, 次第披復, 見示縷縷, 哀感之至. 宛對德儀, 頓忘南川之屬, 在完山下也. 且審春寒, 端居靜養, 進修有相, 尤可哀慰. 至於貧病, 吾道之窮, 本來如此, 實無可捄之道. 唯當忍飢讀書, 得味於無味之中, 眞知聖賢之言, 不翅若芻豢之悅口, 則雖終身, 簞瓢屢空, 縕袍露肘, 不自知其爲辛苦, 而顔子之不改, 庶可望矣. 相憐之餘, 敢誦所聞如此, 未知以爲如何. 此中事育之艱, 比尊兄不止倍蓰, 而下室之饋, 亦不得以時, 生人飢飽, 還屬餘事, 雖其爲傷痛, 尤不可言, 而亦復奈何. 養源一味苟活, 而此月之半, 今日又過, 望奠情理, 益覺窮絶. 只恨頑喘之久淹也. 兒子痘患, 今幸完合, 動作如常矣. 餘在別幅. 荒迷不次. 謹疏.

甲戌二月十五日, 孤子李養源疏上.

양원養源은 이마를 조아리고 두 번 절하며 말합니다. 3일 사이에 두 차례 편지가 거듭 이르러 차례로 열어 반복하여 읽어 보니 말씀한 사연이 곡진하여 슬픈 느낌이 지극합니다. 당신의 덕 있는 모습을 완연히 대하는 것 같아 남천南川이 완산完山 아래에 있다는 것을 홀연히 잊었습니다.[54] 또한 봄 추위에 단정히 생활하시며 고요히 몸과 마음을 기르시고 학업을 쌓음에 신명이 도우신다니 더욱 슬픈 가운데도 위로가 됩니다.

가난과 병이야 우리 유가의 도가 궁하면 본래 이러한 것이니, 이를 구할 방법이 실로 없습니다. 오직 굶주림을 참고 독서해야만 무미無味한 가운데의 참맛을 얻어 성현의 말이 참으로 고기가 입을 기쁘게[55] 할 뿐만이 아님을 안다면 비록 평생을 한 그릇의 밥과 한 바가지의 물로 자주 쌀독이 비어 굶으며 헤진 옷에 팔뚝이 드러난다 하더라도 고생이라는 것을 스스로 알지 못하고, 안자顔子가 바꾸지 않았던 즐거움을 거의 바랄 수 있을 것입니다.[56] 서로 애달픈 나머지 감히 들은 바를 이와 같이 외우니 어떻게 생각하실지 모르겠습니다.

여기에는 봉양하거나 기르는 어려움은 존형尊兄에 비해 몇 배나 될 것이며, 하실下室에 전奠을 올리는 것도 때에 따라 하지

---

54 남천(南川)이……잊었습니다 : 남천은 전주 한옥 마을에 있는 남천으로 추정된다. 이 뜻은 비록 멀리 있지만 편지를 받고서 매우 가깝게 있음을 느낀다는 말이다.

55 고기가 입을 기쁘게 : 이 말은 『맹자』「고자상(告子上)」의 "그러므로 의리가 우리의 마음을 기쁘게 하는 것은 마치 고기가 우리의 입을 즐겁게 하는 것과 같다.[故理義之悅我心, 猶芻豢之悅我口]"라는 말에서 나온 것이다.

56 평생을……것입니다 : 이 말은 『논어』「옹야(雍也)」의 "어질도다, 안회(顔回)여. 한 그릇 밥과 한 표주박 물을 마시며 누항에 사는 것을 사람들은 근심하며 견디지 못하는데, 안회는 그 즐거움을 바꾸지 않는다. 어질도다, 안회여.[賢哉, 回也. 一簞食, 一瓢飮, 在陋巷, 人不堪其憂, 回也, 不改其樂, 賢哉, 回也.]"라는 말에서 나온 것이다.

못합니다. 산 사람의 배고픔과 배부름도 여사로 치부하는데, 비록 그 마음 아픔은 더욱 말할 수도 없으니 또한 다시 어찌하겠습니까? 저 양원은 줄곧 구차하게 살아 이달의 절반이 오늘 또 지나가니 보름에 전奠[望奠][57]을 올리는 정리가 더욱 궁핍하여 절실함을 느낍니다. 다만 질긴 목숨 오래 이어지는 것을 한스러워 할 따름입니다. 천연두에 걸린 아이는 지금 다행이 나아지고 있고 움직이는 것도 평소와 같습니다. 나머지는 별폭에서 말씀드립니다. 마음이 애통하여 조리있게 말하지 못합니다.[58] 삼가 소疏를 올립니다.

갑신년(1764) 2월 15일
고자孤子[59] 이양원李養源이 소를 올립니다.

---

57 하실(下室)에 전(奠) : 원문은 '하실지궤(下室之饋)'인데, 장례를 지낸 후 집으로 돌아와 일정 기간 집안의 내실에 신주를 모시며 살았을 때와 똑같이 음식을 올리던 예를 말한다. '궤'는 음식을 올리는 일을 말한다.

58 마음이……못합니다 : 이 말의 원문은 '황미불차(荒迷不次)'이다. 자신이 상복을 입어야 할 모든 상에 있는 동안 편지글에서 '불차(不次)'라 칭하는 것이다. 죽은 사람을 애도하기에 또 말을 조리 있게 하지 못하는 것이며, 양친이 살아 계신 경우 '불차'라 칭하지 않는다.

146 **59** 고자(孤子) : 아버지가 돌아가신 경우 고자라 한다. 참고로 어머니가 돌아가신 경우는 '애자(哀子)'라 칭하고, 양친이 모두 돌아가셨을 경우 '고애자(孤哀者)'라 칭한다.

해설

이 편지는 이양원李養源(1708~1764)이 상중에 쓴 편지이다. 편지의 수신인이 누구인지는 명확하지 않다. 이양원의 자는 호연浩然, 호는 도계陶溪, 본관은 경주이다. 그는 충남 공주의 도계陶溪에서 태어나 도계에서 삶을 마쳤고, 묘 역시 도계에 있다. 그는 학문이 뛰어나 여러 차례 천거되었고, 관직도 받았지만 모두 사양하고 나아가지 않았다.

이 편지에 나오는 용어인 '하실지궤下室之饋'나 망전望奠을 모두 '전'이라 풀었다. 엄밀하게 말해 '하실지궤'는 '전'은 아니나, 번역상 '전'이라 하였다. 전은 간단하게 음식을 올리는 것을 말한다. 이에 반해 제사는 모든 예절 형식과 반드시 차려야 할 음식, 즉 국·밥·떡·고기를 모두 갖춘 것을 말한다. 전과 제사가 완전히 구별되지만, 굳이 말하자면 전은 약식의 제사라 할 수 있다.

鴻山 仁閤 記室 回納

辛丑臘月二十○日 李某奉謝狀 李嵆年 拜

向蒙

枉顧寒廬深感

厚意而寒蟄之中重以瘴病悄

由奉謝書止爾然爲愧深寒約世

又承拜

厚札尤增感作塵歲善積

政復探主意仰慰又何可言嵆年

廿朔又滯毒感委頓已月深寒約世

元氣日換蒙此添肉

珍惠可濟累日窘急爲之慷三

嘉日前辱書珠○荒政爲念招其

仁心有所濟也犹悚襟友生必

遘道鄭營奠於慕浦以開正當

治下寫路停山店○狹

慇其不幸及其

命遂帳屛厚以護如何○

○不光暴露幸

甚孝親之行矣寒甚無以助哀

惰而奉悅甚悚○力疾不宣謹

[피봉]

鴻山仁閣記室, 回納.

李參奉謝狀.

(수결)謹封.

向蒙枉顧窮廬, 深感厚意, 而窮蟄之中, 重以癃病, 無由奉謝, 書且闕然, 爲愧深矣. 卽又承拜辱札, 尤增感怍, 謹審歲暮雪積, 政履保重, 區區仰慰, 又何可言? 喬年, 卄朔胦症, 又添毒感, 委頓已月餘. 窮約甚, 元氣日損, 蒙此酒肉珍惠, 可濟累日窘急, 爲之僕僕. 三嘉, 日前得書, 殊以荒政爲念, 想其仁, 必有所濟也. 就悚, 隣友尹生必復, 遭艱營葬於藍浦以開正. 當輤過治下, 宿路傍山店, 山店狹陋, 不免暴露, 幸愍其不幸, 命遮帳屛屬以護, 如何如何? 及其時, 當有以告之耳. 隣誼甚好, 而亦佳其孝親之行矣. 窮甚, 無以助其行, 懵爲奉浼, 甚悚甚悚. 力疾不宣, 謹謝. 只冀餞迎多祉.

辛丑臘月二十七日, 李喬年頓.

[피봉]

홍산鴻山[60] 인각仁閣 기실記室 회납回納

이 참봉李參奉 사장謝狀

(수결) 근봉

지난번 궁박한 집에 일부러 찾아와 주시는 후의를 입고 매우 감동되었으나 궁색하게 칩거하고 있는 가운데 무거운 병에 걸려 답례를 드릴 길도 없고 편지도 못하였으니 몹시 부끄럽습니다. 그러다가 곧바로 당신의 편지를 받았으니 더욱 감동되고 부

---

60 홍산(鴻山) : 충청남도 부여군 홍산면 지역에 있었던 현의 명칭이다.

끄러운데 삼가 세모의 눈 쌓인 날에 정무를 보시는 안부가 보중保重함을 알았으니 구구하게 우러러 위로되는 마음 어찌 다 말할 수 있겠습니까?

교년喬年은 스무 달 동안 창증脹症[61]을 앓았는데 또 독감에 걸려 누워 지낸 지 이미 한 달 남짓 되었습니다. 궁함이 심하여 원기가 날로 상하는 중에 이렇게 귀한 술과 고기를 주셔서 여러 날 동안의 궁하고 급한 상황을 벗어나게 되었으니 매우 감사드립니다.

삼가三嘉[62]의 일은 얼마 전에 편지를 받았는데 흉년을 구제하는 데 매우 전념한다고 하니 그의 어짊을 생각하건대 반드시 성공할 것입니다.

죄송스럽게 드릴 말은 이웃의 벗 윤필복尹必復이 상을 당해 장례를 남포藍浦[63]에서 새해 정월에 치를 것입니다. 상여가 치하治下[64]를 지날 것이고 길 옆 산점山店에 묵을 것인데, 산점이 협소하고 누추하여 밖에서 밤을 보내는 것을 면하지 못할 것이니, 바라건대 그의 불행을 가엽게 여기시고 장막이나 병풍 등으로 보호하도록 명령하시는 것이 어떻겠습니까? 그때에 마땅히 그 일로 고할 것입니다. 이웃과의 정이 매우 좋아질 것이고 또 효친의 행실을 권장하는 것이 될 것입니다. 몹시 궁하여 장례의 행차를 도울 길이 없어 외람되게 부탁드리니 몹시 죄송합니다. 병을 무릅쓰고 적는지라 서식을 펴지 못하고 삼가 답합니다. 다만 지난해를 보내고 새해를 맞이하는 데 많은 복이 있기를 바랍니다.

신축년(1781) 12월 27일
이교년李喬年 돈頓

---

61 창증(脹症) : 배가 부어오르는 증세이다.
62 삼가(三嘉) : 경상남도 합천군 삼가면 지역에 있었던 현의 명칭이다.
63 남포(藍浦) : 충청남도 보령군 남포면 지역에 있었던 현의 명칭이다.
64 치하(治下) : 관내란 뜻으로, 상대방이 다스리고 있는 홍산을 말한다.

해설

1781년 12월 27일, 이교년李喬年(1718~1788)이 윤필복尹必復의 장례에 협조를 부탁하기 위해 홍산 현감鴻山縣監 조홍진趙弘鎭 (1743~1821)에게 보낸 편지이다. 자신의 이웃 윤필복이 상을 당해 상여가 홍산 지역으로 지나감에 그가 숙박할 때 편의를 봐 줄 것을 부탁하였다.

이교년의 자는 중수仲壽, 호는 간곡艮谷, 본관은 전주이다. 공주에 살았다. 1744년에 사마시에 합격한 후 1768년에 장릉 참봉章陵 參奉을 지냈다. 1784년에 익위사 부솔翊衛司副率에 제수되었으나 나아가지 않았다. 윤동원尹東源(1685~1741)의 문인이다.

조홍진의 자는 관보寬甫, 호는 창암忩巖, 본관은 풍양이다. 1763년에 사마시에 합격한 후 1780년에 홍산 현감이 되었고, 1783년 문과에 합격한 후 교리 · 수찬 · 승지를 지냈다. 『필적유휘筆跡類彙』 편찬자이다.

01-2 惜春

청사清士

1. 미상인의 글씨

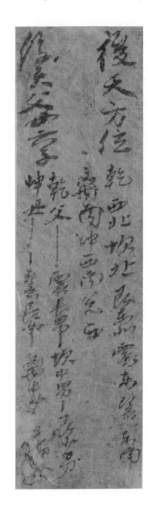

後天方位
乾西北, 坎北, 艮東北, 震東, 巽東南
離南, 坤西南, 兌西.
後天父母六子
乾父, 震長男, 坎中男, 艮小男
坤母, 巽長女, 離中女, 兌小女

후천방위

건乾은 서북이며, 감坎은 북이고, 간艮은 동북이며, 진震은 동이고, 손巽은 동남이며, 리離는 남이고, 곤坤은 서남이며, 태兌는 서이다.

후천부모육자後天父母六子

건은 아버지이고, 진은 장남이며, 감은 중남이고, 간은 소남이다.
곤은 어머니이고, 손은 장녀이며, 리는 중녀이고, 태는 소녀이다.

해설

이 글을 쓴 사람은 『필적유휘』 춘 맨 끝에 있는 목차로 미루어 볼 때 유하남柳河南으로 추정되지만 그가 누구인지는 분명치 않다. 『필적유휘』 춘은 「학행學行」과 「청사淸士」로 구성되어 있는데 후천방위는 「청사」의 시작이다. 이 글의 앞 부분은 '후천방위後天方位'와 '후천부모육자後天父母六字'로 「주역」 팔괘의 방위와 가족 관계를 설명하였다. 일반적으로 복희 시대의 역을 다룬 것을 선천이라 하고, 문왕 시대의 역을 다룬 것을 후천이라 한다. 이것을 도식화하면 다음과 같다.

상징 \ 괘	건乾	태兌	리離	진震	손巽	감坎	간艮	곤坤
방위	서북	서	남	동	동남	북	동북	서남
가족	부	소녀	중녀	장남	장녀	중남	소남	모

2. 성운의 시

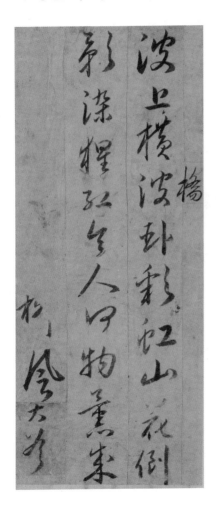

波上橫橋臥彩虹, 山花倒影染猩紅. 令人何物薰成醉, 滿面吹來楊[01]柳風.

大谷

물결 위 가로 놓인 다리 무지개처럼 누웠고   波上橫橋臥彩虹
산꽃 거꾸로 물에 비쳐 선홍빛으로 물들었네   山花倒影染猩紅
무엇이 향기 뿜어 사람을 취하도록 하는가   令人何物薰成醉
얼굴 가득 불어오는 버드나무 바람이라네   滿面吹來楊柳風

대곡大谷

해설

성운成運(1497~1579)이 지은 「유남정천상游南亭川上」이다. 남정천 위에서 바라본 아름다운 풍경을 칠언절구로 읊은 것으로, 그의 문집인 『대곡집大谷集』 권상卷上에 수록되어 있다. 『필적유휘』에서는 종이가 찢겨 나가 6개 글자가 보이지 않는데 『대곡집』을 근거로 빠진 부분을 알 수 있다. 성운이 쓴 이 시는 글자를 수정한 표시가 있어 시의 초고임을 알 수 있다. 『필적유휘』에서는 편집 시에 원본을 잘라서 폭을 줄여 붙였고 '대곡大谷' 두 글자 역시 마지막 줄 아래로 옮겨 붙였다.

성운의 자는 건숙建叔, 호는 대곡大谷, 본관은 창녕이다. 조광조의 문인으로 성균관에 들어갔으나 곧 과거를 포기하고 처의 고향인 충청도 보은에서 살았다. 그는 처사형 사림士林으로 4번의 사화를 경험하면서 벼슬을 단념하고 속리산에 은거하면서 학문 활동을 하였다. 그는 사화를 겪으면서 모순에 가득 찬 정치 현실에서 자신을 지키는 방법은 수양밖에 없다고 생각했던 것 같다. 그는 조식, 성제원成悌元, 서경덕徐敬德 등 당대의 처사들과 깊은 교분을 가졌다.

---

01 취만면취래양(醉滿面吹來楊) : 6개 글자가 『필적유휘』에는 떨어져 나갔으나 『대곡집(大谷集)』에 근거하여 추가하였다.

3. 임형수의 한시

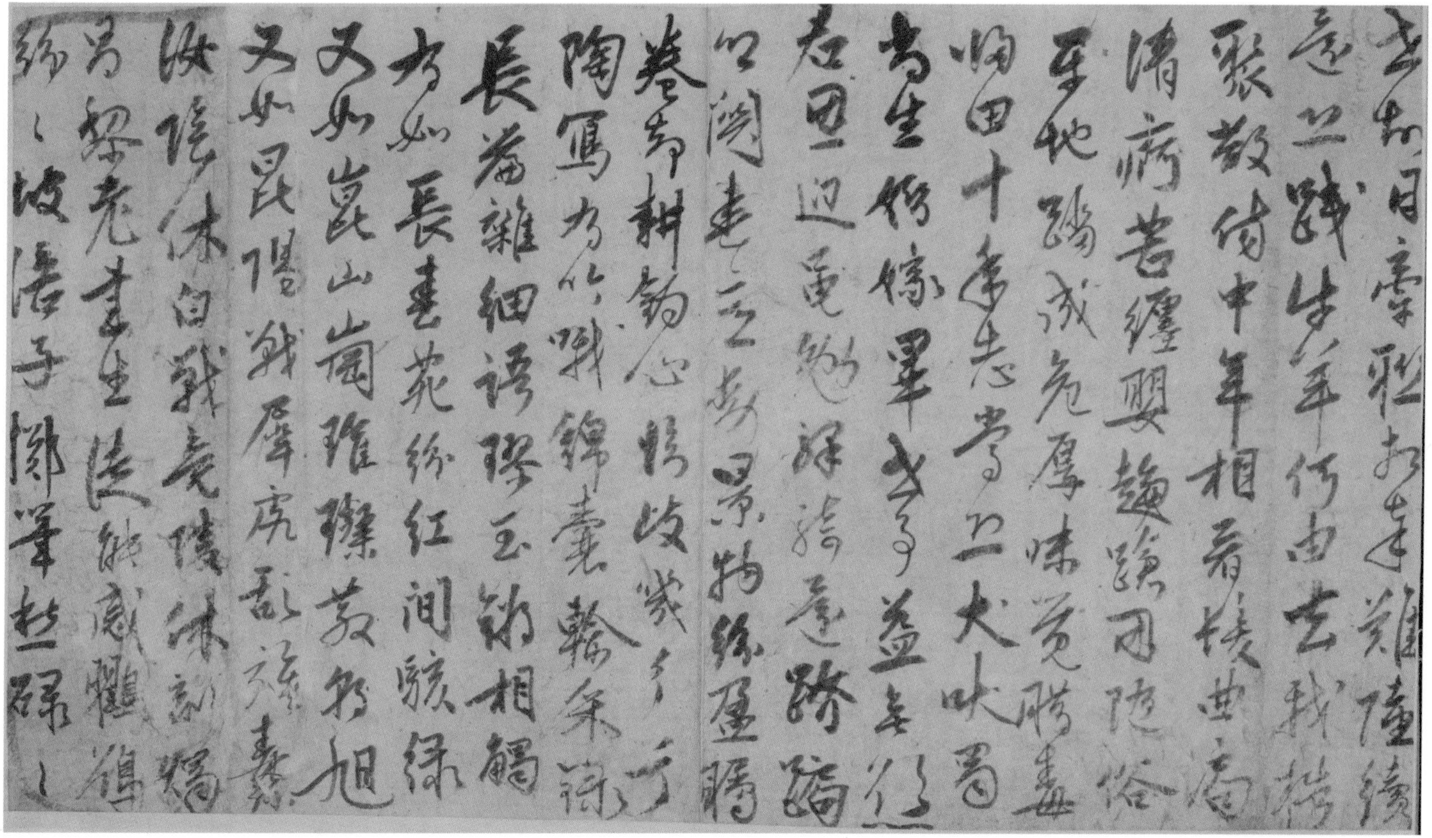

世故月牽聯, 相逢難陸續. 還恐踐牛羊, 何由去我桔.

聚散傷中年, 相看髮曲局. 清痾苦纏繄, 趨蹌因隨俗.

平地踏成危, 厚味覺腊毒. 歸田十年志, 常恐犬吠蜀.

尙生婚嫁畢, 世事益無慾. 君恩迫黽勉, 驛騎還跨跼.

鄕關春意動, 景物紛盈矚. 卷却耕釣心, 臨岐幾彳丁.

陶寫有吟哦, 錦囊輸采錄. 長篇雜細語, 璆玉鏘相觸.

有如長春苑, 紛紅間駮綠. 又如崑山崗, 璀璨散朝旭.

又如昆陽戰, 犀虎亂旌纛. 汝陰休白戰, 竟陵休剖燭.

昌黎老書生, 徒能感鸒鵒. 紛紛坡涪子, 擲筆愁碌碌.

세상일이 달마다 얽혀드니   世故月牽聯

만나는 것도 지속하기 어렵네   相逢難陸續

도리어 소와 양이 밟을까[02] 두려우니   還恐踐牛羊

무엇으로 나의 질곡을 제거할까   何由去我桔

모이고 흩어지던 중년을 슬퍼하며   聚散傷中年

서로 헝클어진 머리카락 바라보네   相看髮曲局

02 소와 양이 밟을까 : 우양(牛羊)은 세속적인 물욕을 비유한다. 『맹자』 「고자상(告子上)」에 "우산의 나무가 일찍이 아름다웠는데 대국의 교외에 있는 까닭에 사람들이 베어 가니 그 숲이 아름다워질 수 있겠는가? 밤낮으로 자라나고 비와 이슬이 적셔 주어 새싹이 돋아나지만 소와 양이 또 뜯어 먹으니 이 때문에 저렇게 헐벗게 된 것이다.[牛山之木嘗美矣, 以其郊於大國也, 斧斤伐之, 可以爲美乎? 是其日夜之所息, 雨露之所潤, 非無萌蘖之生焉, 牛羊又從而牧之, 是以若彼濯濯也.]"라고 하였는데, 이는 사람의 성품이 본래 선하지만 벼슬하고자 하는 물욕에 침해당하는 것을 비유한 말이다.

파리한 병이 얽혀 있음을 괴로워하나	淸痾苦纏嫛
허겁지겁 달리며 세속 따름도 어렵네	趍蹌困隨俗
평평한 땅을 밟아도 위태한 곳이 되고	平地踏成危
좋은 음식 속에 독이 있음[03]을 알았네	厚味覺腊毒
전원에 돌아가려는 십 년의 뜻은	歸田十年志
촉 땅 개처럼 짖을까[04] 늘 두렵네	常恐犬吠蜀
상장처럼 자식 혼사 마친[05] 뒤에	尙生婚嫁畢
세상일에 더욱 욕심이 없어라	世事益無慾
임금의 명이 급박하여 힘쓰려고	君恩迫電勉
역말을 타니 도리어 머뭇거리네	驛騎還跨踧
고향 산천에 봄기운이 진동하니	鄕關春意動
아름다운 경치가 눈앞에 가득하네	景物紛盈矚
밭 갈고 낚시하는 마음을 거두고	卷却耕釣心
갈림길에서 몇 번이나 서성이네	臨岐幾彳丁
성정을 표현하여 시를 읊조려서	陶寫有吟哦
비단 주머니에 채록하여 넣었네[06]	錦囊輪采錄

---

03 좋은 음식 속에 독이 있음 : 석독(腊毒)은 맹독(猛毒)을 가리킨다. 『국어(國語)』 「주어하(周語下)」에 "높은 지위는 실로 실패를 불러오고, 맛 좋은 음식에는 실로 석독이 들어 있다.[高位寔疾顚, 厚味寔腊毒.]"라고 하였는데, 여기서 후미(厚味)는 중한 녹봉을 비유한 말이다.

04 촉(蜀) 땅 개처럼 짖을까 : 촉 지역은 항상 비가 내리고 음산하기 때문에 태양이 한번 뜨면 개들이 마구 짖어 댄다는 촉견폐일(蜀犬吠日)의 이야기와 월(越) 지방은 눈을 볼 수 없기 때문에 눈이 한번 내리면 개들이 마구 짖어댄다는 월견폐설(越犬吠雪)의 이야기가 유종원(柳宗元)의 「답위중립논사도서(答章中立論師道書)」에 나온다.

05 상장(尙長)처럼 혼사를 마친 : 다만 자녀의 혼가를 마쳐야만 새장에 갇힌 몸 벗어나게 되리.[要當婚嫁畢, 脫籠中囚.] 후한 때 은사 상장(尙長)이 자녀의 혼가(婚嫁)를 다 마친 뒤에 집안 일에서 일체 손을 떼고 동지 금경(禽慶)과 함께 삼산(三山)·오악(五岳)을 두루 노닐면서 일생을 마쳤던 고사이다.(『高士傳』「嵇康」)

06 비단……넣었네 : 아름다운 시 작품을 말한다. 『구당서(舊唐書)』 권137 「이하열전(李賀列傳)」에 "이하(李賀)는 시를 잘 지었는데, 외출할 때마다 말을 타고 노비에게 비단 주

장편으로 표현한 자세한 시는	長篇雜細語
쨍그랑 맞부딪치는 옥처럼 곱네	璆玉鏘相觸
마치 장춘원[07]의 꽃밭에 있는 듯	有如長春苑
붉은 꽃 사이에 나부끼는 푸른 풀이네	紛紅間駮綠
또 곤륜산 언덕에	又如崑山崗
찬란한 아침햇살이 흩어지는 듯	璀璨散朝旭
또 곤양[08]에서 한무제가 전투하듯	又如昆陽戰
무소와 호랑이 새긴 깃발이 어지럽네	犀虎亂旌纛
여음 태수는 백전시[09]를 아름답게 여기고	汝陰休白戰
경릉 문선왕은 각촉시[10]를 아름하게 여겼네	竟陵休刻燭
한창려[11]는 노서생으로 있을 때	昌黎老書生

머니를 지게 해서 시를 짓는 대로 거기에 넣었는데, 저녁에 돌아올 때는 그 주머니에 시가 가득찼다.”는 이야기가 나온다.

07 장춘원(長春苑) : 당나라 궁중 안에 있는 정원이다.

08 곤양(昆陽) : 범엽(范曄)의 『후한서(後漢書)』「광무기찬(光武紀贊)」에 후한 광무제가 왕망(王莽)의 대군을 격파한 곳이다. 왕망이 40여 만 명의 병력을 이끌고 곤양을 수십 겹으로 포위했다가, 광무제의 1만여 한군(漢軍)에 대패하여 왕심은 피살되고 왕읍은 수천 명을 이끌고 낙양(洛陽)으로 돌아갔다.

09 백전시(白戰詩) : 상투적인 단어를 빼고서 독특한 표현으로 짓는 시를 말한다. 구양수(歐陽脩)가 여음 태수(汝陰太守)로 있을 때 눈 내리는 날 빈객들과 술을 마시면서 옥(玉)·월(月)·이(梨)·매(梅)·은(銀)·무(舞)·백(白) 등의 글자를 빼고서 시를 짓도록 한 고사가 소식(蘇軾)의 「취성당설시병인(聚星堂雪詩並引)」에 소개되어 있다.

10 각촉시(刻燭詩) : ‘각촉(刻燭)’은 남제(南齊) 때의 경릉 문선왕(竟陵文宣王) 소자량(蕭子良)이 밤에 학사들을 모아 놓고 시를 지을 때, 사운(四韻)의 경우는 촛불 1촌(寸)이 탈 동안에 다 짓도록 하였는데, 소문염(蕭文琰)이 “그게 뭐 그리 대단한가.” 하며 사람을 시켜 동발(銅鉢)을 침과 동시에 운을 부르게 하고 그 동발의 여운이 다 사라지기 전에 시를 지었다는 고사에서 유래한 말이다.

11 한창려(韓昌黎) : 창려 백(昌黎伯)에 봉해진 당나라의 문장가 한유(韓愈)를 가리킨다. 한유가 일찍이 항상 자신에게 붙어 다니면서 곤궁케 하는 지궁(智窮)·학궁(學窮)·문궁(文窮)·명궁(命窮)·교궁(交窮) 등 다섯 궁귀(窮鬼)를 쫓아 버리겠다는 뜻으로 「송궁문(送窮文)」을 지었다. 또 「진학해(進學解)」에 “운명이 원수와 더불어 모의했으니, 실패한 적이 그 얼마인가[命與仇謀, 取敗幾時].”라고 하며 매우 기박한 운명을 탄식하였다.

다만 구욕새[12]에 느꼈네   徒能感鸜鵒

어지럽게 떠들던 파부자[13]는   紛紛坡涪子

붓을 던지고 글 못함을 근심하네   擲筆愁碌碌

---

12 구욕새 : 한유(韓愈)의 『창려집(昌黎集)』 권1 「감이조부(感二鳥賦)」에 "貞元十一年, 五月戊辰, 愈東歸. 癸酉, 自潼關出, 息於河之陰, 時始去京師, 有不遇時之歎. 見行有籠白鳥·白鸜鵒而西者."라는 말이 나온다. 백구욕(白鸜鵒)은 흰 구관조이다.

13 파부자(坡涪子) :『심경부주(心經附註)』 권2 정심장(正心章)에 나오는 전고이다. 부주(涪州)의 언덕 위에서 어떤 사람이란 뜻이다. 정이(程頤)가 부주로 귀양갈 때 부릉(涪陵)에서 배를 타고 염여퇴(灩澦堆)를 지나는데, 풍랑이 극심하여 배 안의 사람들이 모두 정신을 잃었으나, 정이는 신색(神色)이 자약하였다. 배에서 내리자, 언덕 위에서 어떤 나무꾼이 소리를 높여 정이에게 "사(舍)해서 이러한가, 달(達)해서 이러한가?[舍去如斯, 達去如斯.]"라고 물었다. 여기서 사(舍)는 모든 것을 버린다는 뜻이고 달(達)은 모든 이치를 달관했다는 뜻이다.

해설

　임형수林亨秀(1514~1547)가 짓고 직접 쓴 장편 한시인데,『금호유고錦湖遺稿』에는 수록되어 있지 않다. 구성은 5언 36구이고, 제목과 창작 시기는 기록되어 있지 않다. 이 시의 중간 부분에 완세불공玩世不恭하는 청은자淸隱者의 기상이 보인다. 후반부에는 장편 시에 묘사된 풍경을 열거하면서 은근히 시적 재능을 자부하고 있다. 그의 한시 특징은 두보杜甫의 시를 모범으로 삼아 법고法古를 중시하는 해동강서시파海東江西詩派의 영향을 받아서 난해한 전고를 많이 인용한 것이다. 조선시대 대표적인 한시 비평가인 허균許筠은『성수시화惺叟詩話』에서 "금호 임형수는 풍류가 호일豪逸하고 그 시 또한 펄펄 나는 듯하다. '고개 숙인 꽃은 술에 취한 옥녀의 얼굴이고, 끊어진 산은 바닷물 마시는 푸른 용의 허리로다.[花低 玉女酣觴面, 山斷 蒼虯飮海腰.]'라고 한 시는 지금까지 사람들의 입에 회자되고 있다. 퇴계 이황 선생이 이를 몹시 사랑하여 만년에도 문득 생각하며, '어찌하면 임사수林士遂와 더불어 서로 대면할 수 있을까.'"라고 했다.

　임형수의 자는 사수士遂, 호는 금호錦湖, 본관은 평택, 나주 출신의 문장가이다. 1535년 문과에 급제하고 문장도 잘하며 활쏘기와 말타기도 잘하였다. 영걸스러운 풍도와 호쾌한 기개가 탁월하여 그때 사람들이 나라의 그릇이라 칭송하였다. 1539년 4월에 조사詔使 화찰華察과 설정총薛廷寵이 중국에서 나오자 원접사遠接使 소세양蘇世讓의 종사관從事官이 되어 수창한 한시를 많이 남겼다. 1545년 을사사화가 일어났을 때 제주 목사로 좌천되었다가 뒤에 삭직당하였다. 1547년 양재역 벽서사건이 일어나자 소윤인 윤원형尹元衡에 의해 대윤의 윤임尹任 일파로 몰려 절도絶島에 안치安置된 뒤에 사사되니, 향년 34세였다. 1702년 나주 송재서원松齋書院에 배향되다. 문집으로『금호유고』가 있다.

令諴謹拜 上状

弟 李健相 拜

近日冬寒 伏問

令候何如 向慕不已 金韓山

家放賣事 見其子問之

厥父遺書田畓雖年往若

有欲買之人約價相與待

我上京而後必賣可羨徒

欲買之意 列已日

李組老同知欲買之意

來見家代云云

東兼令公善欲爲之先熹

約價以意則彼必中此云

令公須速來見家代陵俊去

之便爲宜伏惟

近日冬寒, 伏問令候何如? 向慕不已. 金韓山家放賣事, 見其子問之, 厥父通書曰, "我雖未往, 若有欲買之人, 約價相與, 待我上京後, 卽賣爲可."
義健以令公欲買之意言之, 則近日李弘老同知有欲賣之意, 來見家代而去. 東萊令公, 若欲爲之先與約價以定, 則彼必中止云. 令公須速來見家代後,
使金定價爲當. 伏惟令諒. 謹拜上狀.

　　義健拜.

　　요사이 겨울 추위에 영감의 체후가 어떠하십니까? 그리워하는 마음은 그지없습니다. 김 한산金韓山이 집을 판다고 하여 그
아들을 만나 물어 보니, 그 아버지가 편지를 통해 "내가 비록 가지 못하지만 만약 사려고 하는 사람이 있고 약정한 가격이 서로
비슷하다면 내가 서울로 올라간 후 곧바로 파는 것이 좋겠다."라고 하였다고 합니다. 저 의건義健이 영공께서 사고 싶다는 뜻을
말해 주었는데, 근자에 동지 이홍로李弘老도 사고 싶다는 뜻이 있어 와서 집 지은 땅을 보고 갔다고 하였습니다. 동래 영공東萊
令公이 만약 먼저 가격을 흥정하여 정한다면 저 사람이 반드시 거래를 중지할 거라 말하였습니다. 영공께서 속히 오셔서 집 땅
을 본 후 김 한산에게 가격을 정하라고 해야 할 듯합니다. 삼가 영공께서 혜량해 주십시오. 삼가 편지를 올립니다.

　　의건義建 올림

해설

　　이 편지는 이의건李義健(1533~1621)이 쓴 것이다. 이 편지가 씌어진 시기는 '이홍로李弘老'의 아래에 '동지同知'라는 말로 대략 추정
할 수 있다. 동지는 종2품의 벼슬로, 『선조실록』에 이홍로가 1607년 1월에 동지중추부사에 오른 기사가 있다. 그리고 같은 해 12월
에 충주 목사가 되었는데, '근일동한近日冬寒'이라는 말로 추정을 해 본다면 1607년 11월을 전후로 쓴 편지임을 알 수 있다. 이 편지
는 김 한산이라는 인물의 서울 집을 사는 일에 이의건이 관여했음을 보여 준다
　　이의건의 자는 의중宜中, 호는 동은峒隱, 본관은 전주이다. 그는 당대의 기호 계열 서인 등과 교유하였다. 이를 볼 때 수신자는 서
인계의 인물일 것이다. 그는 시와 글씨에 능했다고 한다.

5. 조성기의 편지

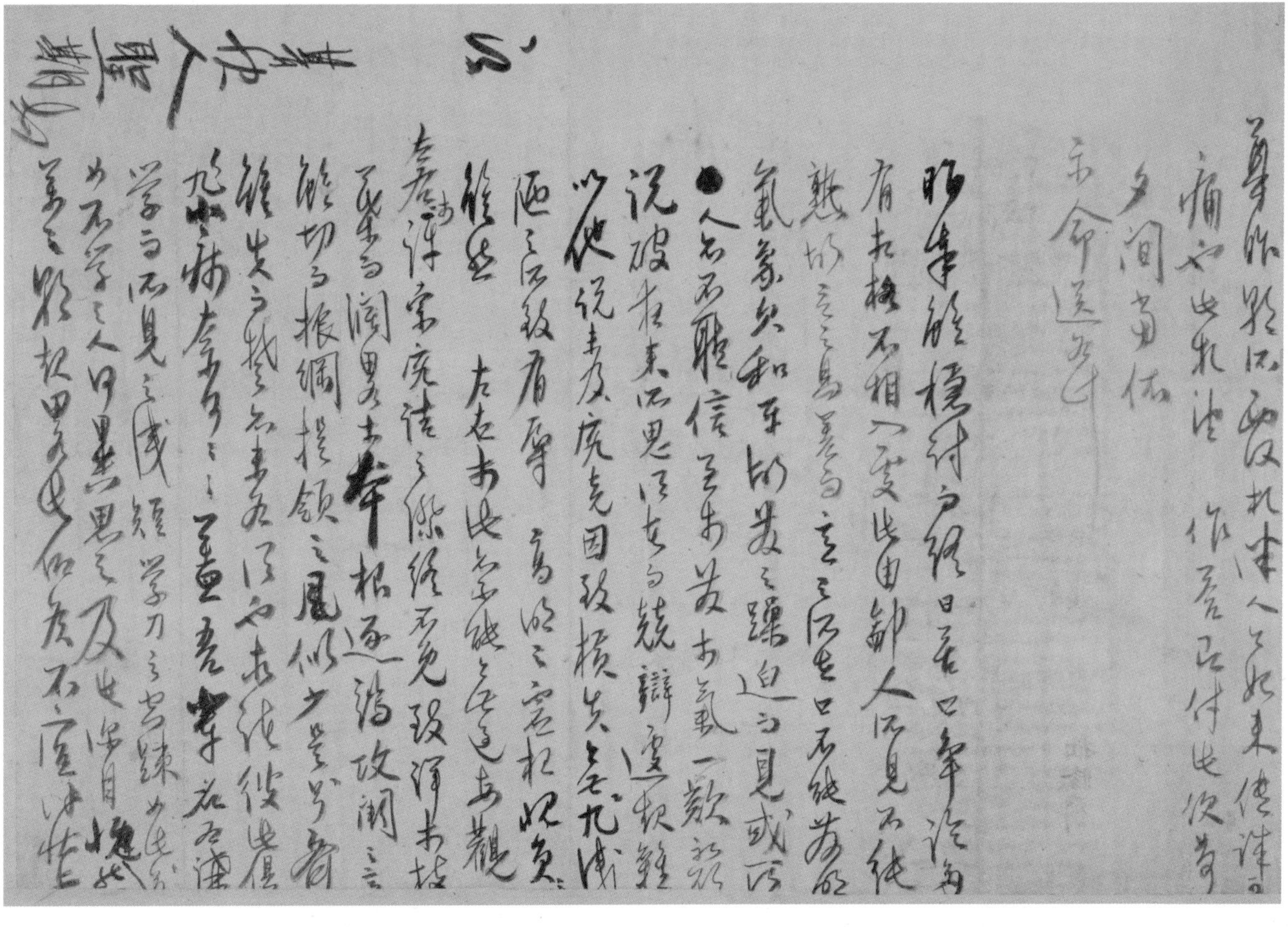

昨奉雖穩討, 而終日苦口爭論, 多有相格不相入處. 此由鄙人所見不純熟, 故言之易差, 而意之所在, 口不能發明. 氣象欠和平, 故發之躁迫, 而見或一得, 人亦不聽信. 至於發於氣一款, 初欲說破, 夜來所思得在, 而競辯遽起, 雜以他說, 未及究竟, 因致橫失, 無非淺陋之所致. 有辱高明之靈想, 愧負愧負. 雖然, 左右於此, 亦不能無過安, 觀左右於評索究詰之際, 終不免致渾於枝葉, 而濶略於本根, 逐端攻闕之言雖切, 而振綱提領之風似少. 是則齊雖失而楚亦未爲得也, 求諸彼此, 俱非小病, 奈何奈何? 蓋吾輩, 名爲講學, 而所見之淺短, 學力之空疏如此, 則如不學之人何異? 思之及此, 深自慨然萬萬. 朝起略此仰候. 不宣. 謹狀上.

卽, 朞服人, 聖期頓.

尊昨朝所覆札, 泮人今始來傳, 誠可痛也. 此札望作答卽付此便, 如何? 夕間, 當依示命送爲計.

어제 만났을 때 비록 충분히 토의하며 종일토록 힘들게 논쟁했으나 서로 충돌하며 이해되지 않는 것이 많았습니다. 이것은 저의 소견이 충분히 성숙되지 못하였기 때문으로 말이 쉽게 어긋났고 생각을 분명하게 말할 수 없었습니다. 기운이 화평을 잃었으므로 말이 조급했으며 혹 한 가지 터득한 것이 있어도 남이 듣고 믿지 않았던 것입니다. "기氣에서 발한다.[發於氣]"는 한 조목에 있어서도 간밤에 터득한 것을 애초에 말하려고 했는데, 왁자지껄한 변론이 갑자기 일어나고 다른 학설들이 뒤섞여 결론을 보기도 전에 갑자기 잃어버렸으니 천박한 소치가 아님이 없습니다. 고명한 그대의 맑은 생각에 욕을 끼치게 되었으니 매우 부끄럽습니다.

그러나 그대 또한 이에 대해 가만히 지나가지 못했습니다. 그대가 평론하며 힐문할 때를 보건대, 끝까지 지엽에만 어지럽게 매달리고 근본을 소홀히 함을 면하지 못했고, 조목조목 빈틈을 공격하는 말은 비록 절실했으나 강령을 잡는 기풍은 적은 것 같았습니다. 이것은 "제齊나라가 비록 실수했으나 초楚나라 또한 얻지 못했다."는 것이니, 피차간에 보건대 모두 작은 병통이 아니니 어찌하겠습니까? 대개 우리들이 말로는 강학한다고 하지만 소견은 짧고 학력이 소루함이 이와 같으니 공부하지 않은 사람과 무엇이 다르겠습니까? 생각이 이에 미침에 몹시 개탄스럽기 그지없습니다. 아침에 일어나 대략 이렇게 써서 안부를 여쭙습니다. 편지의 예식을 펴지 않습니다. 삼가 올립니다.

즉일卽日
기복인朞服人 성기聖期 돈頓

그대가 어제 아침에 쓴 답장을 반인泮人이 지금 전했으니 참으로 애통합니다. 바라건대 이 편지에 대해 답을 써서 이 인편에 바로 부치는 것이 어떻겠습니까? 저녁에 말씀하신대로 보낼 생각입니다.

해설

  조성기趙聖期(1638~1689)가 여러 사람과의 토론장에서 있었던 자신의 모습에 대한 부끄러운 심정과 그 자리에 함께 있었던 편지 수급자의 태도에 대한 문제점을 전하고 답장을 구하기 위해 보낸 편지이다.

  조성기는 자가 성경成卿, 호가 졸수재拙修齋, 본관은 임천林川이다. 20세에 『퇴율양선생 사단칠정인도리기설 후변退栗兩先生四端七情人道理氣說後辨』을 지었다. 병으로 과거 공부를 그만두고 학문에만 전념하였다. 임영林泳과 교유하며 학문의 본말, 치국의 요점, 작문의 의의에 대해 토론했다.

6. 소응천의 편지

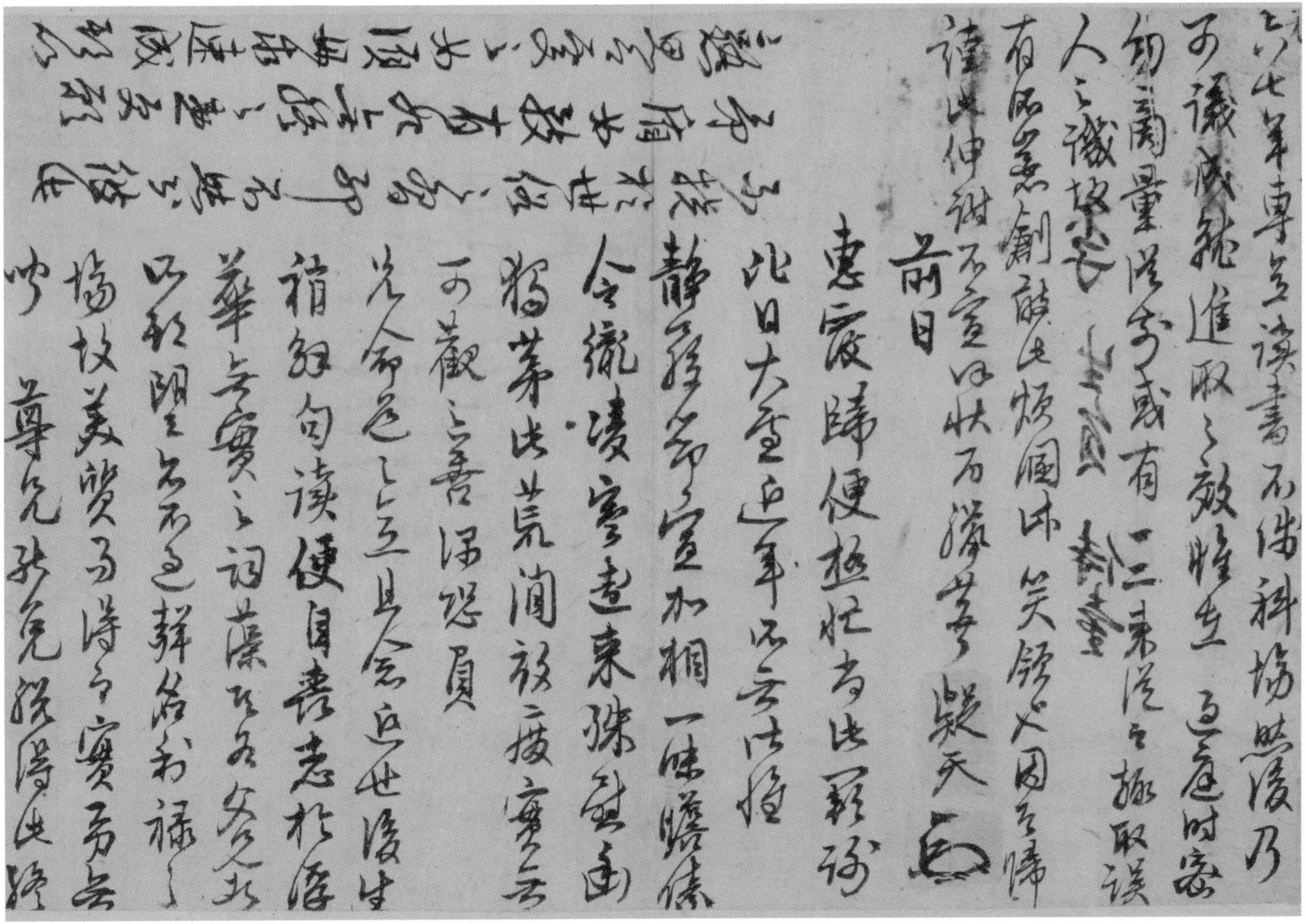

[피봉]

李生員, 侍童.

前日惠覆, 歸便極忙, 尙此闕謝. 比日大雪, 近年所無. 伏惟靜履節宣, 加相一味瞻傃, 令胤凌寒遠來, 殊慰幽獨. 第此荒聞放廢, 實無可觀之善, 深恐負, 兄命道之意. 且念近世後生, 稍解句讀, 便自喪志於浮華無實之詞藻, 其爲父兄者所期望, 亦不過聲名利祿之場. 故美質易得, 而實功無聞. 尊兄能免脫得此, 終不撓於世俗之習耶? 不然則彼此矛盾, 必致有始無終之患. 更願熟思而處之, 必須毋求速成期, 以六七年專意讀書, 不涉科場, 然後乃可議成就. 進取之效, 惟在過庭時, 密勿商量. 從前或有一二來從, 而輒取誤人之譏, 有所懲創. 敢此煩溷計笑領也. 因其歸謹此伸謝. 不宣. 謹狀.

丙臘二十五日, 凝天. (수결)

[피봉]
이 생원을 모시는 아이에게

　지난번에 보내 주신 편지를 받고 돌아가는 인편이 황망하여 아직까지 답신을 드리지 못하였습니다. 요사이 근년에 없던 큰 눈이 왔습니다. 생각컨대 고요하게 요양하시는 정황이 좋으시다고 하니 한결같이 그립고 그립습니다. 아드님이 혹독한 추위에 멀리까지 와서 혼자 있는 나를 위로해 주니 특별히 위로됩니다. 다만 거칠고 황량한 생활에 실로 볼 만한 것이 없습니다. 형이 명하여 말씀하신 뜻을 저버릴까 몹시 두렵습니다.

　또 근세에 후생들이 겨우 구두句讀만 뗄만하면 다시 스스로 화려함만을 추구하고 내용없는 글에 뜻을 잃어버립니다. 그 부형이 된 사람도 단지 과거 시험장에서 명성을 얻는 것을 바라는 데 지나지 않습니다. 그런 까닭에 아름다운 자질은 쉽게 얻으나 실공부를 했다는 소문이 없습니다. 존형께서는 여기에서 벗어날 수 있어 끝내 세속의 풍습에 흔들리지 않습니까? 그렇지 않으면 피차 모순이 되어 시작은 있으나 끝이 없는 걱정을 반드시 만날 것입니다. 다시 깊이 생각하시어 반드시 모름지기 급하게 이룰 것을 생각하지 말고 6~7년을 오로지 독서에 뜻을 두고 과거 시험장을 밟지 않은 연후에 논의할 만한 것이 있을 것입니다. 진취하는 효과는 오직 부모의 가르침을 받아 공부할 때 치밀하게 생각하는 데 달려 있습니다. 종전에 혹 한두 번 사람이 와서 잘못 인도한다는 비난을 받은 적이 있습니다. 감히 이렇게 번거롭게 혼탁한 말을 하는 것을 웃음거리로 받아 주십시오. 돌아가는 인편에 삼가 이렇게 편지를 보냅니다. 예를 갖추지 못하고 삼가 글을 올립니다.

병丙 12월 25일
응천凝天 (수결)

해설

　이 편지는 소웅천蘇凝天(1704~1760)이 병丙 자가 들어가는 해 1746년(丙寅), 또는 1756년(丙子)에 이 생원李生員에게 보낸 것이다. 수신인이 이 생원인 것을 알 수 있는 것은 편지 원문에 비친 뒷면 피봉에 쓴 글씨가 비친 것에서 알 수 있다. 소웅천은 익산시 금마면 출신으로 진사進士를 지냈으며 삼남에서 기발한 선비로 이름이 높았다고 한다.

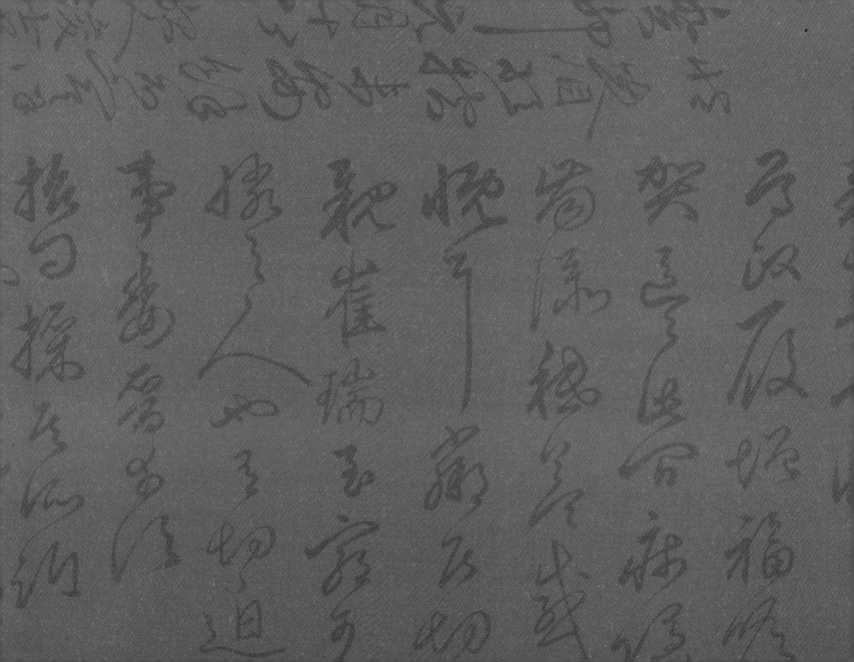

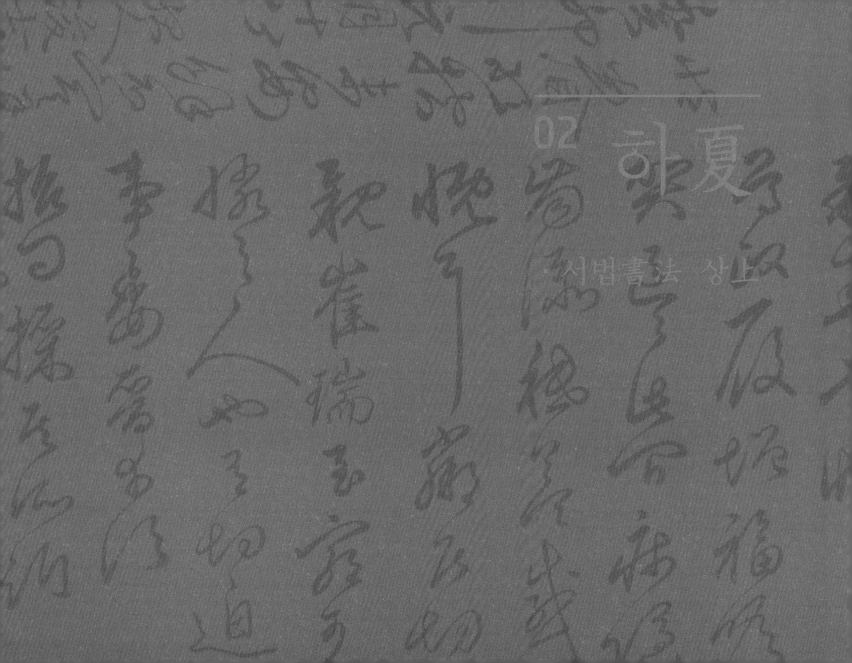

1. 축윤명의 글씨

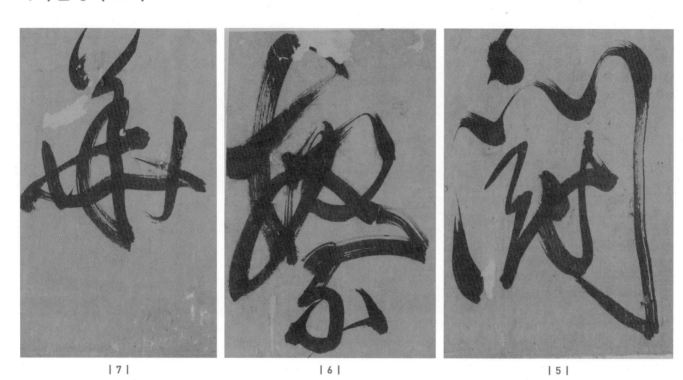

| 7 | | 6 | | 5 |

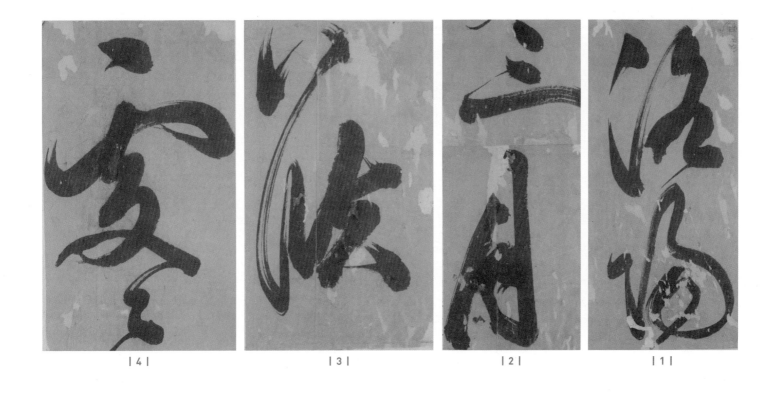

| 4 | | 3 | | 2 | | 1 |

필적유휘 夏 書法 上 ─

177

洛陽三月
八攷處處鬪繁華.

낙양의 3월
팔방의 곳곳마다 번화함을 다투네   八攷處處鬪繁華

해설

이 시는 명대 축윤명祝允明(1460~1523)의 글씨이다. 축윤명의 자는 희철希哲, 호는 지산枝山이다. 그는 또 오른손의 손가락이 하나 더 많아 스스로는 '지지생枝脂生'이라고 불렀다. 중국 강소성 소주 사람으로, 그의 학문적 연원은 시문과 서법인데, 그는 특히 초서 가운데서도 광초狂草로 유명했다고 한다. 그는 '오중사재자吳中四才子' 가운데 한 사람이다. 오중은 오중 지역을 말하는 것으로 오늘날의 중국 강남을 지칭한다. 그 4명의 재주 있는 사람들은 축윤명 이외에 당인唐寅(1470~1523), 문징명文徵明(1470~1559), 서정경徐禎卿(1479~1511)이다.

내용은 이 시를 지은 사람이 당시의 세태를 비판한 것이다. 당시 모든 문화나 시문, 서법 등이 화려한 것만을 쫓고 있다는 것이다.

이 글씨는 본래 한 장의 종이 위에 길게 쓰인 것을 첩의 크기에 맞추어 잘라 넣다 보니 글자가 구분된 것이다. 이렇게 볼 수 있는 것은 종이의 재질 뿐만 아니라 글자의 일부가 윗글자와 아랫글자가 이어진 연면체連綿體로 쓰여 있기 때문이다. '팔유八攸'가 연면체로 쓰인 것은 한 그림 안에서 보이며, '처처處處'의 두 번째 글자와 '투鬪' 자가 이어져 있다. 또 '번繁' 자가 마지막 글자인 '화華' 자와 이어져 있다. 이것으로 원래는 한 장의 종이 위에 쓰인 것임을 알 수 있다.

또한 글씨체 역시 아주 예쁘고 단정하게 쓰인 것이 아니라, 필치는 유려하지만 획 자체에서 꺾임이 발생하며, 비백과 일부 획에서는 뭉침도 볼 수 있다. 이 글씨가 완전히 광초라고 할 수는 없지만, 광초의 특징을 지니고 있다.

『필적유휘』의 목록을 정리할 때, 이 작품의 창작자가 축윤명이라고는 되어 있어 이 작품을 축윤명의 작품으로 간주하였지만, 편집자가 이 글씨에 대해 축윤명의 것이라고는 단정한 것이 아니어서 이 작품에 대한 검증은 필요하다.

2. 왕세정의 글씨

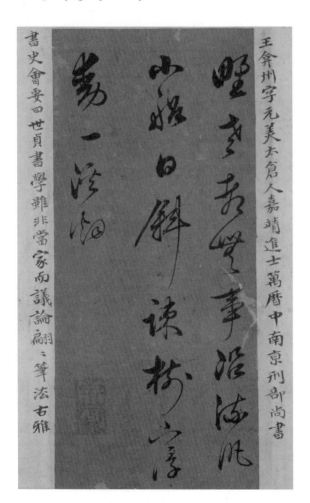

野老都無事, 沿流汎小船. 日斜疎樹下, 浮動一溪烟.
(낙관1) (낙관2)

시골 늙은이 전혀 일이 없이 　　　　　　　　　　野老都無事
흐르는 물결 따라 작은 배를 띄었네 　　　　　沿流汎小船
햇살은 성긴 나무 아래로 비끼고 　　　　　　日斜疎樹下
온 시내에 가득 물안개 떠 움직이네 　　　　浮動一溪烟

해설

이 글에는 1차 편집자, 즉 조홍진의 해설이 부가되어 있다. 그 해설을 보면 다음과 같다.

왕엄주王弇州는 자가 원미元美이고, 태창太倉[01] 출신이다. 가정嘉靖에 진사進士를 하였고, 만력萬曆 연간에 남경南京의 형부 상서를 지냈다. 『속서사회요續書史會要』[02]에서는 "왕세정王世貞의 서학書學은 비록 명문가는 아니지만 의논한 것이 매우 많으며 필법은 고아하였다."라고 말하였다.

王弇州, 字元美, 太倉人. 嘉靖進士, 萬曆中南京刑部尙書. 書史會要曰, "世貞書學, 雖非當家, 而議論翩翩, 筆法古雅."

엄주弇州는 왕세정王世貞(1526~1590)의 호이다. 다른 호는 봉주鳳州이며, 왕엄산인王弇山人으로 더욱 알려져 있다. 1547년 진사에 입격하였고, 1589년 남경 형부 상서로 승진하였다. 그는 젊을 때부터 시로 명성을 떨쳤고, 문학 · 희곡 · 서법 · 사학 등을 연구하여 많은 저서를 남겼다.

글씨 끝에는 낙관이 있는데, 특이하게도 낙관 1은 전서로 된 '세世'이며, 낙관 2역시 전서의 '정貞' 자이다. 아울러 이와 함께 이 작품에서는 조홍진의 글씨체 역시 살펴볼 수 있다. 조홍진은 여기에서 왕세정에 대한 평가와 소개를 하였다. 이렇게 편집자의 평이 들어간 것은 『필적유휘』에서 이 작품과 다음 작품인 주지번의 작품, 두 작품밖에는 없다.

---

01 태창(太倉) : 중국 강소성에 있다.

02 『속서사회요(續書史會要)』: 『서사회요』는 100여 종의 서적과 고대부터 원대(元代)까지 서법가들의 기록을 담은 것으로, 1376년 이루어진 것이다. 이후 『속사서회요』 등이 이어져 만들어졌다. 왕세정의 기록이 담긴 책은 바로 명대에 주모인(朱謀垔)이 지은 『속사서회요』이다.

朱蘭嵎字元价金陵人萬曆乙未狀元官終禮部右侍郎
列朝詩集曰元价為史官出使朝鮮盡郤其贈賄鮮人來乞書以
貂參為贄橐顧反厚盡所以買法書名畫古玩攷藏遂甲於曰

下

蘭嵎齋詩幷小引

閨房之頭玉吐華亦天地山川之所鍾
不可泯沒斯為郎朝風詠月何可盡豪秀
以今觀於許氏蘭雪齋兄妹又飄飄乎塵堨
之外秀而不廉沖而有骨遊仙諸作更屬
當家想其本質乃雙成飛瓊之流亞謫諭
海邦去遠處瑤臺不過隔衣帶水玉樓一
成鸞驂書就忽新行殺定罡成陳玉落左人

間永充玩賞又豈叔真昆季苦思
以寫其不平之壞而總為兒女子之嬉笑
顰顰者哉許門多才昆制以久學重作
東國以手足之誼輯其稿之僅存者以傳
予得寫目輒題數語而歸之觀斯集當知
予言之匪謬也

萬曆丙午鼒夏竹嬾朱之蕃記

蘭雪齋詩集小引

閨房之秀, 擷英吐華, 亦天地山川之所鍾, 不可泯滅, 則均焉. 卽嘲風咏月, 何可盡廢? 以今觀於許氏蘭雪齋集, 又飄飄乎塵壒之外, 秀而不靡, 沖而有骨. 遊仙諸作, 更屬當家, 想其本質, 乃雙成飛瓊之流亞, 偶謫海邦, 去蓬壺瑤阜, 不過隔衣帶水. 玉樓一成, 鸞書旋召, 斷行殘墨, 皆成珠玉. 落在人間, 永充玄賞, 又豈叔眞易安輩, 悲吟苦思, 以寫其不平之衷, 而總爲兒女子之嘻笑顰蹙者哉? 許門多才, 昆弟皆以文學重於東國, 以手足之誼, 輯其稿之僅存者以傳. 予得寓目, 輒題數語而歸之, 觀斯集, 當知予言之匪謬也.

萬曆丙午孟夏廿日, 朱之蕃書於碧蹄館.

난설재시집 소인[03]蘭雪齋詩集小引

규방閨房의 빼어난 이들이 꽃을 잡고 향기를 뿜는 것은 또한 천지산천이 낳은 바로[04] 없어져서 안 되는 점에 있어서는 마찬가지이다. 바람과 달을 노래한 것을 어찌 모두 없앨 수 있겠는가? 지금 허씨許氏[05]의 『난설재집蘭雪齋集』을 보니 속세 밖에 노닐어, 빼어나면서도 문란하지 않고 비었으면서도 뼈가 있다. 「유선사遊仙詞」[06] 등의 여러 작품은 더욱이 대가의 작품이니 본바탕을 생

---

03 소인(小引) : '짧은 서문'을 말한다.

04 『난설헌시집』에 실린 동일한 제목의 글에는 "일부러 그렇게 할 수도 없고 막을 수도 없는 것이다. 한나라 조대가(반소班昭)가 돈사(敦史, 한서漢書)를 이룩해서 가성(家聲)을 잇고 당나라 서현비(서혜徐惠)가 정벌에 대한 간언을 올려 영주(英主, 당 태종)를 움직인 것은 모두 장부가 하기 어려워하는 것인데도 한 여자가 했으니 충분히 천고에 전할 만한 것이다. 곧 『동관유편彤管遺編』에 실린 바로 일일이 헤아릴 수 없으나 밝은 본성과 흥금은[靈, 不容施, 亦不容遏. 漢曹大家成敦史, 以紹家聲, 唐徐賢妃諫征伐, 以動英主, 皆丈夫所難能, 而一女子辦之, 良足千古矣. 卽彤管遺編所載, 不可縷數. 乃慧性靈襟]"가 더 있다.

05 허씨(許氏) : 허초희(許楚姬, 1563~1589)이다. 자는 경번(景樊)이고 호는 난설헌(蘭雪軒)이며 본관은 양천(陽川)이다. 허균(許筠)의 누나로 시에 뛰어났다.

06 유선사(遊仙詞) : 『난설헌시집』에 있는 허초희가 지은 사(詞)이다.

각하면 쌍성雙成과 비경飛瓊[07]의 부류로 우연히 해방海邦으로 귀양을 갔는데 봉래의 요압瑤鼻[08]과는 그 사이에 한 가닥 띠 같은 바다만을 둔 거리에 불과하였다. 옥루玉樓가 이루어짐에 하늘[鸞書]이 문득 불렀으니,[09] 짧은 시와 남은 묵적은 모두 주옥珠玉과 같은 것이었다. 인간 세상으로 떨어졌으나 고상한 완상거리를 길이 충당했으니,[10] 어찌 숙진淑眞과 이안易安[11] 등이 아녀자의 웃음과 근심거리로 슬피 읊조리고 괴롭게 생각하며 불평한 마음을 그려낸 것과 같겠는가? 허씨 문중에 재인이 많아 형제가 모두 문장과 학문으로 동국東國에 이름났는데 남매가 된 정으로 겨우 남은 글을 수집하여 전하였다.[12] 내가 보고서 문득 몇 마디 말을 지어 돌려보내니 시집을 보면 내 말이 틀리지 않음을 알 것이다.

　　만력 병오년(1606) 맹하孟夏(4월) 20일에 주지번朱之蕃이 벽제관碧蹄館[13]에서 쓰다.[14]

---

07 쌍성(雙成)과 비경(飛瓊) : 두 사람 모두 서왕모의 시녀로 선녀이다.

08 요압(瑤鼻) : 오리 모양의 향로로 신선이 사용하는 것이다. 여기서는 신선의 세계를 말하며 허초희가 살고 있는 조선을 비유하여 말한 것이다. 원문의 '鼻'은 『난설헌시집』에 '島'로 되어 있으나 원본 그대로를 따라 번역하였다.

09 옥루(玉樓)가……불렀으니 : 훌륭한 문장가가 요절한 경우를 비유한 말이다. 옥루는 신선 세계의 옥황상제의 누각이다. 당나라의 시인 이하(李賀)가 27세로 요절하였는데 그가 죽을 때 꿈에 배의(緋衣)를 입은 사람이 와서 "옥황상제가 백옥루(白玉樓)를 짓고 그대를 불러 기문을 지으려 한다."라고 하였다.(『李義山文集』「李賀小傳」)

10 길이 충당했으니 : 원문은 "永充"인데, 『난설헌시집』에 "永光"으로 되어 있으나 원본을 따라 번역하였다.

11 숙진(淑眞)과 이안(易安) : 숙진과 이안은 송나라 여류시인인 주숙진(朱淑眞)과 이청조(李淸照)이다. 이안은 이청조의 호이다. '淑'은 원문에 '叔'으로 적혀 있으나 일반적인 예를 따라 고쳐 번역하였다.

12 형제가……전하였다 : 허초희의 동생 허균이 유고를 정리하여 간행한 일을 말한다.

13 벽제관(碧蹄館) : 경기도 고양시에 설치되었던 조선시대 벽제역의 객사이다.

14 『난설헌시집』에 실린 동일한 제목의 글에는 맨 끝에 '中' 자 한 글자가 더 있다.

해설

이 글에는 1차 편집자인 조홍진의 작자 해설이 부가되어 있다. 다음과 같다.

주난우朱蘭嵎는 자가 원개元价이고 금릉金陵 사람이다. 만력 을미년(1595)에 장원급제하였고 예부시랑으로 관직을 마쳤다.『열조시집소전列朝詩集小傳』[15]에 "원개元价가 사관史官이 되어 조선에 사신으로 나갔을 때 뇌물은 모두 물리쳤으나 조선 사람이 글씨를 얻으려고 선물로 가지고 온 담비 가죽과 인삼이 자루에 가득하였는데 이것을 모두 팔아서 법서法書와 명화名畵와 고기古器를 사 가지고 돌아와 백하白下(중국 금릉의 문사가 모였던 곳)에 으뜸이 되었다."라고 하였다.

朱蘭嵎, 字元价, 金陵人. 萬曆乙未壯元, 官終禮部右侍郞. 列朝詩集曰, "元价爲史官, 出使朝鮮, 盡却其贈賄, 鮮人來, 乞書以貂參爲贄, 橐裝顧反厚, 盡斥以買法書名畵古器, 收藏. 遂甲於白下."

1606년 4월 20일 명나라 주지번朱之蕃(1560~1624)이 쓴『난설헌시집』의 서문이다.『난설헌시집』은 허초희許楚姬(1563~1589)의 시집으로 동생 허균許筠이 사신으로 왔던 주지번에게 서문을 받아 간행하였다. 주지번은 중국 명나라 사람으로 1605년에 조선에 사신으로 왔다.

원본은 종이가 찢겨나가 몇 글자가 떨어져 나간 상태이나 문집에 동일한 글이 남아 있어 내용을 온전히 알 수 있다.

15『열조시집소전(列朝詩集小傳)』: 청나라 전겸익(錢謙益)이 지은 것이다.

4. 김구의 글씨

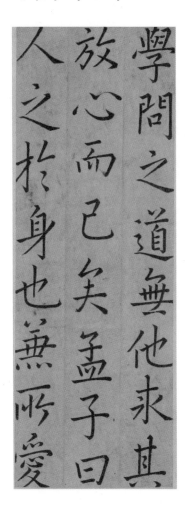

學問之道, 無他, 求其放心而已矣. 孟子曰, 人之於身也, 兼所愛.

"학문의 길이란 다른 것이 아니라 흐트러지는 마음을 바로잡는 것일 뿐이다." 맹자는 "사람은 자기 몸에 대해서는 어느 것 없이 다같이 아낀다."라고 하였다.

해설

이 글씨는 『맹자孟子』의 「고자 상告子上」에 나오는 글귀를 김구金絿(1488~1534)가 쓴 것이다. 김구의 자는 대유大柔이고, 호는 자암自庵 또는 삼일재三一齋이다. 기묘사화己卯士禍로 조광조趙光祖·김정金淨 등과 함께 투옥되어 개령開寧(지금의 경북 김천)에 유배되었다가, 남해에 안치安置되었다. 1531년 임피臨陂(지금의 전북 군산)로 옮겼으며, 1533년 풀려나와 고향 예산에 돌아가 이듬해 죽었다. 글씨에 뛰어나 조선 전기의 4대 서예가의 한 사람으로 꼽히며, 한양 인수방仁壽坊에 살았기 때문에 그의 서체를 인수체仁壽體라고 한다. 조선 전기 4대 서예가는 안평대군 이용李瑢(1418~1453), 김구, 양사언楊士彦(1517~1584), 한호韓濩(1545~1605)를 일컫는다. 저서로는 『자암집自庵集』이 있고. 작품으로는 「이겸인묘비李謙仁墓碑」·『자암필첩自庵筆帖』·『우주영허첩宇宙盈虛帖』 등이 있다.

5. 성수침의 글씨

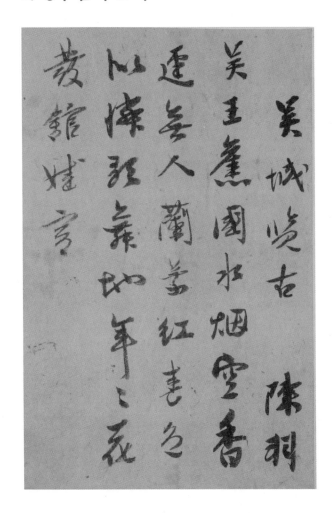

吳城覽古

陳羽

吳王舊國水烟空, 香逕無人蘭葉紅.
春色似憐歌舞地, 年年花發館娃宮.

오나라 성에서 옛터를 돌아보다[吳城覽古]

진우陳羽

오왕의 옛 나라 물안개 속에 공허한데   吳王舊國水烟空
아름다운 오솔길엔 사람 없고 난초 잎만 붉네   香逕無人蘭葉紅
봄빛은 옛 가무터를 애달파하듯이   春色似憐歌舞地
해마다 관왜궁[16]엔 꽃이 피네   年年花發館娃宮

해설

이 글씨는 성수침成守琛(1493~1564)이 당나라 시인 진우陳羽의 「오성람고吳城覽古」 시를 쓴 것이다. 성수침의 자는 중옥仲玉이고, 호는 청송聽松·죽우당竹雨堂·파산청은坡山淸隱·우계한민牛溪閒民 등이다. 조광조趙光祖의 문인으로 기묘사화가 일어나 조광조와 그를 추종하던 많은 사람들이 처형 또는 유배당하자 벼슬을 단념하고 '청송'이라는 편액을 내걸고 두문불출하였다. 그의 문하에서 아들 혼渾을 비롯하여 많은 석학들이 배출되었다. 저서로는 『청송집』이 있으며, 글씨를 잘 써서 「방참판유령묘갈方參判有寧墓碣」 등의 작품이 있다.

진우는 당나라 오군吳郡 오현吳縣 사람으로 덕종德宗 정원貞元 8년(792) 진사進士가 되었으며 후에 동궁위좌東宮衛佐를 지냈다고 한다. 시를 잘 지었다고 하며 『전당시全唐詩』에 시 1권이 수록되어 있다. 작품은 주로 근체시近體詩인데 7언절구에 뛰어났다. 근체시는 절구나 율시와 같이 구수, 자수, 평측 등에 엄격한 규칙을 가진 중국 당나라 때 이루어진 한시의 한 형식을 말한다. 진우의 시는 대부분 회고와 여행을 묘사한 작품들이 많다.

---

16 관왜궁(館娃宮) : 오왕 부차가 서시(西施)를 위해 지은 궁이다.

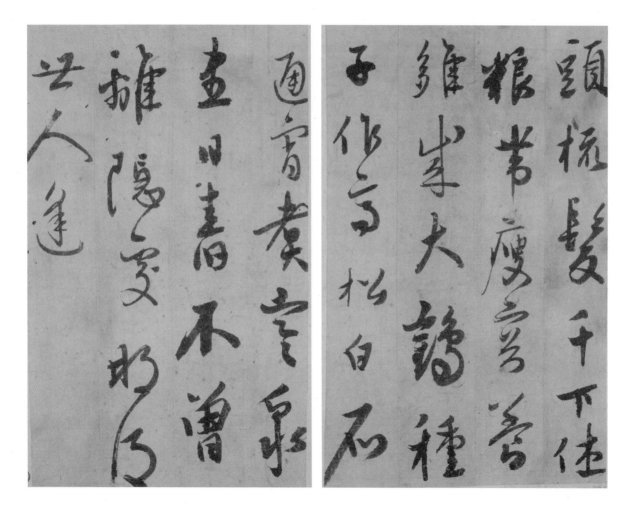

頭髮梳千下, 休粮帶瘦容. 養雛成大鶴, 種子作高松.

白石通宵煮, 寒泉盡日舂. 不曾離隱處, 那得世人逢.

머리카락을 천 번 빗어 내리고	頭髮梳千下
곡기를 끊으니 얼굴은 수척하네	休粮帶瘦容
새끼를 길러 큰 학으로 만들고	養雛成大鶴
씨앗 심어 높은 소나무로 키웠네	種子作高松
흰 돌[17]을 밤새도록 삶아내고	白石通宵煮
차가운 샘물을 길러서 종일 찧네	寒泉盡日舂
일찍이 은거지를 떠난 일 없으니	不曾離隱處
어찌 세상 사람 만날 일이 있으랴	那得世人逢

해설

성수침成守琛(1493~1564)이 당나라 시인 가도賈島(779~843)의 「산중도사山中道士」라는 5언율시를 유려하게 쓴 초서 작품이다. 원래 한 장으로 연결되어 있는 글씨를 편집자인 조홍진이 잘라서 양쪽으로 배접하였다.

가도賈島(779~843)의 자字는 낭선浪仙, 지금의 북경에 가까운 범양范陽 사람인데, 출가하여 불교의 승려가 되어 무본無本이라는 법명을 받았다. 그는 한유韓愈에게 시적 재능을 인정받아서, 환속하여 문관 시험에 응시하였으나 합격하지 못하였다. 그의 한시 작품에는 괴롭게 시구를 조탁하여 만들어 가라앉은 분위기가 농후하다. 송나라 소식蘇軾이 말한 '교한도수郊寒島瘦'는 맹교孟郊(751~814)와 가도의 시가 지닌 처량한 맛을 적절히 지적한 논평이다.

---

17 흰 돌 : 도가에서 연단술의 일환으로 단약(丹藥) 만들 때 사용하는 흰 돌을 가리킨다. 『신선전神仙傳』에 "백석 선생은 중황장인(中黃丈人)의 제자이다. 항상 흰 돌을 삶아 먹었고 백석산(白石山)에 가서 살았다. 사람들이 백석 선생이라 불렀다.[白石先生者, 中黃丈人弟子也. 嘗煮白石爲糧. 因就白石山居, 時人故號曰, 白石先生.]"라고 했다.

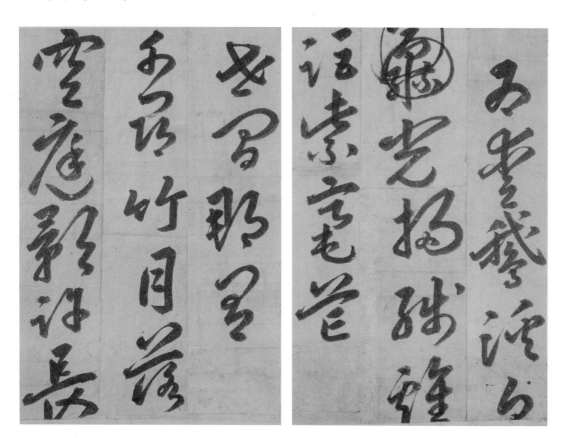

爲愛鵝溪白繭光, 掃殘雞距紫毫芒.

世間那有千尋竹, 月落空庭影許長.

아계[18]에서 나온 흰 비단 빛이 좋아	爲愛鵝溪白繭光
붉은 붓끝을 세워 글씨를 쓰려네	掃殘鷄距紫毫芒
세상 어디 천 길 길이 대나무 있으랴만	世間那有千尋竹
달이 지는 빈 뜨락의 그림자가 그쯤이라	月落空庭影許長

해설

이 시는 소식蘇軾의 시이다. 소식의 『동파전집』 권9에 나온다. 이황李滉(1501~1570)이 소식의 시를 글씨로 쓴 것이다. 이황은 영남 퇴계학의 시조일 뿐만 아니라, 한국 성리학을 본격적으로 개창한 인물이다. 또한 글씨로는 '퇴필退筆'이라 불리는 서체를 창안하였다. 이에 그의 글씨는 유학자 글씨의 모범이 되었다.

시의 제목은 「문여가가 시를 보내왔는데, 시에서 '한 단의 아계의 비단을 기다려 만 척 길이의 차가운 가지를 쓸어서 취한다'고 차운하여 답하다[文與可, 有詩見寄云, 待將一段鵝溪絹, 掃取寒梢萬尺長, 次韻答之]」이다. 문여가는 문동文同(1018~1079)이며, 그의 자가 여가與可이다. 사람들은 그를 석실 선생石室先生으로 불렀으며, 소식과 동일한 시대를 살았다. 그리고 시에 매우 뛰어났으며, 특히 대나무 그림에 일가견이 있다고 한다.

이 작품은 글씨체를 볼 때 퇴계의 만년 작품으로 추정된다. 퇴필은 뭉뚝하고 납작한 것이 그 특징이며, 이러한 특징이 만년에 이루어진다. 이 작품에서 '견繭' 자 위에 동그리미가 쳐져 있는데, 이것은 퇴계가 직접 한 것인지는 의문이 있다. 아마 후대의 다른 사람이 이 '견' 자에 동그리미를 그린 것이라 추정된다. 또한 이 작품은 제일 앞의 '위애아계백爲愛鵝溪白'을 제외하고는 모두 1글자에서 3글자로 잘려져 첩장되었다. 이는 편찬자 조홍진이 첩의 크기에 맞춰 배치하다 보니 생긴 현상이다. 그러므로 전체의 작품의 원형을 추정하는 데는 한계가 있다.

---

18 아계(鵝溪) : 중국 사천성의 아계이다. 이곳에서 생산된 비단을 송나라 사람들이 서화에 즐겨 사용하였다고 한다.

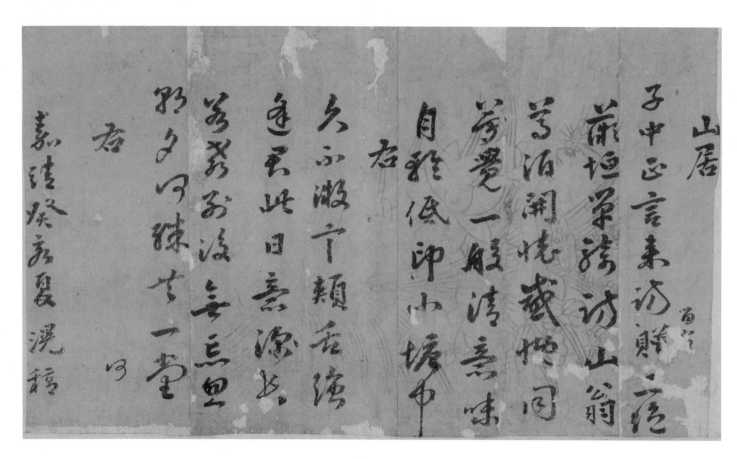

山居

子中正言來訪話離一宿

巖垣翠護訪山翁
學海淵源滾悅同
慌覺一般淸意味
自教低卬小塘中

右

久不游亡頻遠遠
逢君此日意深長
等等沼洲無邊里
黟々可味世一堂

右

嘉靖癸亥夏 滉稿

山居

子中正言來訪留宿, 贈二絶.

薇垣單騎訪山翁, 尊酒開懷感慨同.

夢覺一般清意味, 自矜低印小塘中.

右

久不微言頰舌强, 逢君此日意深長.

若敎別後無忘忽, 朝夕何殊共一堂.

右　　　　　　　　　　何

嘉靖癸亥夏, 滉稿.

산에 머물다[山居]

자중子中 정언正言[19]이 찾아와 유숙하여 두 수의 절구시를 지어 주다

미원[20]에서 단기로 산옹을 찾아와	薇垣單騎訪山翁
술 기울이며 나눈 회포 같았어라	尊酒開懷感慨同
꿈에서 깬 이러한 맑은 뜻을	夢覺一般淸意味
자신스레 나직이 작은 못에 비춰 보네	自矜低印小塘中
오랫동안 미언[21]을 나누지 못해 입이 굳었으니	久不微言頰舌强
그대 만난 오늘 생각 심장하네	逢君此日意深長
이별 후 잊어버림 없으면	若敎別後無忘忽
조석으로 함께 있는 것과 무엇이 다르리	朝夕何殊共一堂

가정嘉靖 계해년(1563) 여름에 황혼滉이 적다.

---

19 자중(子中) 정언(正言) : 사간원 정언으로 있었던 이황의 제자 정유일(鄭惟一, 1533~1576)을 말한다. 자중은 그의 자이다.

20 미원(薇垣) : 사간원의 다른 이름이다.

21 미언(微言) : 깊고 정미한 뜻이 담긴 말을 말한다. 공자와 같은 성인군자의 말을 가리키는데 상대의 말을 높여 말한 것이다.

해설

1563년 여름에 이황李滉(1501~1570)이 정유일鄭惟一(1533~1576)의 방문을 받고서 써 준 두 수의 시이다.

정유일의 자는 자중子中, 호는 문봉文峯, 본관은 동래이다. 이황李滉의 문하생이다. 1558년에 문과에 급제하였고, 1563년에 정언ㆍ진보 현감이 되었으며, 1570년에 사가독서賜暇讀書하고 1575년에 대사간을 지냈다.

본 내용은 현존 문집에 실려 있지 않은 것으로 번남본樊南本『퇴계선생전서목록외집退溪先生全書目錄外集[일일逸]』의 권7에 "山居子中正言見訪留宿贈二絕云"이란 제목만이 전하던 것이다. 본 자료를 통해 내용을 온전히 알 수 있다.

원본의 형태는 책으로 꾸밀 때 행간의 빈 폭을 끊어내고 붙여 본래의 모습 그대로는 아니다. "右"자 아래에 "何"자가 적혀 있는데 후대에 누군가가 부기한 듯하다.

長安春色歸先入青門道綠楊不自持
從風欲傾倒海燕還泰宮霞飛入簾櫳
相思不相見託夢遼城東

感遇

　其一　有所懷記
　　　二公言

吾愛王子晉得道伊洛濱金骨既不毀
玉顏長自春可憐浮丘公猶與情親
舉首白日間分明謝時人二公去已遠夢想

空寥蔥

　其二　俞賢者有才不見
　　　是可歎也

可歎東籬菊莖葉且微雖言異蘭蕙
丛自有芳菲未泛盈尊酒徒沽清露輝
當榮君不採飄落欲何依

　其三　進仙體諷
　　　絶裏愛弛

昔余聞姮娥竊藥駐雲髮不自嬌玉顏
方希煉金骨飛去身莫返含咲坐明

長安春色歸, 先入靑門道, 綠楊不自持, 從風欲傾倒, 海燕還秦宮, 霓飛入簾櫳,

相思不相見, 託夢遼城東.

感遇

其一 有所懷, 託二仙言.

吾愛王子晉, 得道伊洛濱. 金骨旣不毀, 玉顏長自春. 可憐浮丘公, 猗靡與情親. 擧首白日間, 分明謝時人. 二仙去已遠, 夢想空殷勤.

其二 喩賢者有才不見用, 是可歎也.

可嘆東籬菊, 莖疏葉且微 雖言異蘭蕙, 亦自有芳菲. 未泛盈尊酒, 徒沾淸露輝, 當榮君不採, 飄落欲何依.

其三 遊仙體, 諷色衰愛弛.

昔余聞姮娥, 竊藥駐雲髮. 不自嬌玉顏, 方希煉金骨. 飛去身莫返, 含笑坐明(月, 紫宮夸蛾眉, 隨手會凋歇.)

장안에 춘색이 돌아오니	長安春色歸
청문길로 먼저 들어오네	先入靑門道
푸른 버드나무 스스로 이기지 못해	綠楊不自持
바람따라 일렁이네	從風欲傾倒
바다제비는 진나라 궁전 돌아와서	海燕還秦宮
쌍쌍이 발을 친 창으로 날아드는데	霎飛入簾櫳
나는 그리워도 서로 만나지 못하니	相思不相見
꿈에서 요성 동쪽에 있는 남편 만나네[22]	託夢遼城東

첫째 수 - 두 선인의 말에 의탁해서 느낀 바가 있어 읊다. -

나는 왕자진[23]을 사랑하였네	吾愛王子晉
이수와 낙수가[24]에서 도를 얻었으니	得道伊洛濱
범속하지 않은 모습은 아직 훼손되지 않았네	金骨旣不毀
옥같은 얼굴 언제나 늙지 않으니	玉顔長自春
가련한 부구공[25]이여	可憐浮丘公
정다운 사람과 사랑에 빠졌구료	猗靡與情親
머리들어 태양을 바라보는 이 순간	擧首白日間

---

22 꿈에서……만나네 : 이때 주인공은 장안에 있고, 남편은 요성에 있는 변경 요새에 나가 있어 서로 만나지 못하여 꿈속에서 만난다는 뜻이다.

23 왕자진(王子晉) : 주나라 영왕(靈王)의 태자 진은 피리[笙]를 잘 불었고, 후에 후령縱嶺에서 신선이 되어 백학(白鶴)을 타고 갔다는 설화가 있다.

24 이수(伊水)와 낙수(洛水)가 : 이수와 낙수는 중국 황하의 지류이다. 특히 이곳에서는 『주역』의 기원이 되는 귀도(龜圖)가 나왔으며, 송대에는 성리학의 중심지가 되었다.

25 부구공(浮丘公) : 부구공은 주나라 영왕(靈王) 때 선인(仙人)으로 왕자 진과 함께 학을 타고 노닐었다고 한다.

분명 시속 사람을 떠났네   分明謝時人

두 신선은 이미 멀리 떠났으니   二仙去已遠

꿈속에서 부질없이 그리워하네   夢想空慇懃

둘째 수 - 재주있는 현명한 이가 등용되지 못함을 비유하여 탄식하였다. -

아, 동쪽 울타리 국화여   可嘆東籬菊

줄기는 성기고 잎은 여리구나   莖疏葉且微

난초와 혜초와는 다르다고 하더라도   雖言異蘭蕙

또한 저절로 아름다운 향기가 있네   亦自有芳菲

가득한 술단지에 술을 떠내지 못하니   未泛盈尊酒

부질없이 이슬만 젖어 빛나네   徒沾淸露輝

아름답게 피어난 그대를 꺾어가지 않으니   當榮君不採

바람결에 떨어지면 어디로 가려는가   飄落欲何依

셋째 수 - 유선시遊仙詩로서 외모가 쇠해지면 사랑도 떨어지게 됨을 풍자하였다. -

예전에 내가 항아를 들었더니   昔余聞姮娥

선약을 훔쳐 구름 속에 머물렀네   竊藥駐雲髮

스스로 옥같은 얼굴 아름답지 않다 생각하고 不自嬌玉顔

신선의 모습을 담고자 하였으나   方希煉金骨

날아가서 돌아지 않음이여	飛去身莫返
웃으며 함께 달에 앉았으니	含笑坐明(月)

해설

이 글씨는 한호韓濩가 이백李白(701~762)의 시를 뛰어난 필체로 쓴 것이다. "장안에 춘색이 돌아오니"로 시작하는 시는 이백李白 (701~762)의 시 「우언寓言 3수」 가운데 세 번째 시이다. 『이태백시집』과 비교해 볼 때, 몇 글자의 출입이 있는데, 여기에서 '확霍' 이라고 한 것이 『이태백시집』에는 '쌍雙'으로, '탁訖'이라 한 것은 '탁托'으로 되어 있다. '확霍'은 '쌍雙'과 통용되고, '탁訖' 역시 '탁托'과 통용되므로 의미에서나 해석에서는 차이가 없다.

그리고 그 아래의 시는 제목이 달려 있다. 이 역시 이백의 「감우感遇 4수」를 쓴 것이다. 그런데 지금 보이는 건 3수 밖에 없으며, 그 나머지 시는 뒷장에 쓴 것으로 추정된다. 세 번째 시는 뒷부분이 빠져 있는데, 우선 여섯째 줄의 '명월明月'에서 '월月' 자가 빠졌 고, 다음 두 구절은 아래와 같다.

천자의 궁전에서 미모를 자랑하지만	紫宮夸蛾眉
언젠가는 떨어지겠지	隨手會凋歇

첫 번째 시 「우언」은 3수의 마지막 수를 적었고, 두 번째 시인 「감우」는 세 번째 시를 채 다 쓰지 못하였다. 이것으로 분명 앞뒤에 한호가 쓴 글이 더 있음을 추정할 수 있다. 이는 『필적유휘』 편찬자인 조홍진이 한호의 작품을 수집할 때, 이 앞뒤 부분을 다 수집 하지 못하고 다만 이 한 장만 수집한 것으로 추정된다.

한호(1543~1605)의 자는 경홍景洪, 호는 석봉石峰 또는 청사淸沙, 본관은 삼화三和이다. 개성 출생으로 1567년 진사시에 합격하고, 천거로 1599년 사어司禦가 되었으며, 가평 군수를 거쳐 1604년 존숭도감 서사관尊崇都監書寫官을 지냈다. 사자관寫字官으로 국가의 여러 문서와 외국에 보내는 외교문서를 도맡아 썼고, 중국에 사신 갈 때 서사관으로 파견되었다. 그의 서법은 조선 초기부터 성행하던 조맹부趙孟頫 서체를 따르지 않고 왕희지王羲之 · 안진경顔眞卿의 필법을 익혀 해楷 · 행行 · 초草 등 각 서체에 모두 뛰어났다. 그 역시 조선 초기 4대 서예가로 꼽힌다.

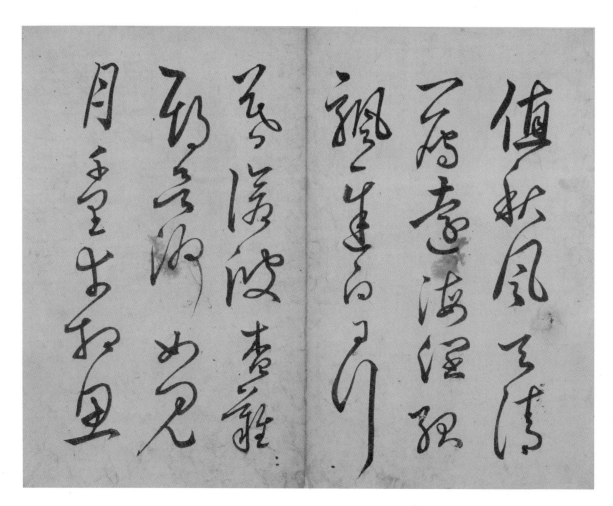

閑居足踈放不覺玄玄五物

素琴本無絃清流

法曰當埀坤清風此

高烹自玄玄蓋全

人間時玄栗里

一見平生親

徒翰江東玄正

陶令日日醉, 不知五柳春. 素琴本無絃, 漉酒用葛巾.

清風北窓下, 自謂羲皇人. 何時到栗里, 一見平生親.

張翰江東去, 正値秋風時. 天清一鴈遠, 海濶孤帆遲.

白日行(欲)暮, 滄波杳難期. 吳洲如見月, 千里幸相思.

도령[26]은 날마다 술에 취하여	陶令日日醉
다섯 그루 버들에 온 봄도 몰랐네	不知五柳春
꾸미지 않은 거문고 본래 줄이 없고	素琴本無絃
술을 거를 때는 칡 두건[27]을 사용했네	漉酒用葛巾
맑은 바람 불어오는 북창 아래서	清風北窓下
스스로 희황씨[28] 때 사람이라 일컬었네	自謂羲皇人
그 어느 때 율리[29]에 가서	何時到栗里
평소의 친구를 한번 만나 볼까	一見平生親

장한[30]이 강동으로 가는데	張翰江東去

---

26 도령(陶令) : 팽택 령(彭澤令)을 지낸 진(晉)나라 도잠(陶潛, 365~427)을 가리킨다.

27 술을……칡 두건 : 도연명(陶淵明)이 술이 익을 때가 되면 갈건(葛巾)으로 술을 거르고 나서 다시 머리에 썼다는 고사를 인용한 것이다.(『宋書』 권93 「隱逸列傳·陶潛」)

28 희황씨(羲皇氏) : 백성들이 근심 없이 순박하고 한적하게 살았던 고대 복희씨(伏羲氏)를 가리킨다. 은자들은 자칭 희황상인(羲皇上人)이라 하였다. 도연명이 여름에 북창 아래 누워 있다가 맑은 바람이 불어오자 스스로 복희씨 시대의 사람이라 하였다.

29 율리(栗里) : 도잠(陶潛)이 만년에 은거하여 문 앞에 버드나무 다섯 그루를 심고 살았던 곳이다.

30 장한(張翰) : 후한(後漢) 오군(吳郡) 사람으로 자는 계응(季鷹)이다. 글을 잘 지었으며 성격이 분방하여 사람들이 강동(江東)의 보병(步兵, 보병교위를 지낸 완적(阮籍))이라 불렀다. 낙양(洛陽)의 제왕(齊王) 밑에서 대사마동조연(大司馬東曹掾)이란 벼슬을 하고 있던 중, 가을바람이 이는 것을 보고 고향인 오나라 땅의 순채국과 농어회가 생각

바로 가을바람 불어오는 때라네	正値秋風時[31]
청명한 하늘에 외기러기 멀리 날고	天淸一雁遠
넓은 바다에 외로운 배 천천히 가네	海濶孤帆遲
밝은 대낮에 떠났으나 날은 저물려 하고	白日行欲[32]暮
푸른 물결은 아득하여 기약하기 어렵네	滄波杳難期
오주에서 떠오른 달[33]을 보거든	吳洲如見月
천 리 밖 이 몸을 생각해 주게나	千里幸相思

해설

한호韓濩가 당나라 시인 이백李白(701~762)의 「희증정율양戱贈鄭溧陽」과 「송장사인지강동送張舍人之江東」이라는 오언율시 2수를 유려한 초서체로 쓴 작품이다. 「희증정율양」에서 이백은 도연명의 인생관을 잘 묘사하였다. 「송장사인지강동」에 나오는 '사인舍人'은 중서사인中書舍人이라는 벼슬 이름인데, 장 사인은 누구인지 확실하지 않다. 일설에 의하면 장열張說이라고 하는데, 분명하지 않다. 이백 자신이 진나라 장한의 풍류를 사모했기 때문에, 같은 성을 가진 장사인을 그에게 비긴 것이다. 신흠申欽의 『상촌고象村稿』「청강시문첩발淸江詩文帖跋」에 "한대부의 이름은 호, 자는 경홍, 호는 석봉이다. 김대부의 이름은 현성, 자는 여경, 호는 남창이다. 모두 서법으로 이름이 알려졌다.[韓大夫名濩, 字景洪, 號石峯, 金大夫, 名玄成, 字餘慶, 號南窓, 皆以書法聞.]"라고 평하였다.

나 벼슬을 그만두고 수레를 돌려 고향으로 돌아갔다고 한다.(『晉書』 권92 「文苑列傳·張翰」))

31 원문에 작은 글씨가 추가 되어 있으나 판독이 어렵다. 그러나 이백의 시 원문에 근거하여 '時' 자로 판독하였다.

32 원문에는 '욕欲' 자가 빠져 있으나 이백의 시 원문에 근거하여 보충한 뒤 번역했다.

33 오주(吳洲)의 달 : 달을 보면서 벗을 그리워하는 것이다. 오주는 오군(吳郡)이 있던 지방으로, 이백의 친구 장사인이 가는 강동(江東)을 지칭한다.

11. 양사언의 글씨

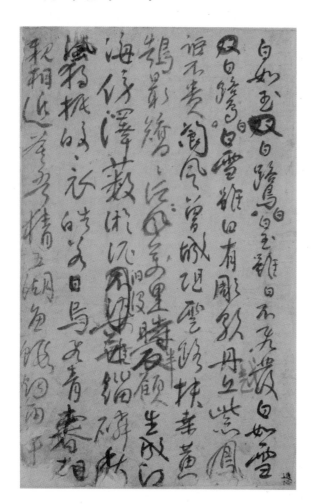

白如玉白鷺白, 白玉雖白不飛越.

白如雪白鷺白, 白雪雖白有彫歇.

丹丘紫鳳詎不貴, 閬風曾城阻雲路.

扶桑黃鵠最矯矯, 泛泛萬里時半顧.

生成江海傍澤藪, 淤泥汨沒無緇磷.

秋風獨振皎皎衣, 皓若日烏飛青春.

相親相近莫吾猜, 五湖魚蝦煙雨中.

옥같이 흰 백로의 하얀 색이여	白如玉白鷺白
백옥 비록 하얗지만 날아오르지 못하네	白玉雖白不飛越[34]
눈같이 흰 백로의 햐얀 색이여	白如雪白鷺白
흰 눈 비록 하얗지만 녹아서 사라지네	白雪雖白有彫歇
단구[35]의 자줏빛 봉황 어찌 귀하지 않을까만	丹丘紫鳳詎不貴
낭풍 증성[36]은 구름 길에 막혀 있네	閬風曾城阻雲路
부상[37]의 황곡[38]은 가장 높게 날지만	扶桑黃鵠最矯矯
만 리를 날아다닐 때 중간에 되돌아보네	泛泛萬里時半[39]顧
강과 바닷가의 습지 수풀에서 태어나	生成江海傍澤藪
진흙 속을 뒤져 살지만 검게 물들지 않고	淤泥汨沒無[40]緇磷
가을바람에도 홀로 희디흰 날개옷 펼치고	秋風獨振皎皎衣
흰 태양처럼 따뜻한 곳 찾아 날아가네	皓若日鳥飛青春

---

34 월(越) : 원문의 마지막 구문은 '發' 자를 지우고, '越' 자로 대체되어 있다. 일반적으로 탈초는 대체한 글자로 한다. 하지만 한국문집총간에 실린 『봉래시집』에는 이 글자가 '發'로 되어 있다.

35 단구(丹丘) : 『초사(楚辭)』에서 단구는 신선들이 사는 곳으로 사람이 죽지 않는다고 하였다. 또 사람이 선선이 되어 몸에 날개가 돋아 가는 신선의 세계이다.

36 낭풍(閬風) 증성(曾城) : 낭풍은 신선이 산다고 하는 곤륜산의 꼭대기이다. 곤륜산 꼭대기에 있는 것은 위로 천계와 통하기 위해서이다. 낭풍의 다른 이름은 현포(玄圃)인데 모두 신선이 사는 곳을 가리킨다. 증성 역시 곤륜산에 있는 성이며, 역시 신선이 산다.

37 부상(扶桑) : 해가 뜨는 곳을 가리키기도 하며, 동해 바다 한 가운데 있는 신령한 나무를 가리키기도 한다. 여기서는 여전히 선경(仙境)이라 할 수 있다.

38 황곡(黃鵠) : 황곡은 글자 그대로 하면 고니이지만, 여기서는 한 번 날면 천 리를 가는 새를 지칭한다.

39 반(半) : 이 글자는 원래 '反'으로 되어 있으나, 이를 '半' 자로 대체하고 있다. 한국문집총간의 『봉래시집』에는 이 글자가 그대로 '反'로 되어 있다.

40 골몰무(汨沒無) : 이 글자는 원래 '不染難'으로 되어 있었으나, '不染'은 지우는 표시를 하여 옆에 '汨沒'이라 썼으며, '難' 자에는 겹쳐 써서 '無' 자로 고쳤다.

서로 친근하다고 나를 시기하지 마오　　　　　　相親相近莫吾猜

오호의 물고기와 새우는 안개비 속에 있네　　　　五湖魚蝦煙雨中

해설

　　이 시는 양사언楊士彦(1517~1584)의 『봉래시집蓬萊詩集』에 나온다. 제목은 「백로를 노래하다[詠白鷺]」인데, 제목을 상기하고 읽으면 내용을 더 잘 파악할 수 있다. 『봉래시집』과 비교해 볼 때 이 시에서 마지막 두 구가 빠졌는데, 그 내용은 "서리 내리고 얼음이 얼었던 한 해가 가면 열매를 쪼며 나의 푸른 대숲에 살리라.[霜辰氷至歲云徂, 啄實棲我靑竹叢.]"이다. 그리고 글자의 출입도 두 글자가 있다. 이 시는 정형시라기 보다는 노래 악곡에 붙이는 가사라고 할 수 있다. 그리고 또한 초서의 형태를 보면 여기에 적은 것이 초고라고 할 수 있다. 글씨는 정성스럽게 쓰이지 않았지만 유연한 필력을 볼 수 있다. 그리고 각 부분에 수정의 흔적이 남아 있어 이 역시 참조하기에 좋은 자료이다.

　　양사언은 자가 응빙應聘, 호는 봉래蓬萊·해객海客·완구完邱·창해滄海 등을 쓰고 있으나 가장 알려진 것은 봉래이다. 본관은 청주이다. 1540년 「단사부丹砂賦」를 지어 진사에 급제하고, 1546년 문과에 급제하였다. 관직은 강릉과 안변의 부사를 역임하였다. 그는 어릴 때부터 시를 잘하였고, 글씨를 잘 썼다. 조선의 4대 서예가로 칭해진다.

12. 이지정의 글씨

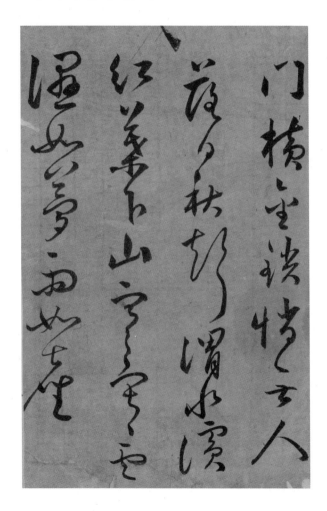

門橫金鎖悄無人, 落日秋聲渭水濱.
紅葉下山寒寂寂, 雲濕如夢雨如塵.

궁문에는 금 자물쇠 비껴 고요히 사람 없고　　　門橫金鎖悄無人
위수 가에 해 지는 가을바람 소리 들리네　　　　落日秋聲渭水濱
단풍잎 산에서 내려오니 싸늘하고 적적하며　　　紅葉下山寒寂寂
젖은 구름 꿈속인듯 뿌옇게 비 내리네　　　　　雲濕如夢雨如塵

해설

이 글은 당나라 때의 시인 최로崔櫓가 지은 「화청궁華淸宮」의 칠언절구 3수 가운데 세 번째 시이다. 이 시를 이지정李志定 (1588~1650)이 자신의 초서 필법으로 쓴 것이다.

이지정은 자가 정오靜吾, 호는 청선聽蟬, 본관은 여주이다. 1616년 광해군 때 문과에 급제하여 관직이 부사에까지 이르렀다. 그는 초서와 예서에 능통했으며, 황기로黃耆老로부터 서법을 배워 당대에 이름을 떨쳤다. 이지정은 성호 이익의 종조부이다. 이익은 성리학에 뛰어났고, 성호의 가문은 글씨를 매우 잘 써 당대에도 유명하였다. 이익의 할아버지 이지안李志安(1601~1657), 아버지 이하진李夏鎭(1628~1682) 등도 글씨에 뛰어난 인물이었다.

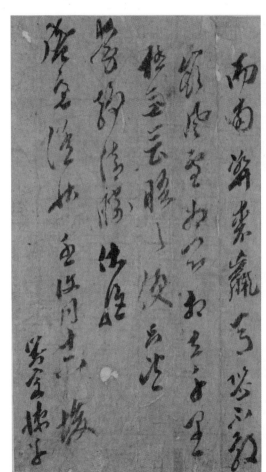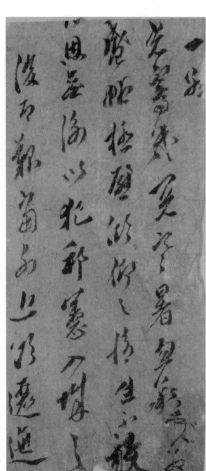

一別光靈, 幾閱寒暑, 忽承盛帖, 極慰傾仰
之情. 生不敢君恩無謝以犯邦憲, 入城之
後, 百艱當前. 近欲邐迤而南, 弊裘羸馬,
恐不敢嶺風雪爲悶. 相去千里, 極無會晤
之便. 只望動靜淸勝. 伏惟盛亮. 謹狀. 壬
復月十六, 埈.

對客悚草.

(수결)敬

214

한 차례 그대 이별한 지 몇 년이 흘렀는데 문득 편지를 받고서 우러러 사모하는 마음에 극도로 위로가 되었습니다. 저는 감히 임금의 은혜에 답하지 않는 국법을 범할 수는 없어 올라왔으나 성에 들어온 이후로 온갖 어려운 일을 겪었습니다. 근래에 슬슬 남쪽으로 내려가고자 하나 헤진 옷과 여윈 말로 눈바람을 맞으며 고개를 넘어가지 못할 듯하니 답답합니다. 서로 천 리를 떨어져 있어 만날 길이 전혀 없습니다. 다만 기거가 평안하기만을 바랍니다. 살펴주십시오. 삼가 올립니다.

임년壬年 11월 16일
준埈

손님을 접대하느라 바쁘게 써서 죄송합니다.

(수결) 경敬

해설

이준李埈(1560~1635)이 서울에서의 바쁜 사정과 만나기 어려운 사정을 전하기 위해 보낸 편지이다. '남쪽으로 내려가고자 한다.'는 것으로 보아 고향의 지인에게 보낸 듯하나 누구에게 보낸 것인지 상세하지 않다.

이준의 자는 숙평叔平, 호는 창석蒼石, 본관은 홍양興陽이다. 류성룡柳成龍의 문인이며 정경세鄭經世(1563~1633), 류진柳袗(1582~1635)과 절친하게 교유하였다. 부제학을 지냈다. 시호는 문간文簡이다.

오른쪽 아래의 수결과 '경敬' 자는 본래의 위치가 아니며 피봉 혹은 다른 부분에서 오려 붙인 것이다.

14. 김현성의 글씨

千年季札一觀周, 誰比洲翁得再遊.

詩槖却添新物色, 酒壚猶識舊風流.

香傳劍佩彤墀曉, 涯洒園陵白露秋.

欲道東韓難報意, 天高地厚此生休.

천 년 전 계찰[41]이 주나라를 한 번 감상하였더니   千年季札一觀周

누가 주옹의 두 차례 유람에 비교할까   誰比洲翁得再遊

시 주머니에는 새로운 물색이 더해지고   詩槖却添新物色

술자리에서는 여전히 옛 풍류를 알겠네   酒壚猶識舊風流

새벽 황궁에는 검패 찬 고관들이 향기를 전하고   香傳劍佩彤墀曉

물가의 원릉에는 이슬 내리는 가을이 왔네   涯洒園陵白露秋

동한의 보답하기 어려운 뜻 말한다면   欲道東韓難報意

높은 하늘 두터운 땅에 이 삶이 복되네   天高地厚此生休

해설

김현성金玄成(1542~1621)이 쓴 제목을 알 수 없는 칠언율시이다. 김현성의 자는 여경餘慶, 호는 남창南窓, 본관은 김해이다. 관직은 교서관 정자教書館正字와 봉상시 주부奉常寺主簿·양주 목사 등을 거쳐, 1617년에 동지돈녕부사同知敦寧府事에 이르렀다. 시·서·화에 두루 능하였고, 글씨는 송설체松雪體를 따랐다고 한다. 저서로는 『남창잡고南窓雜稿』가 있다.

---

41 계찰(季札) : 계찰은 오(吳)나라 왕 수몽(壽夢)의 넷째 아들로 수몽이 왕으로 세우려고 했지만 고사한 인물이다. 그는 노(魯)나라에서 주악(周樂)을 감상한 후에 평가를 하였다고 한다. 서(徐)나라를 지났는데, 서나라의 왕이 그가 차고 있던 칼을 좋아했지만 여러 나라를 다니던 중이라 미처 주지 못했다고 한다. 나중에 돌아와 보니 서나라 왕이 이미 죽어 그의 무덤 앞 나무에 칼을 걸어놓고 떠났다고 한다.

15. 백진남의 편지

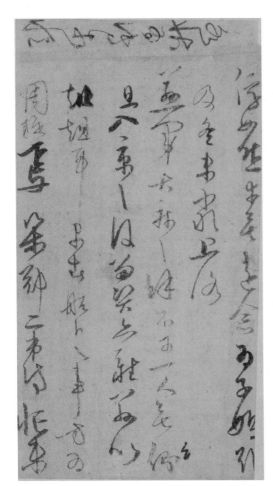
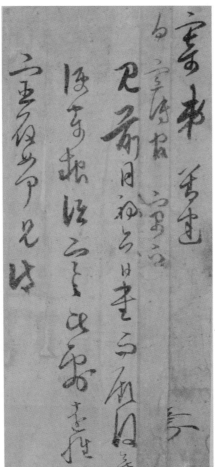

[피봉]

寄弟善建.

白宣傳官寓下. (수결).

見前月初六日書, 而厥後無便寄報. 沍
寒比劇, 遠惟宦履如何. 兄侍傍如昨, 幸
無遠念. 爲子姪, 欲及冬未嚴, 上洛, 慈
闈大病之餘, 不可一人無側. 且入京之
後, 留資亦難. 玆以, 越趄耳. 早春船卜
之事, 方爲周旋焉. 梁鄭二弟侍 忙未各
狀. 爲傳相憶.

[피봉]

동생 선건善建에게 부치다.

백 선전관白宣傳官 우하寓下 (수결)

　지난달 6일에 쓴 편지를 받아 보고 그 뒤 인편으로 보낸 연락은 없었다. 요즘 매서운 추위가 극심하니, 멀리서 생각건대 벼슬살이 상황은 어떠하냐. 형은 어머님 모시는 안부는 전과 같고, 다행히 큰 걱정은 없다. 자식과 조카를 위해 한껏 추워지기 전에 서울에 가려고 하나, 어머니께서 큰 병을 앓으신 뒤로 한 사람이 곁에 없을 수 없다. 또한 서울에 들어간 뒤에 체류하는 비용도 또한 마련하기 어렵다. 이 때문에 주저하고 있을 따름이다. 이른 봄부터 선복船卜[42]하는 일은 이곳에서 주선하고 있다. 양梁과 정鄭 두 아우에게는 봉양하는 일이 바빠서 각각 편지를 쓰지 못하였으니, 서로 생각하고 있다는 안부를 전하여라.

해설

　백진남白振南(1564~1618)이 백 선전관白宣傳官 우소寓所에 있는 동생 백선건白善建에게 보내는 편지이다. 백 선전관은 백진남의 동생 백흥남白興南(1570~?)으로 추측된다. 그러나 편지의 끝부분이 유실遺失되어 쓴 사람과 보낸 날짜를 확증 할 수 없다.

　백진남의 자는 선명善鳴, 호는 송호松湖, 본관은 해미海美이다. 정유재란 때(1597) 통제사 이순신李舜臣의 진중에 피란하였는데, 그 당시 명나라 장수 계금季金ㆍ피승덕皮承德 등은 그의 시초詩草를 보고 크게 칭찬하였다. 1606년 명나라 사신 주지번朱之蕃이 왔을 때 관반館伴 유근柳根(1549~1627)의 천거로 백의종사白衣從事하였다. 문장과 필법으로 유명한 주지번은 백진남의 묵적墨蹟을 매우 칭찬하였다.

---

42 선복(船卜) : 배에 실은 짐이다.

16. 오준의 편지

[피봉]

台兄上狀

刑曹判書記室 (수결)

頃夕街上, 揖以馬鞭, 殊抱恨抱恨. 玆惟雨中, 台體益珍. 就中, 頃日筵席, 台兄所啓, 以山蔘等物, 令該曹更爲酌定者. 所謂酌定, 必是酌其應供之數, 俾無濫弊之意. 而本曹未能曉然洞知, 幸詳細指敎. 此必減其前數, 量其應入磨鍊之意也. 京畿山郡, 則以山蔘等, 本色納之, 海邑, 則以價酌定, 未知如何也. 解之當待結者, 所敎茫然不知處敢告. 明白回眎, 以爲奉行之地. 方在都監, 暫不得往, 以書替. 台鑑. 謹上狀.

初六日, 弟竣.

태형台兄에게 올리는 편지
형조 판서 기실記室[43] (수결)

　지난 저녁에 길거리에서 말채찍을 들고 읍만 하였으니 특히 가슴에 한으로 남습니다. 요사이 비 내리는 날씨에 태형의 체후가 더욱 진중하시리라 생각합니다.

　드릴 말씀은 지난날 경연에서 태형께서 주상께 올린 글에서 산삼 등의 물품을 해조該曹에서 다시금 잘 헤아려 정해야 한다는 것에 관한 것입니다. 이른바 '잘 헤아려 정한다'는 것이란 반드시 바쳐야 할 수량을 헤아리되 더 걷는 폐단을 없애도록 한 뜻입니다. 그러나 본조에서는 분명하게 알 수가 없으니, 바라건대 상세히 하나하나 지시하여 주십시오. 이것이 반드시 그 이전의 거두던 수량을 줄이고 마땅히 마련해서 들여야 하는 것을 헤아리고자 하는 뜻입니다. 경기도의 산골 마을에서는 산삼 등의 물품을 원래 현물로 납부하도록 하고, 바닷가 마을에서는 가격으로 헤아려 정하시는 것[44]이 어떠할지 모르겠습니다. 해결하는 것은 묶은 사람이 반드시 해야 하는데, 말씀하신 것이 아득하여 처리할 방도를 몰라 감히 고합니다. 명백하게 지시하여 봉행할 여지로 삼도록 해 주십시오. 저는 지금 도감에 있어서 잠시라도 가 보지 못하고 편지로 대체합니다. 태감께서는 살펴 주십시오. 삼가 편지를 올립니다.

　초6일
　제弟 준竣

---

43 기실(記室) : 문서에 관한 업무를 맡아보는 사람 또는 맡아보는 곳을 지칭한다.

44 가격으로 헤아려 정하시는 것[以價酌定] : 여기에서 어쩔 수 없이 '價' 자를 '가격'으로 번역을 했는데, 엄밀히 말하면 쌀이나 포(布)로 세금을 내는 것이다. 이는 광해군 이후의 일인데, 시행 지침 등이 명확하지 않아 해당 관아에서도 잘 모른다고 한 오준의 말을 보면 1620년에서 1630년 사이의 편지라고 추정할 수 있다.

해설

이 편지는 오준吳竣(1587~1666)이 형조 판서에게 올린 편지이다. 그러나 수신자가 형조 판서임을 알 수 있을 뿐 그가 정확히 누구인지는 편지를 부친 날짜가 정확하지 않아 확인할 수는 없다. 보통 편지는 서로 간의 안부를 묻는 한훤류의 편지와 학술적 토론을 하는 토론류의 편지가 있다. 그런데 이 편지는 직접적인 정치 사안, 즉 공납에 관한 내용을 담고 있다.

이 편지를 쓴 오준吳竣(1587~1666)은 자가 여완汝完, 호가 죽남竹南, 본관은 동복同福(전남 화순)이다. 그는 1618년 문과에 급제하여 벼슬을 시작하였고, 형조 판서 등을 거쳐 판중추부사가 되었다. 문장에 능하고 글씨에 뛰어났다. 이 때문에 그는 많은 비명碑銘을 썼는데, 그 가운데는 삼전도비三田渡碑의 비문도 있다. 그는 왕희지체의 해서를 잘 쓴 것으로 유명하다.

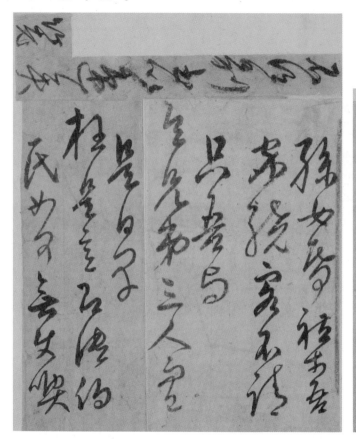

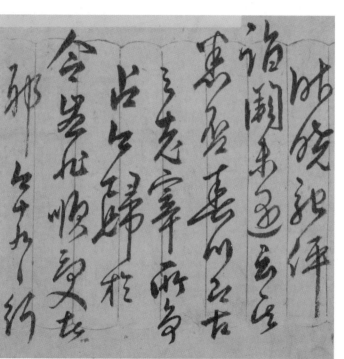

昨曉, 馳伻詣闕, 未遇云, 其悉否? 春川, 卽古之老宰所爭占, 今歸於令, 豈非順受者耶? 今十九日, 行孫女昏禮於吾家. 繞客不請, 只吾與令兄弟三人而已. 是日早枉是意, 卽傳伯氏如何? 無使喫, 不得別書以速矣.

竹老.

　　어제 새벽에 사람을 얼른 보내 대궐로 가게 했지만 만나지 못했다고 하는데 알고 계셨습니까? 춘천春川은 곧 예부터 노재老宰들이 다투어 차지하려고 하던 곳인데 지금 영감께 돌아갔으니 어찌 순순히 받을 것이 아니겠습니까? 이번 19일에 손녀의 혼례를 우리 집에서 합니다. 요객繞客[45]은 따로 초청하지 않고 다만 나와 영감의 형제 세 사람 뿐입니다. 이날 일찍 왕림하실 것을 백씨伯氏께도 곧바로 전해 주시는 것이 어떻겠습니까? 예를 차릴 음식이 없어 따로 편지를 써 부르지 못합니다.

죽로竹老

해설

　　오준吳竣(1587~1666)이 자신 손녀의 혼례에 상대방이 백씨와 함께 올 것을 요청하기 위해 보낸 편지이다. 서첩을 편집할 때 오려서 책자의 면 안으로 옮겨 붙였으며 원형 모습 그대로가 아니다.

---

45 요객(繞客) : 혼례 시 신부나 신랑 측의 가장 으뜸이 되는 손님을 말하는데, 여기서는 신부 측의 요객을 말한다.

18. 신익성의 편지

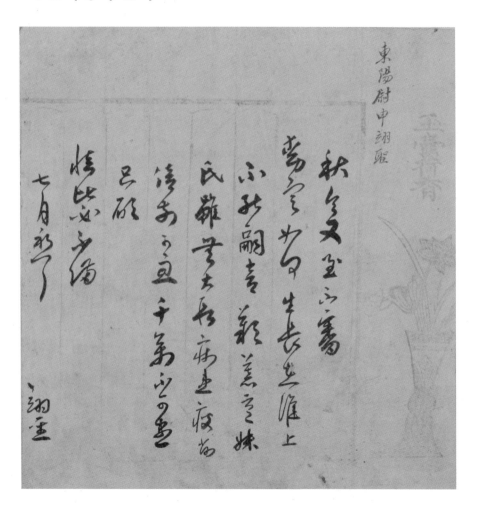

秋令又至, 不審動定如何? 生長在淮上, 不能嗣音, 歎慕而已. 妹氏雖無大段病患, 瘦弊倍前, 可慮千萬不可盡. 只願怯瑟, 不備.
七月初一日, 翊聖.

가을이 또 찾아왔는데 어떻게 지내십니까? 저는 오랫동안 회상淮上에 있어서 소식을 드리지 못하였으니 탄식하고 그리울 뿐입니다. 여동생은 대단한 병은 없지만 수척하여 여윈 모습이 전날의 배가 되는 듯하여 걱정스러움을 말로 다할 수가 없습니다. 다만 조심하시기를 바랄 뿐이고, 예를 다 갖추지 못합니다.

7월 1일
익성翊聖

해설

　신익성申翊聖(1588~1644)이 수신인을 알 수 없는 사람에게 보낸 편지이다. 신익성의 자는 군석君奭, 호는 낙전당樂全堂, 또는 동회거사東淮居士이며, 시호는 문충文忠이다. 아버지는 영의정을 지낸 신흠申欽이다. 선조의 딸 정숙옹주와 혼인해 동양위東陽尉에 봉해졌고, 1606년 오위도총부 부총관이 되었다. 광해군 때 폐모론이 일어나자 이를 반대하다가 전리로 추방되었다. 글씨로 회양의 청허당 휴정대사비와 파주의 「율곡이이비栗谷李珥碑」, 광주의 「영창대군비永昌大君碑」 등이 있고, 저서로는 『낙전당집』·『낙전당귀전록樂全堂歸田錄』·『청백당일기靑白堂日記』 등이 있다.

19. 송준길의 편지

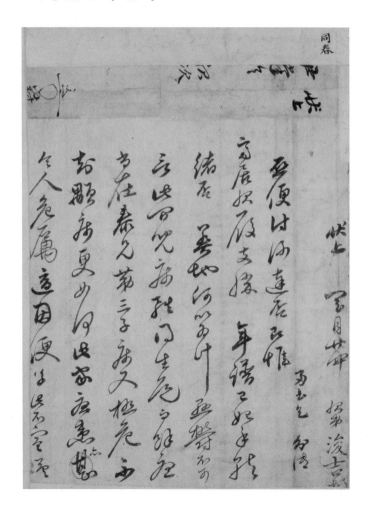

[피봉]

狀上

尹掌令 服次

(수결) 謹封

啓便付謝達否? 卽惟齋居服履支勝. 年譜已始手就緖否? 葬地何以爲計? 懸鬱不可言. 此間兒病, 雖得生道, 而餘憂尙在. 泰兄第三子病又極危. 不知顥病更如何. 此家憂患, 亦令人危屬. 適因便草此. 不宣. 謹狀上.

閏月卄四, 服弟, 俊吉頓.

兩書乞, 分傳.

[피봉]

윤 장령 상가에 전합니다.

(수결) 삼가 봉함

　장계가 올라가는 편에 부친 편지는 받아보셨는지요? 상중에 겨우 지탱하시는 것이 걱정스럽습니다. 연보는 이미 일을 시작하셨는지요? 장지는 어떻게 계획하시는지요? 답답한 것을 말로 다 할 수 없습니다. 요즈음 아이가 병이 있었는데 살아나기는 하였지만 걱정이 아직 남아 있습니다. 태형의 셋째 아들 병은 또 위독합니다. 옹의 병은 다시 어떤지 모르겠습니다. 이 집의 우환 또한 사람으로 하여금 걱정스럽게 합니다. 마침 가는 인편이 있어 이렇게 급하게 씁니다. 예를 갖추지 못하고 글을 올립니다.

윤월 24일

복제服弟 준길浚吉

두 편지는 각각 나누어 전해 주기 바랍니다.

해설

　송준길宋浚吉(1606~1672)이 상중喪中에 상을 당한 사람에게 보낸 편지이다. 송준길의 자는 명보明甫이고, 호는 동춘당同春堂이며, 시호는 문정文正이다. 송준길은 조선 후기의 문신·성리학자·정치가로서 주자학의 대가였다. 노론·소론이 분당되기 전에 사망하였으나 사실상 그가 이끌던 문인들은 그의 사후 노론을 형성하였다. 저서로 『어록해語錄解』·『동춘당집』 등이 있다.

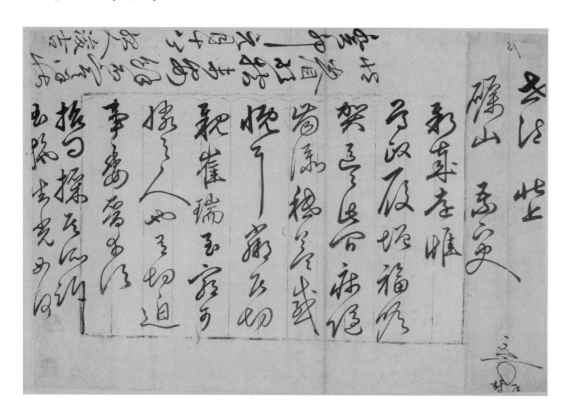

[피봉]

世侍狀上.

礪山衙下史. (수결) 謹封.

新歲, 遠惟尊政履增福 瞻賀
區區 此間, 病隨齒添, 秖益
感慨耳.

嚴居切親, 崔瑞, 至窮可憐
之人也. 有切迫事委晉, 幸
須招問, 採其所訴, 曲施生
光, 如何? 恃眷敢控, 未安.
餘不宣. 謹狀.

癸卯元月十八日, 服人, 浚吉.

세시생世侍生이 올리는 편지
여산礪山[46] 관아의 하사下史에게 (수결) 근봉謹封

새해에 당신의 정리政履[47]에 복이 더해지기를 멀리서 바라고 우러러 간절하게 축원합니다. 저는 요즘 병이 나이에 따라 더해지니 더욱 슬퍼할 따름입니다.

궁벽한 시골에 거처하는 절친한 친구 최서崔瑞는 지극히 곤궁하게 지내는 가련한 사람입니다. 절박한 일이 있어서 당신을 찾아 가려고 하니, 모름지기 초대하여 물어서 그 호소하는 바를 받아주셔서, 곡진하게 베풀어 빛내 주시는 것이 어떻습니까? 당신을 믿고 감히 부탁하니 미안합니다. 나머지는 줄입니다. 삼가 편지를 올립니다.

계묘년(1663) 1월 18일
복인服人 준길浚吉

해설

송준길宋浚吉(1606~1672)이 58세 때인 1663년 1월 18일 여산 군수에게 곤궁하게 살고 있는 절친한 친구 최서崔瑞의 도움을 부탁하면서 보낸 편지이다.

송준길宋浚吉(1606~1672)의 자는 명보明甫, 호는 동춘당同春堂, 본관은 은진恩津, 시호는 문정文正이다. 김장생金長生의 문인이고 정경세鄭經世의 사위이다.

---

46 여산(礪山) : 여산군은 1914년까지 지금의 익산시 북부 3면에 있던 지역이다. 여량 · 호산(壺山) · 지량초 · 낭산 · 알야산 · 야산 등으로 불렀다.
47 정리(政履) : 서간문에서 평교(平交) 사이에 지방 수령의 안부를 물을 적에 쓰는 말로, 정황(政況)과 같은 뜻의 말이다.

21. 조속의 편지

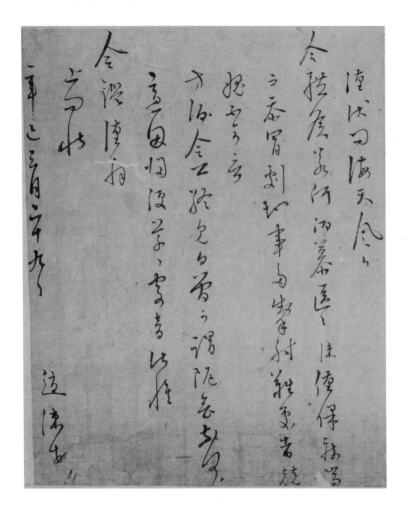

謹伏問, 海天風日, 令體候若何? 仰慕區區. 涑僅保病喘, 而忝冒劇地, 事多掣肘, 難處者, 兢愧不可言. 方伯令公, 終見白簡, 可謂阨會, 奈何. 適因歸便, 草草寄音. 伏惟令鑑. 謹拜上問狀.
辛巳三月二十九日. 趙涑頓.

삼가 바닷가 하늘에서 바람부는 날에 영감의 체후는 어떠하십니까? 그리워하는 마음 간절합니다. 저는 병으로 헐떡이며 겨우 몸을 보전하고 있는 데도 번화한 곳의 수령을 외람되이 맡고 있어 정사에 방해만 되니 난처함이란 두렵고 부끄러워 말로 할 수 없습니다. 관찰사 영공에게 마침내 저의 잘못으로 탄핵을 받았으니 참으로 액운의 시기를 만났다고 할 수 있으나 어찌하겠습니까. 마침 돌아가는 인편을 통해 급히 편지를 써서 소식을 전합니다. 영감께서는 살펴 주십시오. 삼가 문안의 편지를 보냅니다.

신사년(1641) 3월 29일
조속趙涑 올림

해설

　이 편지는 1641년에 쓴 편지이다. 내용을 보았을 때 편지의 수신인은 바닷가 쪽으로 귀양 가 있는 관리로 추정된다. 그 사람이 평소 조속과 매우 친분이 있었음을 알 수 있다. 조선왕조실록 등의 다른 기록에 나타나지 않지만 조속은 이때 꽤 큰 군현郡縣의 수령으로 가 있었다. 편지의 내용에 그가 관찰사로부터 탄핵을 받았다는 사실과 『승정원일기』 1642년 기사에 "서산 군수 조속의 신병이 매우 중했다.[瑞山郡守趙涑, 身病甚重.]"라는 내용으로 볼 때, 그가 1641년 서산 군수를 지냈다고 추정할 수 있다.

　조속趙涑(1595~1668)의 자는 희온希溫 또 다른 자는 경온景溫, 호는 창강滄江, 본관은 풍양豐壤이다. 그는 서화가이기에 다른 여러 호를 가지고 있는데, 창추滄醜 · 취추醉醜 · 취옹醉翁 · 취병醉病 등이 그의 다른 호이다.

　그는 시詩 · 서書 · 화畵 삼절三絶로 일컬어졌다. 그림은 매죽梅竹, 산수, 수묵 화조水墨花鳥를 잘 그렸다. 특히 까치 등의 새나 물새를 소재로 한 수묵화에서는 조선의 대표적 화가로 꼽힌다. 현대 남아 있는 대표작으로 국립중앙박물관 소장의 「노수서작도老樹棲鵲圖」와 「매도」, 간송미술관 소장의 「매작도梅鵲圖」 등이 있다. 그리고 다음에 나오는 것이 국화와 난초를 그린 「국난도菊蘭圖」이다. 그 다음은 조지운의 작품인 「매작도梅雀圖」로 화풍이 무척 닮았는데, 조지운은 바로 조속의 아들이다.

22.조속의 그림

해설

이 그림은 부채 모양 종이 위에 난초와 국화를 그린 「국난도」이다. 부채 종이의 형태에 맞게 국화가 중앙에 자리하고 난초는 위와 좌우로 뻗어 화폭을 잘 활용했다. 그는 매죽梅竹과 산수山水, 수묵화조水墨花鳥를 잘 그렸다고 하였는데, 이 그림은 국난菊蘭이다. 이 그림은 수묵의 농담으로 꽃잎과 꽃송이, 잎사귀, 난초의 긴 잎을 매우 운치있게 표현하였다. 사군자도四君子圖는 말 그대로 군자를 은유하여 그린 것이다. 국화같이 고결하게 은거하는 군자와 난초같이 은은하고 심오한 군자가 서로 사귀는 모습을 연상하게 한다. 수묵화로 청아하고 단아한 선비의 멋을 표현하였다.

23. 조지운의 그림과 조상우의 화제

梅窓寒雀不須模,
日影橫窓作畵圖.
寒雀解飛花解舞,
君看此畵古今無.
東岡

매화 창 겨울 까치 굳이 그릴 필요 없으니　　　　　梅窓寒雀不須模

그림자 창에 비치어 그림이 되었네　　　　　　　　日影橫窓作畵圖

겨울 까치 총총 날아 꽃이 따라 춤추니　　　　　　寒雀解飛花解舞

그대 고금에 없는 이 그림을 보게나　　　　　　　君看此畵古今無

동강東岡

해설

　조지운趙之耘(1637~1691)이 그린 「매작도梅雀圖」와 조상우趙相愚(1640~1718)의 화제畵題이다. 그림은 기쁨을 상징하는 매화와 까치로서 경사가 넘치기를 기원하는 마음을 담은 것이다.

　조지운의 자는 운지耘之, 호는 매창梅窓·매곡梅谷·매은梅隱이고, 본관은 풍양豊壤이다. 현감을 지냈으며, 그림을 잘 그려 중국에 다녀왔다. 아버지 조속趙涑(1595~1668)의 화풍을 계승하여 선비의 정신과 기풍이 드러나는 매화와 새를 잘 그렸다. 유작으로는 「매상숙조도梅上宿鳥圖」·「매죽영모도梅竹翎毛圖」·「송학도松鶴圖」·「묵죽도墨竹圖」 등이 남아 있다.

　화제를 쓴 조상우는 자가 자직子直, 호는 동강東岡, 본관은 풍양豊壤이다. 아버지는 예조 판서를 지낸 조형趙珩이다. 이경석李景奭 문하에서 수학했으며, 1657년 사마시에 합격한 뒤 송준길宋浚吉의 문인이 되었다. 이조 판서, 판중추부사를 지냈다. 글씨를 잘 써서 장렬왕후莊烈王后의 옥책문을 쓰는 데 선발되었다. 시호는 효헌孝憲이다.

　조상우의 것으로 추측되는 낙관 2개가 화제 머리에 찍혀 있는데 각각 "재서옥책再書玉冊", "임심청상臨沁淸賞"이다. 왕이나 왕비 등 왕족의 존호를 올릴 때 쓰는 글을 옥책이라 하는데, 조상우가 두 번 옥책문을 적었기 때문에 이를 도장에 새겨 밝힌 것 같다.

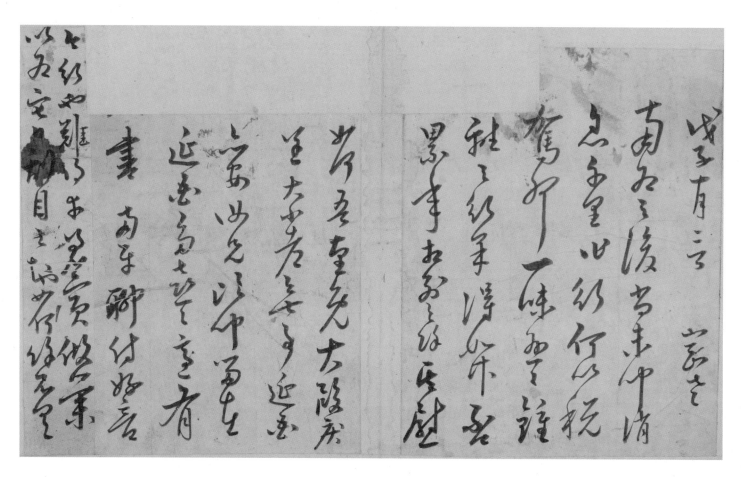

南爲之後, 尙未聞消息, 千里作行, 何以稅駕耶, 一味懸懸. 鍾離之行, 果得如計否? 累年相別之餘, 其慰如何. 吾僅免大段戻逆, 大小都無事. 延衙亦安. 汝兄頃聞留在延衙, 多喜多喜. 適有書南平, 聊付好音. 今行也難得, 幸着實做業, 以爲它日刮目之地如何? 餘不具.

戊子十月三日, 岡老.

　남쪽으로 간 후에 아직까지 소식을 듣지 못하였더니, 천 리 먼 길에 무사히 도착하였는지 줄곧 걱정하였다. 종리鍾離의 행차는 과연 계획대로 할 것이냐? 몇 년 동안 서로 이별한 끝에 그 위로됨이 어떠하겠느냐. 나는 크게 어그러짐을 겨우 면하였고, 대소 식구들도 모두 별탈이 없단다. 연아延衙 또한 편안하다는데, 지난번 네 형이 연아에 머문다는 소식을 들으니 참으로 기쁘구나. 마침 남평南平으로 편지를 쓰면서 좋은 소식을 보낸다. 지금 떠나는 길은 얻기 어려운 기회이니 착실히 공부해서 훗날 괄목상대할 만한 경지에 이른다면 다행이 아니겠느냐? 나머지는 그만 쓴다.

무자년(1708) 10월 3일
강岡 노인

해설

　이 편지는 조상우趙相愚(1640~1718)가 1708년에 손자에게 쓴 편지인 듯하다. 조상우의 자는 자직子直, 호는 동강東岡, 본관은 풍양豊壤이다. 아버지는 예조 판서 조형趙珩이다. 이경석李景奭의 문하에서 수학했으며, 1657년 사마시에 합격한 뒤 송준길宋浚吉의 문인이 되었다.

　그는 온건한 소론으로서 정치 활동을 하였다. 글씨를 잘 써서 인조의 계비繼妃인 장렬왕후莊烈王后의 옥책문을 쓰는 데 선발되었고, 충현서원忠賢書院의 사적비 등을 남겼다. 남평의 용강사龍岡祠에 제향되었으며, 시호는 효헌孝憲이다.

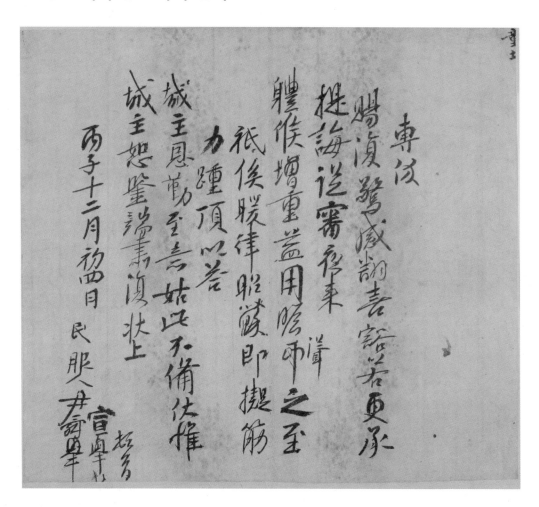

專使賜復, 驚感翻喜, 豁若更承提誨. 從審夜來, 體候增重, 益用瞻聳之至. 祗俟暖律昭蘇, 卽擬筋力踵頂, 以答城主, 恩勤至意. 姑此不備. 伏惟城主恕鑑. 端肅復狀上.

丙子十二月初四日, 民服人, 尹舜舉·宣舉等, 頓首.

전사專使가 내려 준 답장을 받고 놀라고 감동하여 매우 기뻐 시원하기가 마치 다시 직접 가르침을 받는 듯합니다. 편지를 통해서 밤사이에 체후가 더 좋아지셨다는 것을 알았으니, 더욱 우러러 사모하는 마음이 지극합니다. 다만 따뜻한 날이 되기를 기다려서 머리부터 발끝까지 근력筋力이 되면 성주城主께서 내려 주신 은근하고도 지극한 뜻에 보답하려고 합니다. 다만 여기에서 줄입니다. 삼가 성주께서 두루 헤아려 주시기를 바랍니다. 엄숙하게 답장을 올립니다.

병자년(1636) 12월 4일
민民 복인服人 윤순거尹舜擧와 윤선거尹宣擧가 올림

해설

윤순거와 윤선거尹宣擧가 1636년 12월에 성주에게 올리는 답장이다.

윤순거尹舜擧(1596~1668)의 자는 노직魯直, 호는 동토童土, 본관은 파평坡平이다. 아버지는 대사간 윤황尹煌이며, 어머니는 당대의 명유인 성혼成渾의 딸이다. 외삼촌인 성문준成文濬에게서 학문을, 강항姜沆에게서 시를, 김장생金長生에게서 예를 배웠다. 저서로는 『동토집童土集』·『노릉지魯陵誌』 등이 있다.

윤선거尹宣擧(1610~1669)의 자는 길보吉甫, 호는 미촌美村·노서魯西·산천재山泉齋, 본관은 파평, 시호는 문경文敬이다. 김집金集의 문인이고 송시열, 윤휴尹鑴 등과 교유하였다.

26. 윤증의 글씨

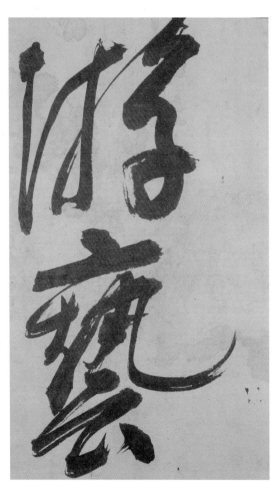

興詩游藝.

시에서 감흥을 일으
키고, 예에서 노닌다.

해설

    이는 윤증尹拯이 글씨이다. '흥시유예興詩游藝'는 『논어』에 있는 말이다. 『논어』 「태백泰伯」에서는 "공자가 말하였다. 시에서 흥기시키고, 예에 서며, 악에서 완성한다.[子曰, 興於詩, 立於禮, 成於樂.]"라고 말하였고, 「술이述而」에서는 "도에 뜻을 두고, 덕에 의거하며, 인에 의지하고, 예에서 노닌다.[志於道, 據於德, 依於仁, 游於藝.]"라고 말하였다.

    윤증尹拯(1629~1714)의 자는 인경仁卿·자인子仁, 호는 명재明齋, 본관은 파평坡平이다. 윤선거의 아들로 서인이 노론과 소인으로 분파될 때 소론의 영수가 되었다. 성리학자이자 정치가로서 크게 알려졌다. 하지만 그의 글씨 또한 『근묵槿墨』에 실릴 만큼 명필이었다. 여기에서도 그의 필법을 감상할 수 있다.

向於臨過縣中也, 兒子獲拜而歸, 深用慰仰. 卽又承委垂伻書, 披感之餘, 以審體中所苦有日, 爲之貢慮區區. 所惠四種歲饌, 旣珍且腆, 極知出於厚眷, 而其在窮谷賤分, 愧悚甚矣. 前日, 兒子亦有所蒙, 前後勤軫實蹤尋常, 不知所以仰謝也. 拯病蟄依昨, 迫歲多感, 無足言者. 兒子歲齡後, 卽當下來, 而凍路羸馬, 或難如計, 是爲私慮耳. 餘病草, 只此. 唯希侍奉, 迓新萬福. 伏惟下照, 謹謝狀上.

乙丑臘月卄七日, 拯拜.

지난번에 제가 사는 고을을 지나가실 때 제 아들이 찾아뵙고 돌아와 깊이 위로되었습니다. 곧바로 또 심부름꾼을 보내 내려 주신 편지를 받고 감격하였지만 여러 날 몸을 앓았다는 것을 알고 무척이나 근심하였습니다. 내려 주신 네 가지 세궤歲饋[48]는 이미 진귀한 것이자 풍요로운 것으로 과분한 보살핌에서 나온 것임을 매우 잘 알고 있으나, 궁벽한 골짜기에 사는 천한 신분으로써 매우 부끄럽고 송구스럽습니다. 이전에는 아들 역시 선물을 받았으니 전후로 삼가 아랫사람을 보살피는 것이 실로 일상적인 것을 넘어서니 어찌 사례해야 할지 모르겠습니다.

저는 여전히 병으로 칩거하고 있으며 섣달 그믐이 다가와 감흥은 많으나 말할 것이 못 됩니다. 아이는 해가 바뀐 후 곧장 내려가야 하나, 길이 얼고 말은 야위어 혹 생각대로 하기 어려울까 이것이 걱정일 따름입니다. 나머지는 병으로 여기까지 씁니다. 오직 부모님을 모시고 새해에 만복을 받으시기 바랍니다. 삼가 살펴 주십시오. 답장을 올립니다.

을축년(1685) 12월 27일

증拯 올림

해설

이 편지는 윤증尹拯(1629~1714)이 쓴 것으로, 수신인을 알 수 없다. 이때 윤증의 나이는 57세로 벼슬에서 사직하여 물러나 있었다. 편지 전체의 투식을 보았을 때, 벼슬을 맡고 있는 사람에게 보낸 것은 아닌 것 같다. 친한 벗이나 동료 학자에게 보낸 것으로 보이는데, 특히 연말연시를 맞이하여 서로에게 안부를 묻고 선물을 보내는 등의 서로간의 우의가 담겨 있다.

---

48 세궤(歲饋) : 일반적으로 1월 1일이 되기 전 보내는 선물을 의미하는데, 이 선물은 보통은 곡식과 음식 등이다.

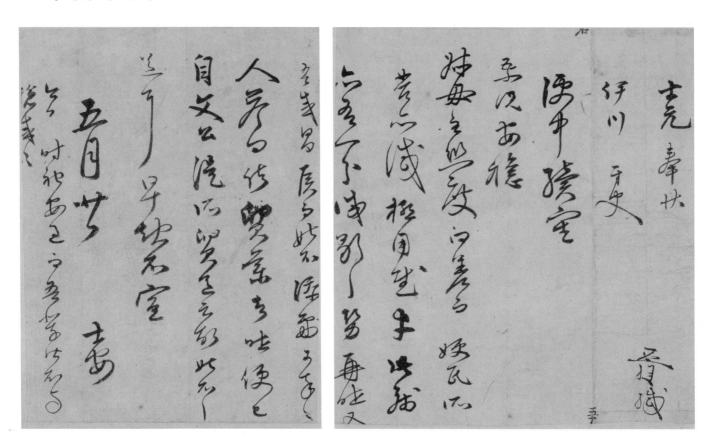

[피봉]

士元奉狀

伊川 牙史

(수결)緘

便中續審衙況安穩, 叔母主愆度向差, 而嫂氏所苦亦減, 極用慰幸. 此病亦有一分減歇之勢, 再昨又有感冒候, 而姑不添劇, 可幸可幸. 人蔘, 問諸貿藥者, 昨便已自文公湜所貿送之, 故姑不之送耳. 早起不宣.

五月卄日, 士安.

今日, 時祀安過, 而吾輩皆不與, 愴感愴感.

[피봉]
사원士元[49] 봉장奉狀
이천伊川 아사牙史
(수결) 함緘

인편으로, 네가 관아에서 편안히 지내고 있고 숙모의 좋지 않던 몸도 좋아지고 있으며 수씨嫂氏가 앓던 병도 나아가고 있다는 것을 연이어 알아 매우 위로되고 다행스럽다. 나의 병도 조금이나마 덜해지고 있고 그저께 또 감기 증세가 있었으나 아직 더해지지는 않고 있으니 다행스럽다. 인삼은 약을 구하도록 시킨 사람에게 물어 보았더니, 어제의 인편에 이미 문공식文公湜에게서 구해서 보냈다고 하므로 우선 보내지 않았다. 이른 새벽에 일어나 곤하니 이만 줄인다.

5월 20일
사안士安[50]

오늘 시사時祀를 지냈는데 우리들은 모두 참석하지 못했으니 가슴 아프다.

---

49 사원(士元) : 편지의 발신자 박태유의 동생 박태보의 자(字)이다.
50 사안(士安) : 박태유의 자이다.

해설

1683년경에 박태유朴泰維(1648~1686)가 부탁받은 일이 처리된 경위를 알리기 위해 동생 박태보朴泰輔(1654~1689)에게 보낸 편지이다. 박태보는 1682년 10월 이천 현감伊川縣監에 임명되어 1685년까지 맡고 있었으므로 그 무렵 지어진 것이다.

박태유의 자는 사안士安, 호는 백석白石, 본관은 반남潘南이다. 경기 도사와 지평을 지냈다. 명필로 이름이 높았는데, 김응하묘비金應河墓碑·영상신경신비領相申景愼碑·해백박동열비海伯朴東說碑·길목박동망갈吉牧朴東望碣 등이 남아 있다.

박태보의 자는 사원士元, 호는 정재定齋, 박태유의 아우이다. 1682년에 이천 현감이 되었고 홍문관 응교를 거쳐 파주 목사를 지냈다. 1689년 기사환국 때 인현왕후의 폐위를 강력히 반대해 주동적으로 소를 올렸다가 심한 고문을 받고 진도로 유배 도중 노량진에서 죽었다. 영의정에 추증되었고 시호는 문열文烈이다.

위 두 사람은 모두 박세당朴世堂의 아들이다.

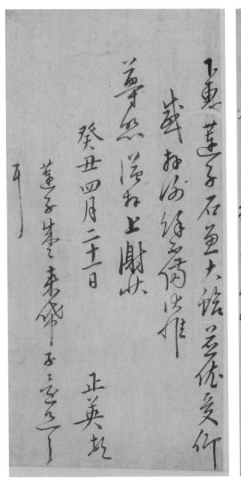
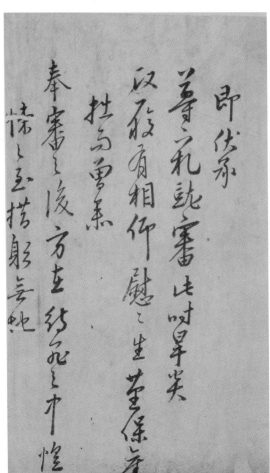

卽伏承尊下札, 就審此時旱炎, 政
履有相, 仰慰仰慰. 生菫保舊拙, 而
曾參奉審之後, 方在待罪之中, 惶
悚之至, 措躬無地. 下惠蓮子石魚
大蛤幷依受, 仰感拜謝. 餘不備. 伏
惟尊照. 謹拜上謝狀.
癸丑四月二十一日, 正英頓.

蓮子盛來俗子, 還送之耳

삼가 당신께서 보내 주신 편지를 받고서 가뭄의 이 더위에 정사를 돌봄에 신명의 도움이 있다고 하니 참으로 위로됩니다. 저는 겨우 예전의 졸렬한 모습으로 살아 가고 있으나, 일찍이 봉심奉審에 참여한 이후 죄를 기다리는 중이니, 황송하여 몸둘 바를 모르겠습니다. 보내 주신 연밥과 조기, 대합은 보내 주신 대로 모두 받았으며, 우러러 감사하는 마음으로 사례의 편지를 올립니다. 나머지는 갖추지 못합니다. 삼가 살펴 주시기 바랍니다. 삼가 절하고 글을 올립니다.

계축년(1673) 4월 21일
정영正英은 올림

연밥을 담아온 포대는 돌려 보냅니다.

해설

이 편지는 이정영李正英(1616~1686)이 수신인을 알 수 없는 사람에게 1673년 4월 21일에 보낸 것이다. 이정영의 자는 자수子修, 호는 서곡西谷이며, 본관은 전주이다. 그는 1637년 병자호란이 일어난 후 소현세자가 볼모로 중국 심양에 갈 때 따라갔다. 이후 1660년 대사간이 되었고, 이듬해 진위 겸 진향 부사陳慰兼進香副使로 중국 청나라에 다녀와 평안도 관찰사가 되었다. 1672년 한성부 판윤으로 다시 동지부사가 되어 청나라에 다녀왔다. 후에 판돈녕부사가 되었고, 1685년 기로소에 들어갔다. 글씨를 잘 썼다.

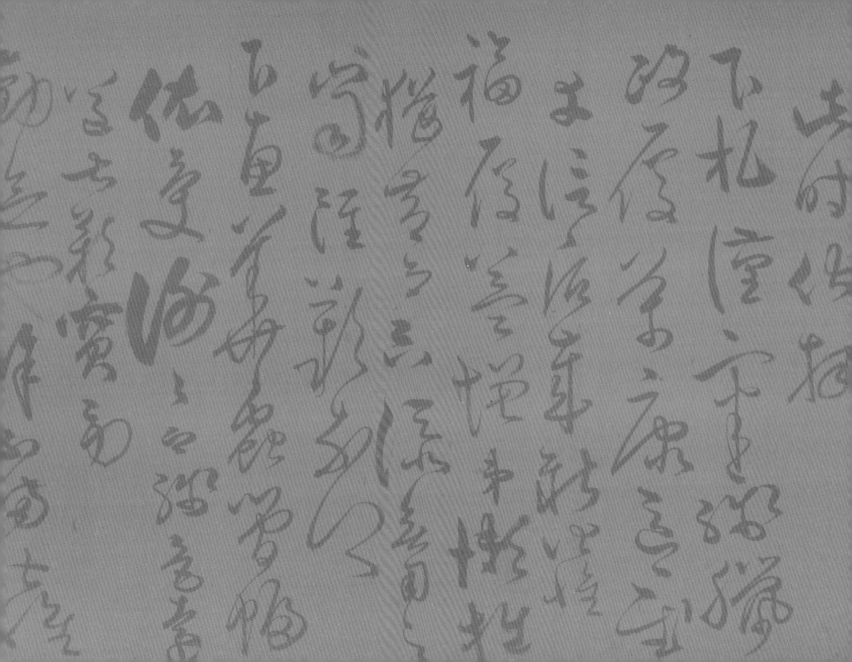

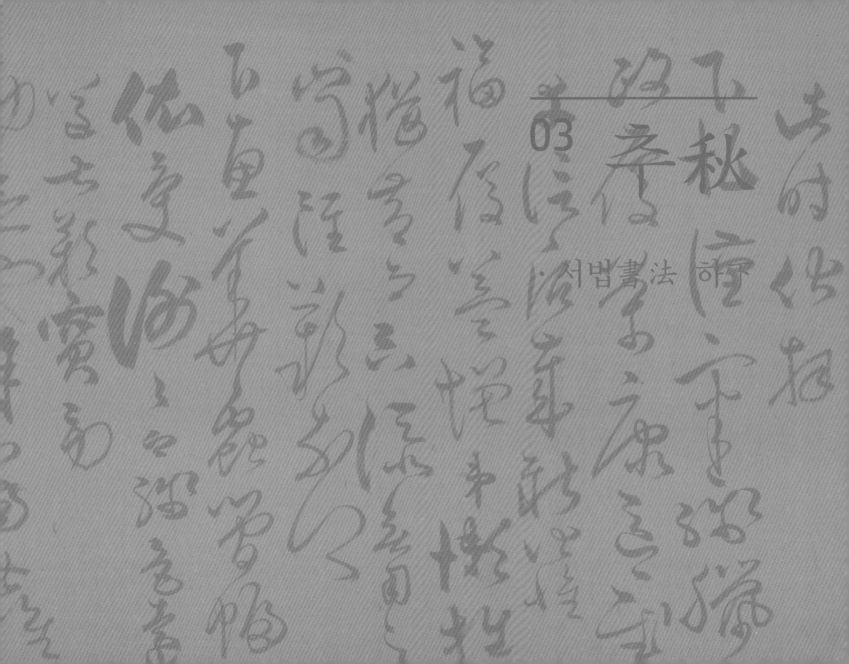

서법書法

1. 이서의 글씨

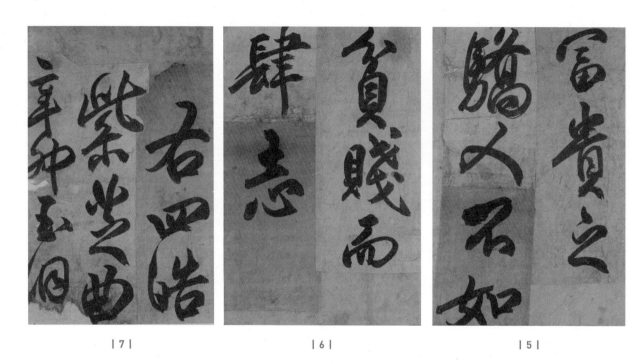

| 7 | | 6 | | 5 |

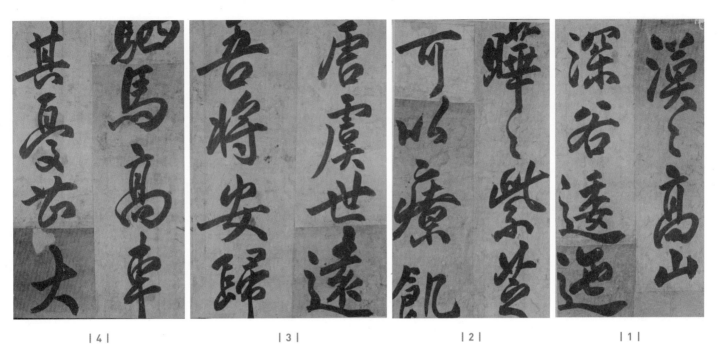

| 4 | | 3 | | 2 | | 1 |

漠漠高山, 深谷逶迤.

曄曄紫芝, 可以療飢.

唐虞世遠, 吾將安歸.

駟馬高車, 其憂甚大.

富貴之驕人, 不如貧賤而肆志.

右四皓紫芝曲.

辛卯, 玉洞.

아득하고 아득히 높은 산	漠漠高山
깊은 골짜기 구불구불 뻗었네	深谷逶迤
색깔도 찬란한 영지버섯이여	曄曄紫芝
배고픔을 달랠 수 있겠네	可以療飢
요순의 시대는 멀기만 하니	唐虞世遠
우리는 어디로 돌아갈까	吾將安歸
사마가 끄는 고관의 수레는	駟馬高車
그 근심 매우 많도다	其憂甚大
부귀하면서 사람들에게 교만한 것은	富貴之驕人
빈천해도 내 뜻대로 사는 것만 못하네	不如貧賤而肆志

위는 상산사호商山四皓가 지은 「자지곡紫芝曲」[01]이다.

신묘년(1711)에 옥동玉洞 이서李漵가 쓰다.

해설

이서李漵(1662~1723)가 상산사호商山四皓의 「자지곡紫芝曲」을 행초로 쓴 것이다. 이서의 자는 징지澄之·징지瀓之, 호는 옥동玉洞, 본관은 여주이다. 성호星湖 이익李瀷의 셋째 형으로 생부는 이하진李夏鎭(1628~1682)이나, 숙부 이주진李周鎭의 양자로 갔다. 경기도 포천군 옥동산玉洞山 아래 거주하여 옥동 선생이라 불렸는데, 사후에 제자들이 홍도 선생弘道先生으로 사시私諡를 올려 이를 호로 정하였다. 이서는 옥동에 살면서 늘 거문고를 곁에 두고 한가할 때마다 연주하곤 하였다. 그의 거문고를 군자금君子琴 또는 옥동금玉洞琴이라 부르는데, 금강산 만폭동萬瀑洞 절벽의 벼락 맞은 오동나무를 구해 만들었다고 하며, 현재 그 실물이 전해지고 있다. 동국진체東國眞體를 창안한 옥동 이서의 필맥은 공재恭齋 윤두서尹斗緖(1668~1715), 백하白下 윤순尹淳(1680~1741), 원교圓嶠 이광사李匡師(1705~1777)를 거쳐 창암蒼巖 이삼만李三晩(1770~1847)으로 이어진다. 저술로는 『홍도선생유고弘道先生遺稿』가 현재 국립중앙도서관 성호문고에 소장되어 있다.

---

01 「자지곡(紫芝曲)」: 진(秦)나라 말기에 동원공(東園公)·기리계(綺里季)·하황공(夏黃公)·녹리 선생(角里先生) 등 이른바 사호(四皓)가 폭정을 피해 상산(商山)에 은거하여 자지(紫芝), 즉 영지버섯을 캐어 배고픔을 달래며 천하가 안정되기를 기다렸다는 고사가 있는데, 이때 그들이 지어 불렀다는 노래이다.

2. 윤두서의 글씨

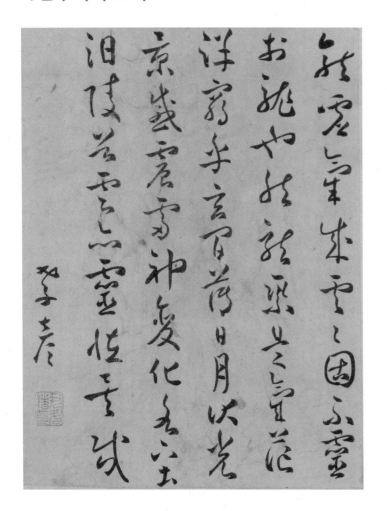

龍噓氣成雲, 雲固不靈於龍也. 然龍乘是氣, 茫洋窮乎玄間, 薄日月, 伏光景, 感震雷, 神變化, 水下土, 汩陵谷, 雲亦靈怪矣哉.

孝彦 (인장)

용이 기를 토해내어 구름을 이루니, 구름은 진실로 용보다 신령하지 못하다. 그러나 용은 이 기를 올라타고서는 아득히 하늘 끝까지 이르러서 해와 달을 에워싸고 그 빛을 덮어 버리며, 우레와 벼락을 일으켜 온갖 변화를 신묘하게 하여 아래의 땅에 물을 퍼부어 언덕과 골짜기를 잠기게 하니, 구름 역시 신령하며 괴이하도다.

효언孝彦 (인장)

258

해설

이 글의 내용은 한유韓愈의 『한창려집韓昌黎集』 「잡저雜著」에 나온다. 윤두서尹斗緖(1668~1715)는 이 글을 초서로 썼다. 이 글의 내용은 용과 구름이 신묘한 작용을 하여 아래의 땅을 뒤덮는다는 것인데, 이는 군왕과 신하가 힘을 합치고 책략을 내어 세상을 잘 다스려야 한다는 것을 은유적으로 비유한 것이다.

이 글씨를 쓴 사람은 윤두서이다. 자는 효언孝彦, 호는 공재恭齋, 본관은 해남이다. 그리고 '효언孝彦'이라는 이름 아래에는 '윤두서인尹斗緖印'이라는 인장이 찍혀 있다. 윤두서라고 했을 때 그의 자화상이 가장 먼저 떠오른다. 그의 자화상은 국보 139호이다. 그는 17세기에서 18세기로 넘어가는 조선 화단의 거목이었다. 또한 글씨에 있어서도 동국진체東國眞體를 창안하고 발전시킨 인물이다.

그는 윤선도尹善道의 증손이며, 정약용丁若鏞은 그의 외증손이다. 그는 윤선도와 이수광李睟光 등의 영향을 받아 젊은 시절 과거에 전념하였으나, 그의 집안이 남인 계열에 속하여 당쟁으로 벼슬을 포기하고 고향 해남 연동으로 돌아와 일생을 마쳤다. 그의 작품은 중국 서적에 대한 광범위한 독서에서 비롯되었다. 그는 산수화, 인물화 등 다양한 작품을 그렸는데, 그 가운데서도 특히 말과 인물화를 잘 그렸다고 한다. 특히 농민을 주제로 그려낸 풍속화는 이후 김홍도金弘道·신윤복申潤福 등에 계승되어 조선 후기 화단을 풍미하였다. 이처럼 그의 화풍은 후대에 영향을 많이 주었으며, 또한 실학적 태도를 견지하였다.

그의 작품은 매우 많은데, 대략 유명한 작품을 언급하면 「자화상」, 「채애도採艾圖」, 「선차도旋車圖」, 「백마도白馬圖」, 「노승도老僧圖」, 「심득경초상沈得經肖像」, 「출렵도出獵圖」, 「우마도권牛馬圖卷」, 「심산지록도深山芝鹿圖」, 「오성도五聖圖」, 『십이성현화상첩十二聖賢畵像帖』, 『가물첩家物帖』 등이 있고, 저서로는 『기졸記拙』과 『화단畵斷』이 있다.

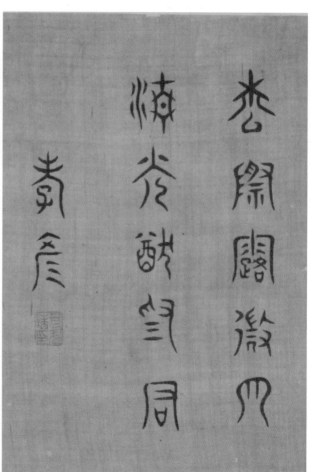

소나무 사이로 희미한 달빛 드러나니　　　　　松際露微月

맑은 빛은 오히려 그대인 듯하다네　　　　　清光猶爲君

효언孝彦 (인장)

해설

이 글은 당나라 시인 상건常建의 「왕창령이 은거한 곳에 하룻밤 묵으며[宿王昌齡隱居]」 시의 함련頷聯(오언율시 중 두 번째 구)이다. 윤두서가 이 시를 전서체로 썼다. 이 작품은 비단에 먹으로 된 것이다. 그리고 자신의 자인 효언孝彦이란 글자 아래에 자신의 이름을 새긴 '윤두서인尹斗緖印'이란 도장이 찍혀 있다. 이 글씨는 그가 아래에 나오는 그림의 화제로 쓴 것이기에, 이 글씨와 그림은 짝을 이룬다. 이 작품처럼 화제와 그림이 짝을 이루며 '윤두서인'이란 네모형 양각 도장을 글씨에 찍고, 호리병 모양의 도장에 '효언孝彦'이라 새겨 찍은 다른 작품도 볼 수 있다. 그 대표적인 것이 「좌간운기도坐看雲起圖」(『관월첩貫月帖』, 국립중앙박물관 소장)이다. 그러나 아직 이 글씨와 아래 그림에 대해 정확한 이름은 없다. 이 두 작품은 아직 세상에 알려지지 않았기 때문이다.

상건의 시에 근거하여 윤두서는 다음 장의 그림을 그렸다. 이 글씨가 다음의 그림 작품과 분명한 연관성을 지니고 있고, 이것이 그림 속의 화제畫題 역할을 한다. 그림의 크기나 이 전서 글자의 크기는 거의 같다.

상건의 전체 시를 소개하자면 다음과 같다.

청계는 깊어 흘러오는 곳 알 수 없고	清溪深不測
은거한 곳에는 오로지 외로운 구름 떠있네	隱處唯孤雲
소나무 사이로 희미한 달빛 드러나니	松際露微月
맑은 빛살 여전히 그대를 위해 비추네	清光猶爲君
모정의 꽃그림자는 한창 졸리우고	茅亭宿花影
약초밭의 작약은 이끼처럼 자라나네	藥院滋苔紋
나도 세속의 시끄러움 사절하고 떠나	余亦謝時去
서산의 난학과 함께하리라	西山鸞鶴群

이 시의 출전은 『전당시全唐詩』이며, 주제는 은거隱居이자 또한 산수의 자연이다. 왕창령王昌齡 역시 당나라 때의 뛰어난 시인이다. 이 시를 지은 상건과는 727년 함께 진사에 급제한 동방이자 친구이다. 이 시가 정확히 언제 쓰여졌는지 알 수 없지만, 왕창령은 벼슬에 나아가기 전에 석문산石門山에서 은거하였다고 한다. 이에 원문에서 말한 청계淸溪는 석문산의 청계이다. 결국 이 시의 저자 상건도 친구인 왕창령처럼 세속을 끊고 서산, 즉 무창武昌의 번산樊山에 은거하겠다는 것이다. 실제로 상건은 이곳에 은거하였다.

이제 그림을 살펴보자. 이 그림은 윤두서의 그림 가운데서는 처음으로 공개되는 작품이다. 그림은 고운 모시에 먹으로 그린 것이며, 크기는 18.5cm×14.3cm이다. 시의 내용에 따라 이 그림을 해석하자면 바위 위에 걸터앉은 상건의 머리 위에 소나무가 있고, 소나무 가지 사이로 달이 비치는 모양이다. 절벽에서 자라나는 오래된 소나무를 사실적으로 표현하였는데, 인고의 시간을 보내며 굳세게 자라난 모습이 확연하다. 그리고 인물의 그림은 마치 도교의 도사를 그린 듯한데, 원본을 보면 특히 눈동자의 모양이 더욱 선명하게 다가온다. 점을 찍은 듯한 눈동자는 그 사람의 인품이 고아하다는 것을 표현하고 있다. 그런데 이 그림은 구도상 마치 사람의 뒤편에 달이 뜬 것과 같다. 달을 쳐다보는데 마치 뒤에 있는 달을 앞으로 쳐다보는 듯한 느낌을 준다. 그리고 비록 시를 읽고 그 감흥을 상상으로 그린 것이지만, 그림 속의 주인공이 '상건'이라는 것이 명확하다. 그러므로 이 그림에 이름을 붙이자면 「상건간월도常建看月圖」 또는 「고사간월도高士看月圖」라 할 수 있다.

節齋深處居溪寒蕭
瑟金風白玉灣畫日待君
君不到碧雲銜照帶
展頻

敬伯

초가 깊은 곳 시냇물 차갑고   茆齋深處石溪寒

쌀쌀한 가을바람 백옥 여울에 부네   蕭瑟金風白玉灣

종일 그대 기다리나 그대 오지 않고   盡日待君君不到

푸른 구름 이내 산봉우리에 걸려 있네 碧雲衝照帶屛顏

경백敬伯이 글씨를 쓰다.

해설

　이황李滉의 시를 윤덕희尹德熙(1685~1776)가 종이에 옮겨 쓴 것이다. 그림은 윤덕희가 그 시의 정경을 그린 것으로 추측된다. 그림의 크기는 28.0cm × 20.4cm이다. 그림 오른쪽 아래에 "윤덕희인尹德熙印"이라 새겨진 인장이 찍혀있다.

　옮겨 쓴 시는 『퇴계선생문집외집退溪先生文集外集』 권1에 「계재溪齋에서 정자중鄭子中(정유일鄭惟一)에게 부치다[溪齋寄鄭子中]」란 제목으로 실려 있다.

　윤덕희의 자는 경백敬伯, 호는 백련白蓮 · 낙서駱西 · 연옹蓮翁 · 연포蓮圃, 본관은 해남이다. 윤선도尹善道의 현손이며 윤두서尹斗緖의 맏아들이다. 초년에 서울 회동會洞에 살며 이저李渚에게 학문을 배웠고, 중년에 해남의 백련동에 살면서 가전유물을 정리하고 서화를 수련하였다. 1748년에 삼성진전三聖眞殿 모사중수도감摸寫重修都監에 감동관監董官으로 참여하였다. 그 공으로 정릉 현감을 지냈다. 만년에 해남으로 낙향하였으나 한쪽 눈을 실명하여 작품 활동에 주력하지 못했고 시를 쓰는 데 몰두하였다.

　아버지 윤두서의 영향으로 화업을 계승하였으며 아버지의 화풍을 전수하여 전통적이고 중국적인 소재의 도석인물道釋人物, 산수, 말 그림을 잘 그렸다. 당시 화단에 만연하였던 남종화풍南宗畵風을 비교적 깊이 수용한 면모를 지니고 있다. 현재 해남 연동 녹우당綠雨堂에 소장된 윤두서의 작품 『해남윤씨 가전고화첩』(보물 제481호)은 그가 정리해서 꾸며놓은 것이며, 윤두서의 행장 역시 그가 쓴 것이다.

　윤씨 종가에서 윤덕희의 문집이 발견되어 생애에 관해 상세히 알려지게 되었고, 82세라는 긴 생애 동안 활동하여 현재까지 많은 작품이 전해지고 있다. 「송하고사도松下高士圖」, 「마상부인도馬上婦人圖」, 「마도馬圖」, 「산수도첩山水圖帖」, 『연옹화첩蓮翁畵帖』(이상 국립중앙박물관 소장), 「월야송하관폭도月夜松下觀瀑圖」(개인 소장), 「송하인물도松下人物圖」(간송미술관 소장) 등이 있다.

　이 그림은 산수를 배경으로 하고 빈 초가와 다리가 그려져 있다. 굳건한 바위 위에 자라는 나무와 절벽의 대나무는 험한 시대적 환경에 아랑곳하지 않는 군자를 상징한다. 그림 전체는 속세를 벗어난 선경을 나타내었다.

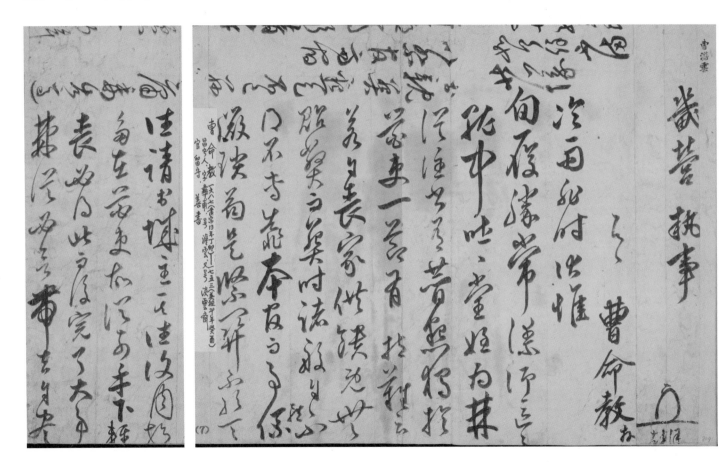

畿營執事

(수결)謹封

冷雨非時, 伏惟旬履勝常, 溸仰區區. 就中, 昨日堂姪爲棘從, 注書有蒙點, 獨於營吏, 一節有持難云. 若自喪家供饋, 旣無貽弊, 而葬時諸般, 自不得不專靠本官, 而事雖係微瑣. 苟是緊關, 不敢一一往請於城主, 其往復周旋, 多在營吏. 故從前手下, 輕喪必得此而後, 完了大事, 棘從必欲帶去, 自盡於親葬, 懇乞不已. 玆庸委告, 適以祭官齋宿□□□□□□□□□□□□□□如何. 餘不備. 狀儀.

卽日, 曹命敎拜.

[피봉]
경기 감영의 집사께
(수결) 삼가 봉함

　찬비가 때 아니게 흩날리는 때 순선旬宣하시는 중의 건강이 좋으시다니, 그리운 마음 구구합니다. 드릴 말씀은 어제 당질이 극종을 위해 주서의 낙점을 받았지만 유독 영리에 대해서는 일체 안 된다고 하였습니다. 만약 상가에서 음식을 제공한다면 이미 폐를 끼치지는 않을 것이고, 장례 때 제반 사항은 오로지 저에게 의지할 수 밖에 없습니다. 일은 적지만 진실로 긴밀한 것이어서 감히 성주에게 일일이 청할 수도 없고, 왕복하고 주선하는 많은 것이 영리에게 달려 있습니다. 그런 까닭에 종전 수하의 경상輕喪[02]에도 반드시 이것을 얻은 이후에 대사를 마무리 하였습니다. 극종은 꼭 따라 가서 친상을 다하고 싶다고 간절히 청하기를 그치지 않았습니다. 이 때문에 고하였는데 마침 제관들이 재숙[03]하고 (원문 판독불가) 어떠합니까. 나머지는 편지의 예를 갖추지 못합니다.

　편지 받은 날
　조명교曹命敎 올림

---

02 경상(輕喪) : 석 달 동안 복(服)을 입는 상을 말한다.
03 재숙(齋宿) : 예전에 임금이 나라의 제사를 지낼 때, 전날 밤에 재궁(齋宮)에 묵으면서 재계(齋戒)하는 일을 이르던 말로 여기서는 제관들이 제사를 지내기 위해 재사에 모여 묵는 것을 말한다.

해설

이 편지는 조명교曹命教(1687~1753)가 경기도 관찰사에게 보낸 편지이다. 내용은 장례에 관한 예법을 상의하는 것이다. 조명교의 자는 이보彝甫, 호는 담운澹雲이며, 본관은 창녕이다. 그는 1721년 검열에 재직중 신임사화로 파직당하였다. 영조 즉위 이후 그는 1735년 대사성을 거쳐 이듬해 대사간·이조 참의를 지냈다. 덕행과 학문으로 선비의 추앙을 받았으며, 글씨에도 뛰어나「능가사사적비楞伽寺事蹟碑」,「영의정최규서표領議政崔奎瑞表」,「공조참판조문수비工曹參判曹文秀碑」등 많은 비문을 남겼다고 한다.

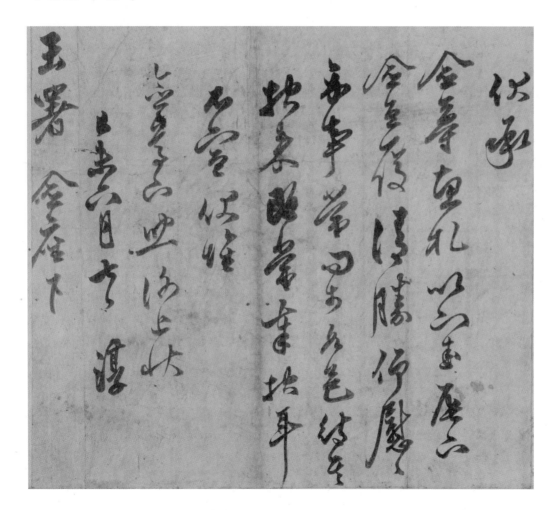

[피봉]

玉署, 僉座下.

伏承僉尊惠札, 以審辰下, 僉道履淸勝, 仰慰仰慰. 示事, 常問於各邑, 待其報來, 卽常奉報耳. 不宣. 伏惟, 僉尊下照. 謝上狀.
己未六月七日. 淳.

[피봉]
한림원의 여러분께

　삼가 여러분이 보내 준 편지를 받고 이때에 학문하는 근황이 맑고 훌륭하다는 것을 알았으니, 우러러 위로되고 위로됩니다. 말씀하신 일은 늘 각 고을에 문의하고 보고가 오면 곧장 보고를 하였을 따름입니다. 갖추지 못합니다. 삼가 첨존께서 살펴 주시기 바랍니다. 삼가 답장을 올립니다.

기미년(1737) 6월 7일
　윤순

해설

　윤순尹淳(1680~1741)이 한림원 관리에게 보내는 답장이다. 윤순의 자는 중화仲和, 호는 백하白下·학음鶴陰. 본관은 해평海平이다. 임진왜란 때의 명신 윤두수尹斗壽의 5대 손으로, 지평 윤세희尹世喜의 아들이며 윤유尹游의 아우이다. 조선시대 양명학의 태두인 정제두鄭齊斗의 문인이며 정제두의 아우 정제태鄭齊泰의 사위이다.

修既治滁之明年夏始飲滁水而甘問諸滁人得於州南百步之近其上則豐山聳然而特立下則幽谷窈然而深藏中有清泉滃然而仰出俯仰左右顧而樂之於是疏泉鑿石闢地以為亭而與滁人往遊其間滁於五代干戈之際用武之地也昔太祖皇帝嘗以周師破李景兵十五萬於清流山下生擒其將皇甫暉姚鳳於滁東門之外遂以平滁修嘗考其山川按其圖記升高以望清流之關欲求暉鳳就擒之所而故老皆無在者蓋天下之平久矣自唐失其政海內分裂豪傑並起而爭所在為敵國者何可勝數及宋受天命聖人出而四海一向之憑恃險阻剗削消磨百年之間漠然徒見山高而水清欲問其事而遺老盡矣

今滁介江淮之間舟車商賈四方賓客之所不至民生不見外事而安於畎畝衣食以樂生送死而孰知上之功德休養生息涵煦百年之深也修之來此樂其地僻而事簡又愛其俗之安閑既得斯泉於山谷之間乃日與滁人仰而望山俯而聽泉掇幽芳而蔭喬木風霜冰雪刻露清秀四時之景無不可愛又幸其民樂其歲物之豐成而喜與予遊也因為本其山川道其風俗之美使民知所以安此豐年之樂者幸生無事之時也夫宣上恩德以與民共樂刺史之事也遂書以名其亭焉

庚子抄夏書歐陽永叔豐樂亭記

修既治滁之明年夏, 始飲滁水而甘之. 問諸滁人, 得於州南百步之近. 其上豐山, 聳然而特立, 下則幽谷, 窈然而深藏, 中有清泉, 滃然而仰出, 俯仰左右, 顧而樂之. 於是疏泉鑿石, 闢地以爲亭, 而與滁人往遊其間.

滁於五代干戈之際, 用武之地也. 昔太祖皇帝, 嘗以周師破李景兵十五萬於清流山下, 生擒其將皇甫暉・姚鳳於滁東門之外, 遂以平滁. 修嘗攷其山川, 按其圖記, 升高以望清流之關, 欲求暉鳳就擒之所. 而古老皆無在者, 蓋天下之平久矣. 自唐失其政, 海內分裂, 豪傑並起而爭, 所在爲敵國者, 何可勝數! 及宋受天命, 聖人出而四海壹, 向之憑恃險阻, 剗削消磨, 百年之間, 漠然徒見山高而水清. 欲問其事, 而遺老盡矣. 今滁介於江淮之間, 舟車商賈四方賓客之所不至. 民生不見外事, 而安於畎畝衣食, 以樂生送死, 而孰知上之功德, 休養生息, 涵煦百年之深也?

修之來此, 樂其地僻而事簡, 又愛其俗之安閒. 既得斯泉于山谷之間, 乃日與滁人, 仰而望山, 俯而聽泉, 掇幽芳而蔭喬木, 風霜冰雪, 刻露清秀, 四時之景, 無不可愛. 又幸其民樂其歲物之豐成, 喜與予遊也. 因爲本其山川, 道其風俗之美, 使民知所以安此豐年之樂者, 幸生無事之時也. 夫宣上恩德, 以與民共樂, 刺史之事也. 遂書以名其亭焉.

庚子抄夏, 書歐陽永叔豐樂亭記.

나 구양수歐陽修[04]가 저주滁州를 다스린 지 이듬해[05] 여름에 저주 샘물을 처음 마시게 되었는데 그 물이 달았다. 저주의 사람들에게 물으니 저주성 남쪽 100보 거리쯤에서 물을 받았다고 하였다. 그 위쪽으로는 풍산豐山이 우뚝하니 돌출되어 있었고, 아래에는 깊은 골짜기가 그윽하게 감추어져 있었으며, 그 중간에 맑은 샘물이 솟구쳐 위로 올라왔는데, 위아래와 좌우의 풍광을 살펴보고는 이곳을 좋아하게 되었다. 이에 샘물을 틔우고 바위를 뚫으며 땅을 고르게 하여 정자를 짓고, 저주 사람들과 그곳을 오가며 노닐었다.

저주는 전란이 흉흉하던 오대五代 시기[06]에 전쟁터 중 하나였다. 옛날 태조 황제가 일찍이 후주後周의 군대를 이끌어 이경李

---

04 구양수(歐陽修, 1007~1072): 자는 영숙(永叔), 호는 취옹(醉翁)・육일거사(六一居士)이다. 한유(韓愈)의 글에 큰 영향을 받았으며, 문장으로 문명을 떨쳤다. 저서로는 『신오대사(新五代史)』・『신당서(新唐書)』・『모시본의(毛詩本義)』 등이 있다.

05 다스린 지 이듬해: 1046년을 가리킨다.

06 오대(五代) 시기: 포괄적으로는 오대십국 시대라고 하는데, 당나라가 멸망한 907년부터 송나라가 건립된 960년까지이다. 오대는 화북을 통치했던 5개 왕조를 뜻하는데, 후량(後梁)・후당(後唐)・후진(後晉)・후한(後漢)・후주(後周)를 가리킨다. 10국은 지방에 세워진 정권 혹은 국가이다.

景의 15만 군사를 청류산淸流山 아래에서 격파하였으며, 그 장수 황보휘皇甫暉와 요봉姚鳳을 저주 동문 바깥에서 생포하여 마침내 저주를 평정하였다. 나는 일찍이 저주의 산천을 고찰하고 이곳의 지도와 기록을 살펴보았고, 높은 곳에 올라 청류관淸流關을 바라보며 황보휘와 요봉이 잡힌 곳을 찾아보려 하였다. 그러나 그 시대를 산 늙은이들은 모두 생존하지 않았으니, 대개 천하가 태평한 지 오래되었기 때문이다. 당나라의 정치가 혼란되면서부터 해내海內는 분열되었고 호걸들이 서로 일어나 천하를 쟁탈하니, 적국이 된 곳을 어찌 다 헤아릴 수 있겠는가! 이에 송나라가 천명을 받아 성왕聖王이 나타나 사해四海를 통일하니, 이전에 지형의 험준함을 믿고 할거하던 것이 모두 사라져 소멸되고, 백 년 사이에 막연하게 다만 높은 산과 맑은 물만 보였다. 그 일을 묻고자 하나 남은 노인들은 이미 세상을 떴다. 지금 저주는 장강長江과 회수淮水 사이에 있고, 배와 수레를 탄 상인들과 사방의 빈객들이 오지 않는 곳이다. 저 백성들은 또한 바깥의 일을 보지 않고 편안하게 농사지어 입고 먹으며 즐겁게 살다가 죽으니, 누가 성상께서 백년토록 백성들을 기르고 목숨을 이어나가게 하며 윤택하게 돌본 깊은 은덕을 알겠는가?

나는 이곳에 와 이 땅이 후미지며 정사가 간략한 것을 좋아하였고, 또 그 풍속이 편안하고 한가한 것을 사랑하였다. 이미 산골짜기 사이에서 이 샘을 찾아내고 저주 사람들과 어울려 고개들어 산을 쳐다보고 구부려 샘물 소리를 들으며, 봄에는 그윽한 꽃향기에 취하고, 여름에는 커다란 나무 그늘 아래 시원한 바람을 쐬고, 바람 일고 서리 내리며 얼음 얼고 눈 내리는 시기 맑고 수려한 모습을 분명히 드러내니 사시의 풍경이 사랑스럽지 않음이 없었다. 또 다행히 이곳 백성들은 농사가 잘 되어 풍성한 것을 즐거워하고 나와 노니는 것을 좋아하였다. 이에 그 산천에 근거하여 풍속의 아름다움을 서술하고 백성들로 하여금 이 풍년의 즐거움에 편안하게 되는 것이 다행히 태평의 시대에 태어나 그러한 것임을 알게 하였다. 무릇 성상의 은덕을 펼쳐 백성들과 함께 즐거워하는 것이 자사刺史의 일이다. 마침내 이 글을 지어 그 정자를 이름한다.

경자년(1720) 초하抄夏(6월)에
구양영숙歐陽永叔의 「풍락정기」를 쓰다.

해설

이 글은 구양수歐陽修의 「풍락정기」 전체를 백하 윤순(1680~1741)이 쓴 것이다. 17세기에서 18세기로 넘어가는 시기 서예에는 이른바 동국진체東國眞體라는 개념이 등장한다. 동국진체는 옥동 이서에게서 시작하여 백하 윤순, 그리고 원교 이광사로 이어지면서 완성되는 우리나라만의 글씨체이다. 윤순에게 옥동 이서는 스승이고, 이광사는 제자이다. 이들 그룹은 조선 초기 송설체를 쓴 것에서부터 이후 왕희지체를 근간으로 하여 서체를 완성한 석봉체가 등장하였고, 그리고 이전의 서체를 발전적으로 계승하여 우리만의 독특한 서체를 만들어 내었다. 그리하여 학계 일각에서는 윤순의 서체를 변증법적 서체라고도 규정한다. 윤순의 서체는 당시 매우 크게 유행하였다. 일반적으로 한호의 글씨를 석봉체라 하며, 이서의 글씨를 옥동체라 한다. 그의 제자인 원교 이광사의 글씨체도 원교체라 부른다. 그러나 윤순의 서체에 대해서는 당시 '시체時體'라는 말을 붙였다.

이 '시時' 자가 가지는 의미는 상당히 크다. 우선 '시'는 당시 우리 상황에 꼭 들어맞는 글씨체라는 것이다. 이는 조선 서예사의 흐름에서 백하 윤순이 중요한 위치를 가진다는 의미이다.

윤순 글씨의 기본 이념은 창경발속蒼勁拔俗이다. 창경蒼勁이란 생동감이 있게 활발하며 힘이 넘친다는 뜻이고 발속拔俗이란 시속時俗에서 우뚝하다는 뜻이다. 이 글씨가 비록 반행초이기는 하지만 필획의 일부를 줄여 이어가면서 물이 활기차게 흐르듯 글씨가 내려 간다. 이 글씨와 국립중앙박물관에 소장된 보물 1676호 「윤순 필적 고시서축尹淳 筆蹟 古詩書軸」을 함께 보면 감상하는 데 도움이 될 것이다.

8. 이의병의 글씨

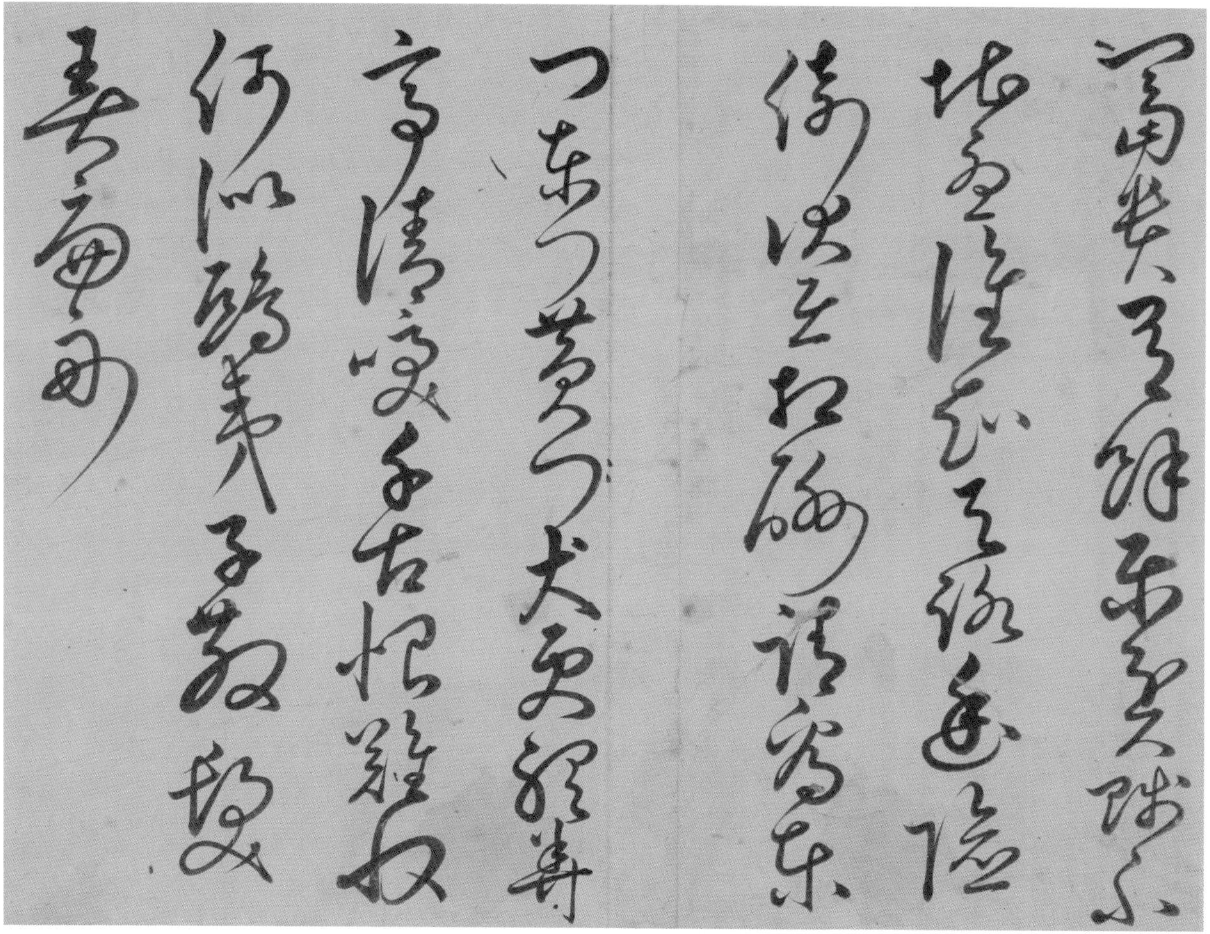

부귀는 넘치는 즐거움이 있지만	富貴有餘樂
빈천은 근심을 견딜 수 없네	貧賤不堪憂
누가 알겠는가 인생 역정이 험난함을	誰知天路幽險
화복이 서로 기인한다네	倚伏互相酬
동문의 누런 개[07]를 보고	請看東門黃犬
또한 화정의 학 울음소리[08]를 들어 보라	更聽華亭淸唳
천고의 한을 거두기 어렵네	千古恨難收
어떻게 하면 치이자[09]처럼	何似鴟夷子
산발하고 조각배를 저을까	散髮弄扁舟

해설

이의병李宜炳(1683~?)이 중국 송나라 주희朱熹가 지은 가사歌詞를 옮겨 쓴 것이다. 가사는 『주자대전朱子大全』 권10 「악부樂府·수조가두水調歌頭」에 실려 있다. '수조가두'는 사패詞牌의 이름 가운데 한 가지다.

이의병의 자는 문중文仲, 호는 오정梧亭이며 본관은 용인이다. 평생토록 글씨에 매진했으며, 서체는 종요鍾繇와 왕희지王羲之를 본받았다.

---

07 동문(東門)의 누런 개 : 진(秦)나라 이사(李斯)가 무함을 받고 사형을 당하기 직전에 그의 아들을 돌아보며 "내가 너와 다시 누런 개를 끌고 함께 상채의 동문으로 나가 토끼를 사냥하고 싶으나 어떻게 할 수 있겠는가「吾欲與若, 復牽黃犬, 俱出上蔡東門, 逐狡兎, 豈可得乎!」라고 탄식했던 일을 말한다.(『史記』「李斯列傳」)

08 화정(華亭)의 학 울음소리 : 진(晉)나라 육기(陸機)가 참소를 받아 군중(軍中)에서 처형당할 때 "화정(華亭)의 학 울음소리를 어떻게 다시 들을 수가 있겠는가「華亭鶴唳, 豈可復聞乎!」라고 탄식했던 일을 말한다.(『晉書』「陸機列傳」)

09 치이자(鴟夷子) : 춘추 시대 월(越)나라의 대부 범려(范蠡)를 말한다. 범려는 월나라 왕 구천(句踐)을 도와 오나라를 멸망시키고 상장군이 되었지만 벼슬을 버리고 '치이자피(鴟夷子皮)'로 이름을 바꾼 후 조각배를 타고 강호에 가서 살았다.(『史記』「貨殖列傳」)

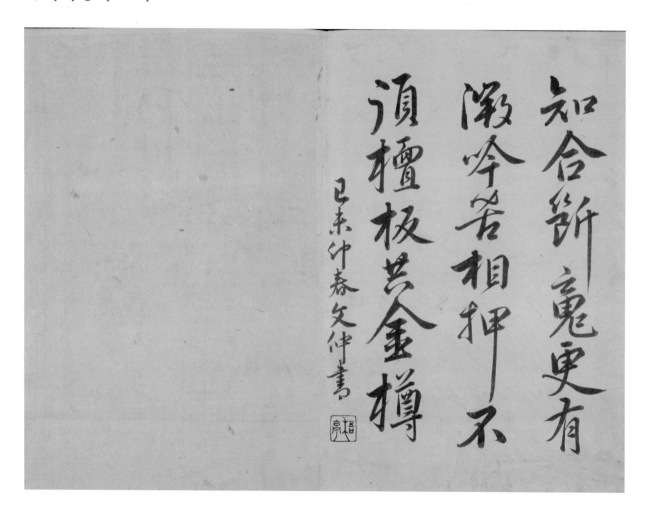

衆芳搖落獨鮮
妍占盡東風向小
園踈影橫斜水
清淺暗香浮動
月黃昏霜禽欲
下先偷眼粉蝶如

경기 감영 집사   수결 삼가 봉함

온갖 꽃들 떨어진 뒤 홀로 핀 매화	衆芳搖落獨鮮妍
동풍을 맞아 작은 정원 독차지하였네	占盡東風向小園
성긴 그림자 비스듬히 맑은 물에 드리우고	疎影橫斜水淸淺
그윽한 향기는 황혼 무렵에 떠돌네	暗香浮動月黃昏
흰 학들은 먼저 내려 앉으려고 훔쳐보다가	霜禽欲下先偸眼
호랑나비가 혼이 빠져 앉아 있는 줄 알겠네	粉蝶如知合斷魂
다시 시를 읊조리며 서로 친할 수 있으니	更有微吟苦相押
악기 두드리며 술잔 나눌 필요는 없으리	不須檀板共金樽

기미년(1739) 중춘仲春(2월)
문중文仲이 쓰다. (낙관)

282

해설

이 시는 북송 임포林逋(967~1027)의 「산원소매山園小梅」를 이의병이 쓴 것이다. 임포는 북송의 시인으로 자는 군부軍復이며, 인종이 내린 시호 임화정林和靖으로 불리웠다. 항주 사람으로 일생 독신으로 서호의 고산에 은거하며 매화 300그루를 심고 학 두 마리를 기르며 20년간 성 안에 들어오지 않고 풍류 생활을 하였다고 한다.

이의병(1683~?)의 자는 문중文仲이고, 호는 오정梧亭 또는 설천雪川이라고 한다. 행서·해서·초서·예서 등의 서체에 능했다. 본문 둘째 귀절 동풍東風은 원문에는 풍정風情으로 되어있고 일곱째 구절 갱更은 행幸으로 되어있다. 마지막에 글쓴이의 호 '오정梧亭'이라 새겨진 인장이 찍혀 있다.

 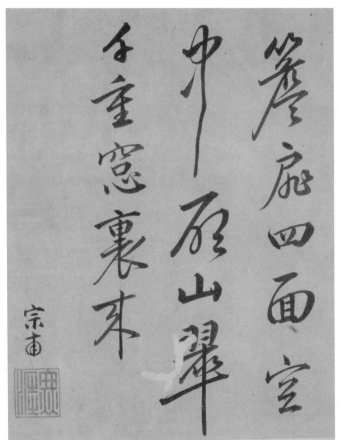

처마와 사립문은 사면으로 공중에 열려 있고　　　　　　　簾扉四面空中啓

천 겹의 푸른 산은 창문 속으로 비쳐오네　　　　　　　　山翠千重窓裏來

종보宗甫 (인장)

(그림 부분)

倣米元章筆意

미원장米元章[10] 화필畫筆의 뜻을 모방하였다. (인장)

해설

이 글은 조영석趙榮祏(1686~1761)이 명나라 서위徐渭(1521~1593)의 칠언율시「사산루시四山樓詩」[11] 가운데 3~4구를 쓴 것이다. 산수화는 미원장米元章(미불米芾) 화필畫筆의 뜻을 모방하여 창작하였다. 우측에 기록된 것은 산수화의 화제畫題이다.

조영석의 자는 종보宗甫, 호는 관아재觀我齋, 또는 석계산인石溪山人, 본관은 함안咸安이다.

---

10 미원장(米元章) : 송나라 서화가 미불(米芾, 1051~1107)의 자이다. 송나라 오(吳) 땅 사람으로 이름은 불(芾), 호는 해악외사(海嶽外史), 원장(元章)은 그의 자이다. 일찍이
　 옹구지현(雍丘知縣) 등 여러 관직을 거쳐 예부 원외랑(禮部員外郞)에 이르렀다. 서화(書畫)에 모두 뛰어났는데, 특히 명필(名筆)로 유명하다.

11 徐渭,『徐文長逸稿』卷四,「七言律詩·四山樓詩」, "深巷雙門夾道隈, 烟雲斜日倚樓臺, 簾扉四面空中啟, 山翠千重囪裏來, 小座客臨看易滿, 匝簾鳥下遶能回, 鄰言月夜宜淸嘯,
　 秋半應知上幾回."

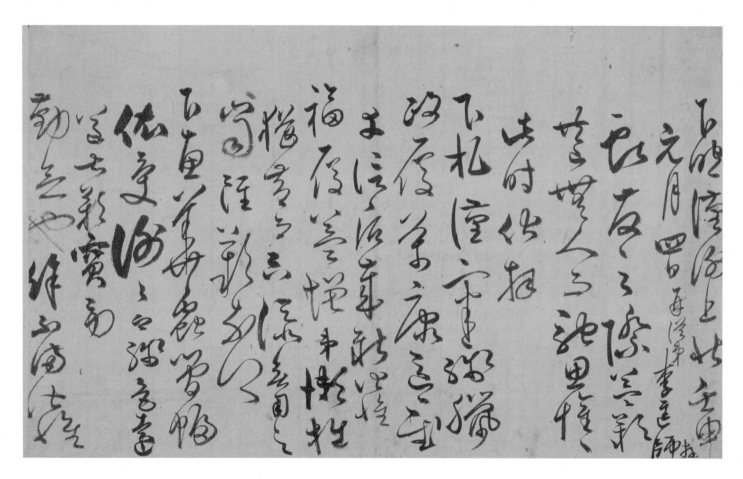

獻發之際, 益歎共己無人, 而馳思憧憧. 此時伏拜下札, 謹審殘臘, 政履萬康, 區區慰幸. 信后歲新, 伏惟福履益增. 弟懶拙猶昔, 而只添無用之齒, 雖歎奈何. 下惠華蟲簡幅, 依受謝謝. 而殘邑遠道, 甚歎實勞勤念也. 餘不備. 伏惟下照. 謹謝上狀.

壬申元月四日, 再從弟李匡師拜.

해가 바뀌어 봄이 올 즈음에 나와 함께할 사람이 없어 더욱 한탄하면서 생각이 치달아 그립고 그립습니다. 이때에 보내 주신 편지를 받고서 마지막 12월에 벼슬하는 체후가 두루 평안하심을 살피고 위안되고 다행함을 이루 말할 수 없습니다. 편지를 받은 후 해가 바뀌어 삼가 더욱 많은 복을 받으시리라 생각합니다. 저는 예전처럼 게을러서 다만 쓸데없이 나이만 더해지니 비록 한탄한들 무엇하겠습니까. 내려 주신 꿩과 편지지는 주신 대로 받았으니 감사하고, 감사합니다. 그러나 제가 살고 있는 고을은 길이 멀어서 군색한데 수고롭게 마음 쓰시도록 한 것이 매우 한탄스럽습니다. 나머지는 갖추지 못합니다. 삼가 살펴 주십시오. 답장의 편지를 올립니다.

임신년(1752) 1월 4일
재종제 이광사李匡師 올림

해설

　이 편지는 이광사李匡師(1705~1777)가 어떤 고을의 수령을 맡고 있는 자신의 6촌 형에게 부친 것이다. 1751년 12월에 친척 형으로부터 편지를 받고 설날이 지난 1572년 1월 4일 답장을 한 것이다. 이는 일상의 문안 편지이다.

　이광사의 자는 도보道甫, 호는 원교圓嶠, 본관은 전주이다. 알려진 대로 조선 후기의 뛰어난 서예가로 그의 글씨를 '원교체'라 일컫는다. 이광사의 집안은 소론이었는데, 소론이 실각하면서 그의 집안도 함께 쇠락하였으며, 정제두의 영향을 받아 가학으로 양명학을 계승했다. 이광사의 아버지 이진검李眞儉(1671~1727)은 백하 윤순과 친구였다. 이러한 영향으로 그는 윤순에게 글씨를 배우게 된다.

　이광사는 윤순을 조선 필법의 최고로 추앙하였다. 따라서 윤순의 글씨를 계승하였으며, 이와 함께 왕희지王羲之의 서법을 비롯한 위진魏晉의 고법古法을 연마하였다. 이광사는 탁본된 비첩碑帖 등을 공부하며 위진 시기 글씨를 공부하였다. 그러나 그는 왕희지와 위진의 서법을 그대로 본뜬 것이 아니라, 이를 스승으로부터 이어받은 글씨와 융합하며 적극적으로 서법을 열어내었다. 이에 그의 글씨에는 왕희지체의 바탕이 묻어난다. 위의 글씨는 기본적으로 왕희지체라 간주할 수 있다. 글씨가 투박하면서도 초서의 전형적인 형식이 있다. 그러면서도 각 글씨의 크고 작음이 변화하며 이어지고 있다. 이는 조맹부체趙孟頫體와 확연한 차이를 보인다. 일반적으로 조맹부체는 화려하면서도 세련되었다고 평가를 받는데, 조맹부체와는 다르다. 그러면서도 그는 조선만의 글씨를 이루려 글을 연마하였는데, 이는 전서와 예서를 완성하려는 그의 노력으로 드러난다. 그는 40대부터 문명을 떨치기 시작하였지만, 1755년 그의 나이 51세에 벌어진 나주괘서사건羅州掛書事件으로 귀양을 갔고, 결국 전남의 신지도에서 삶을 마감하였다. 그러나 그의 귀양 시기 문집 『두남집斗南集』과 서예이론서인 「서결書訣」을 완성하였다.

牛夜下程
新塘步歸

睡恍似金
濁酒頹然

階平一盃
家潦水與

點不明還
樺炬如樣

| 4 | | 3 | | 2 | | 1 |

점점이 늘어선 자작나무 횃불 깜빡이는데   樺炬如椽點不明

집으로 돌아오니 홍수가 섬돌까지 넘쳤네   還家潦水與階平

한 잔 탁주에 쓰러져 잠이 드니   一盃濁酒頹然睡

흡사 금우협[12]을 밤에 내려온 듯하네   恍似金牛夜下程

신당으로 걸어서 돌아오다.[新塘步歸] (인장)

해설

이광사李匡師(1705~1777)가 송나라 육유陸游의 시를 옮겨 쓴 것이다. 시 제목은 「우중에 항리를 출발하여 밤에 신당에 도착했는데 배를 버리고 걸어서 돌아오다[雨中自項裏夜至新塘舍舟步歸]」이며, 전체 2수 중 첫 번째 시이다. 끝에 "도보道甫"라 새긴 인장이 찍혀 있다. "도보"는 이광사의 자字이다.

---

12 금우협(金牛峽) : 사천성(四川省)과 섬서성(陝西省) 사이에 있는 골짜기 길을 말한다. 벼랑으로 잔도가 나 있으며 몹시 험하다.

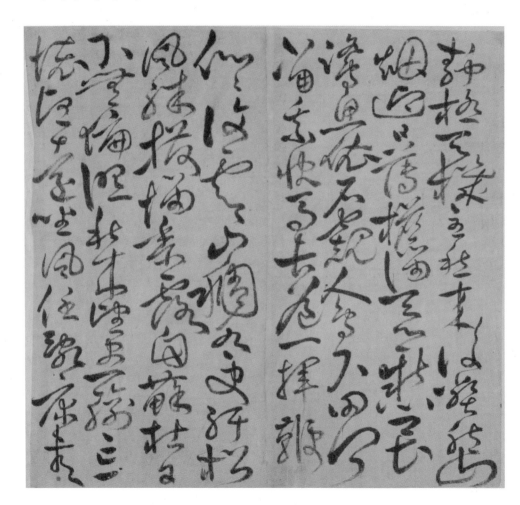

극도로 조용하여 천기[13]가 온전한데 靜極天機全

근심이 밀려오니 다시 흐트러지네 愁來復弊然

산안개 해를 맞아 엷어지고 山烟迎日薄

처마 낙숫물은 마음 담아 매달렸네 檐溜與心懸

물고기 해오라기 두려워 돌에 숨고 畏鷺魚依石

사람 살피며 밭으로 내려앉네 窺人鳥下田

어찌하면 빠른 말 타고 何庸乘快馬

먼 길 채찍 휘두를까 長道一揮鞭

비슷한 모양의 구름과 구름들 似似復雲雲

마른 산에 물이 다시 감아 도네 山涸水更紆

솔바람은 시원히 번뇌를 날리고 松風殊撥惱

창밖의 이슬은 매마른 것을 깨우네 黍露窓蘇枯

햇살 비추지 않는 곳 없는데 日下無偏照

가을 수확 거두지 못할까 근심스럽네 秋來望患輪

무심히 우두커니 멀리서 앉았노라니 忘懷堅遠坐

바람이 마구 불어 책상의 책을 어지럽히네 風任亂床書

---

13 천기(天機) : 사람의 본성을 말한다.

해설

첫 번째 시는 이광사李匡師(1705~1777)의 시 일부이다. 『원교집선圓嶠集選』 권2에 「잡영襍詠」이란 제목으로 실려 있다. 전체 시는 5언 율시 11수인데 그 중 제 6수이다. 마지막 글자("鞭") 아래에 인장이 찍혀 있으나 글자를 전혀 알아볼 수 없다.

두 번째 시는 문집에 전하지 않는 시이다. 두 시는 같은 천에 쓴 것으로 보이므로 한 때에 작성된 것으로 추측된다.

坐来移竹樾蘊籍
俯平疇詩境逢韻
僧閒機對鴈菴
戲喧好炙蘸損雪
無雷是非何得到
耕牧與從遊頓

대나무 그늘 아래로 옮겨 앉아	坐來移竹槭
온화한 마음으로 평야를 굽어보네	蘊藉俯平疇
그림같은 곳에서 스님 시를 얻었고	詩境逢韻僧
한가로이 둥지로 날아드는 기러기를 보네	閒機對鴈投
처마가 무너지니 따뜻한 햇빛 쬐기 좋고	簷虧暄好炙
울타리 기울어지니 눈은 머물지 못하네	蘺頓雪無留
세속의 시비가 어찌 오겠나	是非何得到
밭 갈고 소 치는 이와 함께 노니리	耕牧與從遊

(인장)

해설

이 시는 이광사(1705~1777)의 작품으로, 『원교집』에는 들어 있지 않은 오언율시이다. 아래에 인장 두 글자가 있는데, 희미하여 알아볼 수 없다. 마지막의 '돈頓' 자는 '손損' 자와 바꾸라는 뜻이며, 그 이외에 글자 교환 표시가 두 군데 있다. 천 조각 두 장을 이어 붙여 쓴 것이다. 예서로 쓴 글자가 매우 고르고 대우가 맞아 하나의 시로 보이지만, 앞의 네 구와 뒤의 네 구는 운자韻字의 차이가 있다.

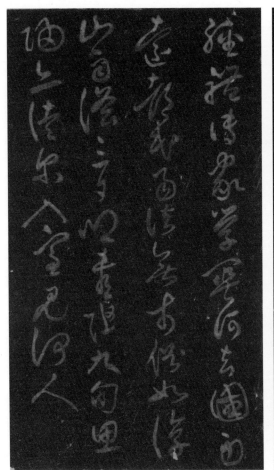

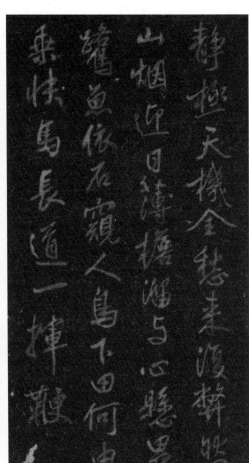

극도로 조용하여 천기가 온전한데 　　　靜極天機全

근심이 밀려오니 다시 흐트러지네 　　　愁來復弊然

산안개 해를 맞아 엷어지고 　　　　　山烟迎日薄

처마 낙숫물은 마음 담아 매달렸네 　　檐溜與心懸

물고기 해오라기 두려워 돌에 숨고 　　畏鷺魚依石

사람 살피며 밭으로 내려앉네 　　　　窺人鳥下田

어찌하면 빠른 말 타고 　　　　　　何庸乘快馬

먼 길 채찍 휘두를까 　　　　　　　長道一揮鞭

경전 공부를 가학으로 전수 받고 　　　經禮傳家學

도성을 떠나 관하로 떠나는 몸이네 　　關河去國身

도성이 멀어서 백성은 쉽게 교화되고 　遠都民易法

시장이 없으니 풍속 또한 순박하네 　　無市俗如淳

산림의 장맛비는 삼 일 동안 내리고 　　山雨淫三日

고향의 서신은 석 달 동안 막혀 있네 　　鄕書阻九旬

돌아가는 생각 역시 부질없는 일이니 　思歸亦徒爾

고향 집에 간들 어떤 사람 보겠는가 　入室見何人

해설

이광사李匡師(1705~1777)가 지은 장편시 「잡영襍詠」의 일부이다. 이 시는『원교집선圓嶠集選』권2에 수록된 여러 편의 잡영 가운데 오언율시 2수이다. 현재 사진의 글자체는 다르지만 같은 제목 아래에 있는 연작시이다.

邊有飛旋孤舟增
蟹々僻路殊惝々
側驚猿猱捷仰羨
鸛鶴矯禮過牢肥

|3|

愁當置清醨人非
西喩蜀興在北坑
趙方行郴岸靜未
話長沙擾崔師乞

|4|

耒陽馳尺素見訪
荒江眇義士烈女
家風流吾賢紹昨
見狄相孫許公人

| 1 |

倫表前朝翰林後
屈跡縣邑小知我
碍湍濤半句獲浩
濂麼下殺元戎湖

| 2 |

蓬蒿翳羽環堵清
詩近道要識字
用心苦尋我草連
徵寒裳踏寒雨

| 7 |

更議居遠村避
喧甘猛庸乏明
箕頴客榮貴必
糞土

| 8 |

己至澧卒用矜少

問眾消息真開顏

憩亭沼　羊

陳留風俗衰人物

| 5 |

世不數塞上得阮

生迴緒先父祖貧

知靜者性自益毛

髮古車馬入鄰家

| 6 |

뇌양의 섭 현령이 편지를 보내와	耒陽馳尺素
큰 강물 아득한 곳으로 사람을 보냈네	見訪荒江眇
그대는 의사와 열녀의 가문[14]으로	義士烈女家
나의 어진 벗 그대가 유풍을 계승했네	風流吾賢紹
어제 적상공[15]의 손자를 만났는데	昨見狄相孫
공을 인륜의 모범이라 칭찬하였네	許公人倫表
전대 조정의 한림학사 후예로서	前朝翰林後
작은 고을의 지방관으로 몸을 굽혔네	屈跡縣邑小
그대는 내가 급류와 파도에 막혀서	知我碍湍濤
닷세 동안 가없는 물위에 떠있음을 알았네	半旬獲浩溔
휘하의 부하가 장군을 죽이고는	麾下殺元戎
호숫가에서 명정의 깃발이 날렸네[16]	湖邊有飛旐
외로운 배에서는 답답함이 더해 가고	孤舟增鬱鬱
험난한 길에서는 초조함이 더욱 깊네	僻路殊悄悄
길가의 원숭이들 놀라 나무 타고	側驚猿猱捷
황새 높이 떠 날아감을 처다보고 부러워했네	仰羨鸛鶴矯
음식 예물은 주방의 살찐 양보다 풍성하였고	禮過宰肥羊

---

14 그대는……가문으로 : 전국 시대의 섭정(聶政)과 그의 누이 섭영聶榮-木의 자리에 女쑛가 들어감을 가리킨다. 섭정이 엄중자(嚴仲子)를 위해 한나라 재상 협루(俠累)를 살해한 후 자살하고, 그 시체가 시장에 버려지자 그의 누이가 찾아와 그 시체를 확인하고 자살하였다는 고사가 전해진다.

15 적상공(狄相公) : 적인걸(狄仁傑, 630~700)을 가리킨다. 무측천이 다스릴 때의 명재상이다.

16 휘하의……날렸네 : 휘하는 당시 난을 일으킨 장개(臧玠)를 가리킨다. 그의 상관이자 장수였던 최관(崔瓘)이 부하인 장개에게 피살을 당하였다. 두보는 장례를 치를 때 사용하는 깃발이 호숫가의 바람에 휘날리는 것을 직접 본 사실을 말한다.

시름에 젖으니 맑은 술로 마음을 풀어 주네 　　　　　　　　愁當置淸醑

사람이 서쪽으로 들어가 촉을 회유하지 못해도 　　　　　　人非西喻蜀

북쪽 조나라 병사를 구덩이에 넣을 생각이네[17] 　　　　　興在北坑趙

비로소 침 땅의 언덕 고요한 곳에 왔건만 　　　　　　　　方行郴岸靜

장사 땅의 소란스러움[18] 논의하지 못했네 　　　　　　　未話長沙擾

최 장군이 청한 군사가 이미 와 있지만 　　　　　　　　　崔師乞已至

예 땅의 병졸이 적은 것이 안타깝네[19] 　　　　　　　　澧卒用矜少

반군의 죄를 물었단 소식 정말이니 　　　　　　　　　　問罪消息眞

얼굴 펴고 연못의 정자[20]에서 쉬려네 　　　　　　　　開顏憩亭沼

진류 지방[21] 풍속은 쇠퇴해져 　　　　　　　　　　　陳留風俗衰

---

17 사람이……생각이네 : 서쪽 촉의 땅 오랑캐가 사는 곳을 회유하려고 직접 가지는 못한다손 치더라도 혹 그곳에서 일어난 반군의 경우에는 모두 땅을 파 몰아 넣고 죽이고 싶다는 의미이다. 『한서(漢書)』에서는 "당몽이 야랑을 통해 파촉의 군사들을 징발하려 하면서 군대를 일으키는 군법으로 그 수령을 치단하려 하니 파촉의 사람들이 크게 놀 랐다. 임금이 상여를 시켜 격문을 써서 당몽을 견책하였는데, 이는 파촉 사람들을 회유하려 한 것이지 임금의 본의가 아니었다[唐蒙通夜郞, 徵發巴蜀吏卒, 因軍興法誅其渠 帥, 巴蜀大驚. 上使相如作檄以責唐蒙, 因喩巴蜀人, 非上本意也.]"라고 말하였고, 『사기(史記)』에서는 "진나라 백기가 조나라를 격파하고 항복한 군졸 40만을 묻었다[秦白起 破趙, 坑其降卒四十萬人]"라고 말하였는데, 여기에 근거하여 말한 것이다.

18 장사 땅의 소란스러움 : 장사에서 일어난 장개의 난을 가리키는 말이다.

19 최 장군……안타깝네 : 최 장군은 시어사(侍御史) 최이(崔漪)를 말한다. 이때 두보는 시어사 최이가 홍부(洪府)에 군사를 요청하였는데, 군사들이 이미 원주(袁州)에 도착해 있었다. 그런데 예 땅, 즉 예주(澧州)에서 군사를 보내기는 하였는데, 그곳 수령인 양자림(楊子琳)이 이미 반란의 수장인 장개에게 뇌물을 받아 보낸 군사의 수가 적었다고 한다.

20 연못의 정자 : 방전역(方田驛)을 가리킨다.

21 진류 지방 : 진류(陳留)는 오늘날의 하남성 개봉(開封)이다. 위진 시기로부터 이 지역에서 완씨 성을 가진 명인들이 많이 나왔다. '건안칠자(建安七子)' 가운데 한 사람인 완 우(阮瑀), 완우의 아들이자 죽림칠현의 한 사람인 완적(阮籍), 완적의 아들이 완혼(阮渾)과 조카 완함(阮咸), 완함의 아들 완첨(阮瞻) 등이 그들이다. 완생은 바로 그들의 후 예이다.

인물들을 세상에서 꼽을 수 없네	人物世不數
새상²²에서 완생²³을 만나 보니	塞上得阮生
오래 전 조상들을 계승하였네	迥繼先父祖
빈곤하나 고요한 본성을 알았고	貧知靜者性
스스로 머리카락에 고인 품격 더해지네	自益毛髮古
수레와 말이 이웃집에 들러도	車馬入鄰家
쑥대만의 집 주위 담을 둘렀네	蓬蒿翳環堵
맑은 시는 도의 요체에 가까우나	清詩近道要
글을 아는 사람은 마음만 괴롭네	識字用心苦
풀섶에 난 좁은 길로 나를 찾아오면서	尋我草徑微
아래 옷을 걷고서 찬비를 밟았네	褰裳踏寒雨
다시 먼 마을로 은거할 일 논하면서	更議居遠村
시끄러움 피한다면 맹호라도 감내하리	避喧甘猛虎
은둔하는 나그네라 분명히 밝혔으니	足明箕穎客
영화와 부귀는 썩은 흙과 같으리	榮貴如糞土

---

22 새상(塞上) : 진주(秦州)이다. 진주는 중국 고대의 주(州) 이름이다. 오늘날 중국 감숙성 천수(天水)이다.

23 완생 : 이름은 완방(阮昉)이다.

해설

이 시는 이광려李匡呂(1720~1783)가 두보杜甫의 시 두 편을 해서체와 행서체를 조금 섞어서 쓴 글이다. 첫 번째 시는 두보의 「섭 뇌양이 내가 강물에 막혀 있자 편지를 써서 보내고 아울러 술과 고기를 보내 내가 거친 강에서 요기하게 되었다. 시를 지어 감사의 회포를 대신하고 본래의 운자에 근거해 시흥을 다하여 현에 이르러 섭 현령을 만나 올리려 하였다. 뇌양은 육로로는 방전역까지 40 리이고 배로 가면 하루 거리이다. 이때 강물이 불어나 방전에 배를 대고 있었다[聶耒陽以僕阻水, 書致酒肉, 療饑荒江, 詩得代懷, 興盡本韻, 至縣呈聶令. 陸路去方田驛四十里, 舟行一日. 時屬江漲, 泊於方田.]라는 긴 제목의 시이다. 이때(770년 4월) 두보는 '장개臧玠의 난'을 피하여 형 양衡陽으로 가게 되었는데, 그 와중에 섭 현령으로부터 밥을 얻어 먹게 되어 제목대로 이 시를 그에게 바쳤다.

두 번째 시는 두보가 759년에 지은 「은거하는 완 씨에게 주다[貽阮隱居]」라는 시이다. '은거하는 완 씨'는 완적阮籍의 후손 완방阮昉 이며, 진류는 오늘날 하남의 개봉 지역이다. 이 시는 은거하는 완은사阮隱士의 높은 절개와 뛰어난 수양을 찬양한 것이다. 이 시는 한두 글자가 원본과 차이가 나지만, 이광려가 쓴 대로 번역하였다.

이광려의 자는 성재聖載, 호는 월암月巖·칠탄七灘, 본관은 전주이다. 그는 이광사와 마찬가지로 소론 집안 출신이며, 이광사는 그 의 삼종형이 된다. 그의 집안은 당시 '육진팔광六眞八匡'(이진검李眞儉, 이진망李眞望, 이진순李眞淳, 이진유李眞儒, 이진급李眞伋, 이진경 李眞卿, 이광덕李匡德, 이광사李匡師, 이광찬李匡贊, 이광의李匡誼, 이광회李匡會, 이광세李匡世, 이광보李匡輔, 이광현李匡顯)이라 불릴만큼 학자들과 문인이 많이 배출되었다. 이광려는 초년에 원교 이광사에게 배웠다. 이광사는 그에게 친척 형이자 스승이었다. 그러므로 그의 글씨에서 많은 부분 이광사를 따랐다. 그는 1741년 식년 진사시에서 장원을 차지할 정도로 학문이 뛰어났고, 또 능참봉의 벼 슬이 내려졌지만 벼슬은 사양하고 학문에 전념하였다. 그 역시 '나주괘서사건'으로 인해 이후에는 평생 포의布衣의 삶을 살아간다. 아울러 그는 불교와 도가에도 큰 관심을 가졌으며, 그의 고구마 재배는 유명한 일화로 남아 있다.

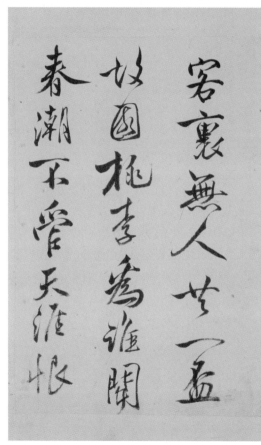

| 4 |

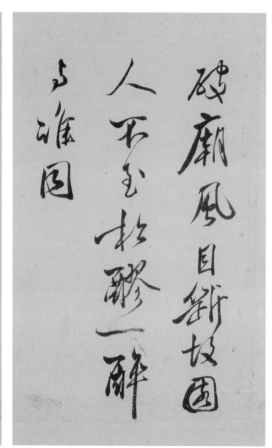

| 3 |

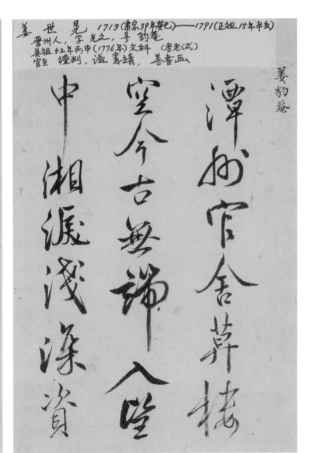

姜 世 晃 1713 (肅宗 39年癸巳) ── 1791 (正祖 15年辛亥)
晋州人, 字 光之, 号 豹菴
英祖 52年丙申 (1776年) 文科 (者老试)
官至 禮判, 諡 憲靖, 善書画

姜豹菴

潭州官舍葬梅

窒今古無端入望

中湘瀝淺深資

竹色棧歌重疊

怒蘭葉闘公戰艦

空灘雨霽傳水塵

|2|

|1|

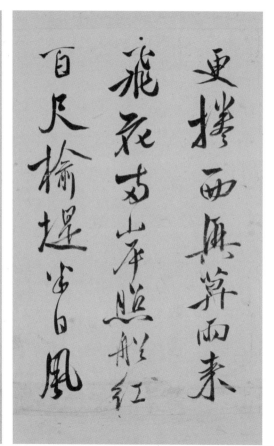

更攜西湖萬斗來

飛花南山岸照船紅

百尺榆堤半日風

臥看滿天雲不

動不知雲与我俱

東

담주²⁴의 관사 저녁 누각 비었는데	潭州官舍暮²⁵樓空
고금의 모습 갑작스레 시야에 들어오네	今古無端入望中
상강의 눈물 곳곳에 대나무 물들이고²⁶	湘淚淺深滋²⁷竹色
초나라 노래 거듭되며 난초 떨기 원망스럽네²⁸	楚歌重疊怨蘭叢
도공의 전함²⁹은 비오는 여울에 없고	陶公戰艦空灘雨
가태부 사당의 천화판³⁰은 바람에 깨어졌네	賈傅承塵破廟風
옛 뜨락 인적 없는 곳으로 눈길 끊어지는데	目斷故園人不至
솔술에 취하려 한들 누구와 함께하리오	松醪一醉與誰同
객로에 함께 한 잔 마실 사람 없는데	客裏無人共一盃
옛 뜨락의 도리는 누굴 위해 폈는가	故園桃李爲誰開

---

24 담주(潭州) : 당나라 호남관찰사(湖南觀察使)의 치소로 현재의 호남(湖南) 장사시(長沙市)이다.

25 暮 : 원문에는 '莫'으로 되어 있으나 전하는 시집의 기록에 따라 "暮"로 고쳤다.

26 상강(湘江)의…물들이고 : 순(舜)임금이 창오(蒼梧)에서 죽자 두 비(妃)인 아황(娥皇)과 여영(女英)이 통곡하여 흘린 눈물이 대나무를 얼룩지게 했다는 고사를 말한다.

27 滋 : 원문에 '資'로 되어 있으나 전하는 그의 시집의 기록에 따라 '滋'로 고쳐 번역하였다.

28 초나라…원망스럽네 : "초나라 노래"는 굴원(屈原)의 「이소(離騷)」를 말하며, "난초가 덤불이 됨"이라는 것은 「이소(離騷)」에서 영윤자란(令尹子蘭)의 상황을 빗대어 난초가 향기를 뿜지 않고 일반적인 풀이 되어 버린 상황을 노래한 것[蘭芷變而不芳兮, 荃蕙化而爲茅. 何昔日之芳草兮, 今直爲此蕭艾也.]을 말한다.

29 도공의 전함 : 도공(陶公)은 동진(東晉)의 도간(陶侃)을 말한다. 그의 묘가 상담(湘潭)에 있다. 도간이 강하태수(江夏太守)가 되어 운반선을 전함으로 만들어 반란을 일으킨 진회(陳恢)를 격파하였다.(『晉書』)

30 가태부(賈太傅)…천화판(天花板) : 가태부는 가의(賈誼)를 말한다. 그는 장사왕태부(長沙王太傅)였다. 장사에 가의의 사당이 있다. 원문의 승진(承塵)은 천화판(天花板)인데 사당 천정의 우물정자 모양의 꾸밈새인 격자천장을 말한다.

봄 물결은 끝없는 한에 무심한데   春潮不管天涯恨

노을 다시 걷히고 저녁 비 내리네   更捲西興莫³¹雨來

양쪽 강변의 날리는 꽃잎 배를 붉게 비추는데   飛花兩岸照船紅

백 리 느릅나무 제방을 반나절 바람에 흘러가네³²   百里³³楡堤半日風

누워서 봄에 하늘 가득 머문 구름 움직이지 않아   臥看滿天雲不動

구름과 내가 더불어 동으로 감을 몰랐네   不知雲與我俱東

---

31 暮 : 원문에는 '莫'으로 되어 있으나 전하는 시집의 기록에 따라 "暮"로 고쳤다.

32 백 리…흘러가네 : 배가 순풍을 타고 느릅나무 자라는 강둑 사이로 반나절에 백 리를 내려왔다는 말이다.

33 里 : 원문은 "尺"이나 전하는 그의 문집의 기록에 따라 "里"로 바꾸어 번역하였다.

해설

　강세황姜世晃(1713~1791)이 당나라 이상은李商隱, 송나라 범성대范成大, 송나라 진여의陳與義의 시를 옮겨 쓴 것이다. 이상은의 시는 제목이 「담주潭州」이고 848년 계림桂林에서 돌아오는 길에 지은 것이다. 범성대의 시는 제목이 「절강 조그만 낚시터의 봄날[浙江小磯春日]」이다. 진여의의 시는 제목이 「양읍으로 가는 길에[襄邑道中]」이고 1117년 개덕부開德府에서 양읍을 지나 개봉開封으로 들어갈 때 지은 것이다.

　강세황의 자는 광지光之, 호는 표암豹菴·첨재忝齋·산향재山響齋이고 본관은 진주晉州이다. 서울에서 태어나 32세에 안산으로 이주했으며 그곳에서 이익李瀷 집안의 이용휴李用休, 이현환李玄煥, 이광한李匡煥 등과 어울리며 서화에 몰두하였다. 61세에 영릉 참봉이 되었으나 사직했다. 64세에 동부승지가 되었고 66세에 문과에 수석 합격하였다. 71세에 한성부 판윤, 76세에 중추부사가 되었다. 유경종柳慶種, 허필許佖, 이수봉李壽鳳, 이익李瀷, 심사정沈師正, 강희언姜熙彦과 교유하였고, 김홍도金弘道와 신위申緯가 강세황에게 그림을 배웠다.

　한국적인 남종문인화풍 정착에 기여하였고, 글씨는 왕희지·왕헌지를 근간으로 삼아 미불米芾, 조맹부趙孟頫의 서법을 연마하여 해·행·초서에서 일가를 이루었다. 강세황은 시·서·화 삼절三絕로 일컬어졌으며, 높은 식견과 안목을 갖추었으며 스스로 그림 창작과 화평畵評 활동을 통해 당시 화단에서 '예원의 총수'로서 중추적인 구실을 하였다.

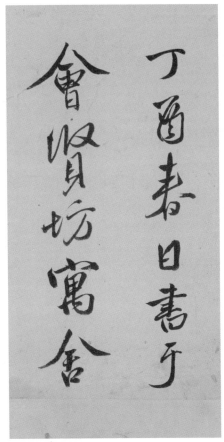

| 6 |

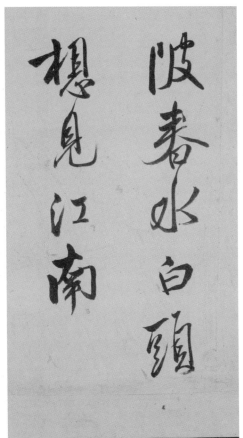

| 5 |

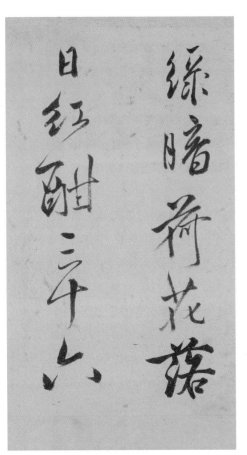

| 4 |

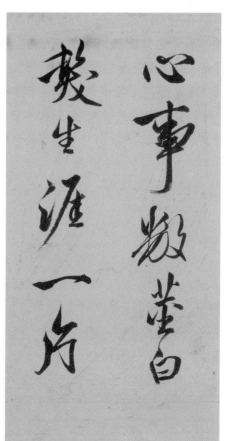

楊柳鳴蜩

無人燭還

雪相待秋艸

青山窮林有

心事數莖白

髮生涯一片

| 3 |　　　| 2 |　　　| 1 |

마음먹은 일 몇 가닥 흰머리   心事數莖白髮

생애는 한 조각 푸른 산   生涯一片靑山

텅 빈 숲 쌓인 눈 속에 그대를 기다리지만   空林有雪相待

마른 풀만 있고 사람 없어 홀로 돌아오네   秋艸無人獨還

버드나무 잎 사이로 쓰르라미 우니 녹음은 푸르고   楊柳鳴蜩綠暗

연꽃은 지는 해에 붉게 물드네   荷花落日紅酣

서른 여섯 개 방죽에는 봄 물이 가득   三十六陂春水

흰머리가 되어서 강남을 생각하네   白頭想見江南

정유년(1777) 봄날

회현방 우사寓舍에서 쓰다.

해설

앞의 시는 강세황姜世晃(1713~1791)이 중국 당나라 때 장계張繼 혹은 고황顧況의 「귀산歸山」이라는 6언시를 쓴 것이고, 뒤의 시는 왕안석王安石의 「서태일궁의 벽에 쓰다[題西太一宮壁]」의 두 수 가운데 첫 수이다. 회현방은 남산 아래쪽에 있었던 남촌 마을이다. 남촌에는 권력에서 소외된 가난한 선비들이 많이 살았다고 하나 실제로는 청렴한 관원들과 고고한 선비들이 많이 거주했다고 한다. 강세황은 남소문동(지금 장충체육관 부근)에서 태어났으나 만년에는 회현동에 홍엽루紅葉樓를 짓고 살았다고 한다.

徐懋修 1716(肅宗42年丙申)生
大邱人, 字 仲勗, 号 三秀, 又号 秀軒
官至 府使, 善書

徐三秀

辛卯三月晦日 末 懋修 拜

頃拎使中伏承
下札謹審新年
旬宣起居萬康區 仰慰悱已
今季民大闡又 孿賀似在
侍下慰悦独深 申末運不得
又將過夏拎南土阿函之女婦
三病近閱得差而末克起兒甚
孿
惠至新墨近来和得 仰謝
厚眷之外又不膝喜幸己
餘不宣伏惟
下照 謹拜 上謝状

頃於便中, 伏承下札, 謹審新年旬宣, 起居萬康, 區區仰慰無已. 令季氏大闡, 令人聳賀. 伏想 侍下慰悅殊深. 弟求遞不得, 又將過夏於南土, 悶慮悶慮. 息婦之病, 近聞得差 而未克相見, 甚鬱甚鬱. 惠送新墨, 近來初得. 仰謝厚眷之外, 又不勝喜幸耳. 餘不宣. 伏惟下照. 謹拜, 上謝狀.

辛卯三月晦日, 弟懋修拜.

지난번 인편에 삼가 보내 주신 편지를 받고 삼가 신년의 순선旬宣[34]에 기거가 모두 편안함을 알았으니, 우러러 위로됨이 그지 없습니다. 당신의 계씨季氏가 대과에 급제하였다고 하니 듣기에 매우 놀랍고 기쁩니다. 삼가 생각건대, 모시는 부모께서 위로되고 기쁨이 매우 클 것 입니다. 저는 체직하려 해도 허락을 받지 못했고 또 남쪽 지역에서 여름을 지내야 할 것 같으니 매우 고민스럽습니다. 당신의 며느리인 제 여식의 병이 근래 차도가 있다고 들었으나, 아직 서로 만나 보지 못하여 매우 답답하고 답답합니다. 보내 주신 새로 만든 먹은 근래에 처음으로 얻었습니다. 두터이 보살펴 주신 후의에 우러러 감사할 뿐만 아니라 또한 기쁘고 다행스러울 따름입니다. 이만 줄입니다. 삼가 살펴 주시기를 바랍니다. 삼가 답장 편지를 올립니다.

신묘년(1771) 3월 그믐
제弟 무수懋修 올림

해설

서무수徐懋修(1716~?)가 사돈에게 보낸 안부 편지이다.

서무수의 자는 욱지勖之, 호는 삼수三秀이고, 본관은 달성이다. 아버지는 서명균徐命均(1680~1745)이고, 형님은 영의정 서지수徐志修(1714~1768)이다. 벼슬은 목사牧使를 지냈다. 경산經山 정원용鄭元容는 「여러 명필들의 서법을 논하다[論諸筆家書法]」에서 "서무수의 글씨는 반쯤 갠 봄날 은일자隱逸者가 채소밭을 가꾸는 듯하다[徐懋修書, 如春陰半晴, 幽人治圃.]"라고 평하였다. 저서로는 『수헌역설秀軒易說』과 『수헌유고秀軒遺稿』 필사본 4책이 규장각에 소장되어 있다.

---

34 순선(旬宣) : 널리 사방을 복종시켜 임금의 은덕이 두루 미치게 하는 것을 말한다.

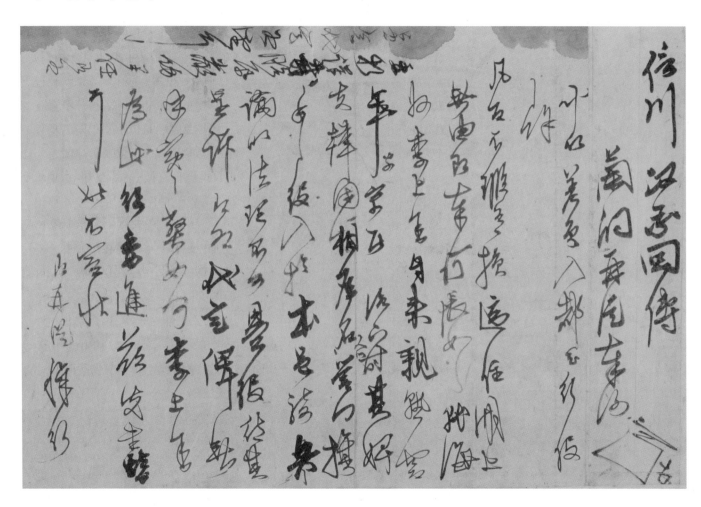

[피봉]

信川政衙回傳

蘭洞再從奉謝. (수결) 頓

聞以差員入都云, 行役之餘, 凡百不瑕有損, 適住湖上, 無由卽奉, 何悵如之. 就海州李上舍, 自來親熟間, 而年前寅居治下時. 其婢夫韓國相爲名
人, 以營門旗手之役, 入於本邑騎兵. 論以法理, 不可疊役, 待其呈訴, 卽爲代定, 俾無呼怨之弊, 如何. 李上舍爲此欲委進, 玆先書替耳. 姑不宣狀.
卽再從稦行.

委折詳載胎紙, 嚴飭里任, 卽爲另念代定爲望耳.

[피봉]

신천信川[35]의 관아에 돌려보내 주기 바람

난동蘭洞 재종再從의 답장 (수결)

차사원差使員이 되어 서울에 들어온다고 들었는데, 먼 길의 괴로운 여정에 여러 모든 일에 손상은 없으신가? 마침 호상湖上[36]
에 머물러 있어서 곧장 편지를 받들 길이 없어 크게 상심이 되었네.

드릴 말씀은 해주海州의 이 상사李上舍가 원래 나와 친숙한 사이로, 연전年前에 다스리시는 곳에 살 때 그 여자 종의 남편인

---

35 신천(信川) : 황해도의 신천을 가리킨다.

36 호상(湖上) : 이곳에서는 앞뒤의 정황상 서울 한강을 지칭하는 것으로 보인다. 당시 한강은 각 지역에 대해 '호(湖)'라는 명칭을 사용하였다.

한국상韓國相이라고 하는 사람이 영문營門 기수의 일을 맡아 신천읍의 기마병으로 들어가게 되었다네. 법리로 논하자면 부역을 이중으로 부담해서는 안 되니, 이 상사가 소장 올리기를 기다려 곧바로 다른 인원으로 충원하시어 원통하다고 부르짖는 폐단이 없게 하는 것이 어떠하신가. 이 상사가 이 부역 때문에 일부러 나아가려 하니, 이에 앞서 편지로 대체하네. 나머지는 다 갖추지 못하고 답장을 쓰네.

편지 받은 날에
재종 치행穉行 씀

이런 저런 사정은 태지胎紙[37]에 상세하게 기재하니, 엄히 이임里任[38]을 신칙하고 각별히 생각하여 다른 인원으로 충원하시기를 바랄 따름이네.

해설

이 편지는 조윤형曹允亨(1725~1799)이 황해도 신천 군수信川郡守로 있는 재종 아우에게 쓴 편지이다. 조윤형의 지인 이 상사가 신천에 살다가 다른 곳으로 이주하였는데, 여전히 병역이 부과되고 있으니, 이를 잘 처리해 달라는 것이다. 하지만 이 편지를 쓴 날짜가 분명하지 않아 당시의 신천 현감이 누구인지 추정할 수 없다. 창녕 조씨이면서 집안 사람이 신천 군수를 지낸 적이 있지만, 재종은 아니다.

이 편지를 쓴 조윤형은 자가 치행穉行, 호는 송하松下 또는 송하옹松下翁, 본관은 창녕이다. 영정조대에 걸쳐 벼슬을 하였으며, 최고의 벼슬은 지돈녕부사이다. 그는 그림과 글씨에 능하여 일찍이 서사관書寫官을 역임하였다. 그는 모든 체의 글씨를 잘 썼는데, 특

---

37 태지(胎紙) : 편지 속에 따로 적어 넣은 쪽지나 다른 편지인데, 이를 편지에 집어 넣으면 편지 봉투가 마치 임산부의 배처럼 나온다고 하여 태지라 한다.

38 이임(里任) : 마을의 공적 사무를 맡아보는 사람으로, 이장(里長) 또는 이정(里正)이라고도 한다.

히 초서와 예서에 뛰어났다. 당시 조정의 관료들이 그의 그림과 글씨를 구하려고 앞다투었다고 한다. 이렇듯 그는 당대의 최고 서화가로 환영을 받았다. 그 역시 동국진체의 서맥을 이어 이광사 등의 영향을 받았다. 정조 역시 조윤형의 글씨를 인정하여 수원 화성행궁의 '봉수당奉壽堂' 편액 등의 글씨를 쓰게 하였다. 조윤형은 이 이외에 전국 각지의 현판을 썼다. 밀양의 영남루에는 그의 편액 글씨가 남아 있다. 이외에도 서첩 등이 남아 있다. 주요 작품은 「유점사풍악당대사비楡岾寺楓嶽堂大師碑」·「이보혁무신기공비李普赫戊申紀功碑」·「용흥잠저고정기龍興潛邸古井記」 등이 있다.

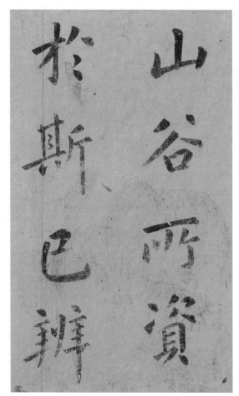

| 6 |

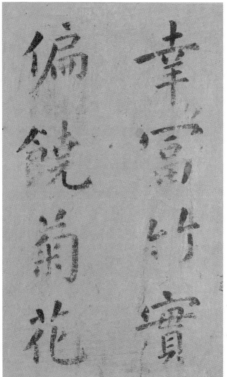

| 5 |

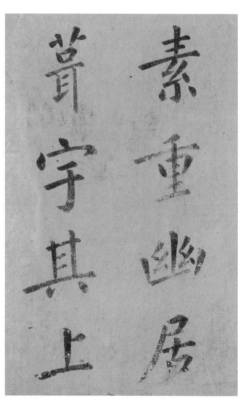

| 4 |

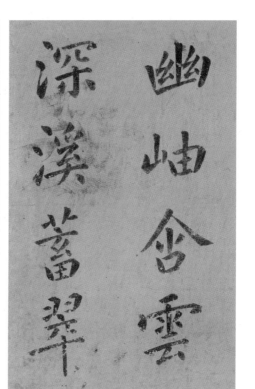

|3|

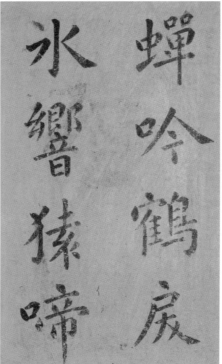

|2|

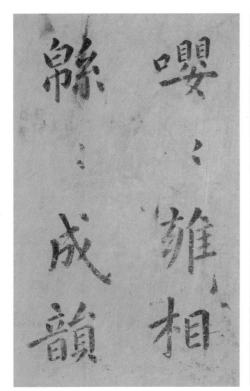

|1|

幽岫含雲, 深溪蓄翠, 蟬吟鶴唳, 水響猿啼, 英英相雜, 綿綿成韻. 素重幽居, 葺宇其上. 幸富竹實, 偏饒菊華, 山谷所資, 於斯已辦.[39]

어둑한 바위구멍은 운무를 머금었고 깊은 시내는 짙푸른 물을 담고 있네. 매미와 학이 울고 물소리가 퍼지며 원숭이가 우는데, 그 소리가 섞여 어울려 이어지며 가락이 되네. 본디 은거를 좋아했으므로 이곳에 집을 지었네. 국화가 무성하여 사랑스럽고 특별히 대나무 열매를 실컷 먹을 수 있으니, 산골짜기에 의지할 것이 여기에 마련되었네.

해설

조윤형曹允亨(1725~1799)의 글씨로 중국 남조南朝 양梁나라 오균吳均의『고장에게 주는 편지[與顧章書]』일부를 옮겨 쓴 것이다.
『예문유취藝文類聚』에 실려 있는 오균의 글 전체는 아래와 같다.
"僕去月謝病, 還覓薜蘿. 梅溪之西, 有石門山者, 森壁爭霞, 孤峰限日, 幽岫含雲, 深溪蓄翠, 蟬吟鶴唳, 水響猿啼, 英英相雜, 綿綿成韻. 既素重幽居, 遂葺宇其上, 幸富菊華, 偏饒竹實, 山谷所資, 於斯已辦, 仁智所樂, 豈徒語哉!"
각 폭의 종이에 모두 화초나 산수 그림이 찍혀 있으나 매우 흐리다.

---

39 원문은 첩으로 만들 때 순서가 뒤바뀐 것으로 판단되어 전하는 원저자의 글대로 재배치하였고, 글자에 이동(異同)이 있는 것도 원저자의 글대로 바꾸었다.

22. 김상숙의 글씨

번쩍이는 큰 도끼 의지하네	輝仗鉞雄
관용으로 나의 졸렬한 성품 너그럽게 보아 주셨고	寛容存性拙
칭찬해 주시고 나의 곤궁함을 염려해 주셨네	剪拂念塗窮
이슬 맞으며 등나무 넝쿨을 생각하고	露(裛)思藤架
자욱한 안개 속에 계수나무 숲을 생각하네	烟霏想桂叢
진실로 거북이가 그물에 걸린 듯이	信然龜觸網
곧바로 새장에 갇힌 새가 되어 버렸구나	直作鳥窺籠
서쪽 고개는 북촌을 감싸고 있고	西嶺紆邨北
남강은 집 동쪽을 돌아 흐르네	南江繞舍東
대나무 껍질 서늘히 옛 푸름 띠었고	竹皮寒舊翠
산초 열매는 비 온 뒤 더욱 붉어졌네	椒實雨新紅
출렁이는 물결 뱃머리를 따라 갈라지고	浪簸船應坼
술잔은 마르고 술동이도 비었네	杯幹甕卽空
울타리에는	籓籬

해설

이 시는 두보의「근심스런 마음을 떨치면서 엄공에게 20운의 시를 받치다[遣悶奉呈嚴公二十韻]」가운데 일부인데 원문과 비교하면 글자의 출입이 있다. 김상숙金相肅(1717~1792)의 자는 계윤季潤, 호는 배와坏窩 또는 초루草樓, 본관은 광산이다. 그는 윤순尹淳, 황운조黃運祚와 함께 '강도삼절江都三絶'이라 일컬어졌다. 1744년에 진사가 되었고, 벼슬은 군수를 거쳐 첨지중추부사에 이르렀다. 글씨를 잘 썼으며『주역』·『논어』·『노자』에 밝았고, 고시古詩를 탐독했다고 한다. 이 시는 전반부와 후반부가 잘려나가고 없다.

23. 황운조의 간찰

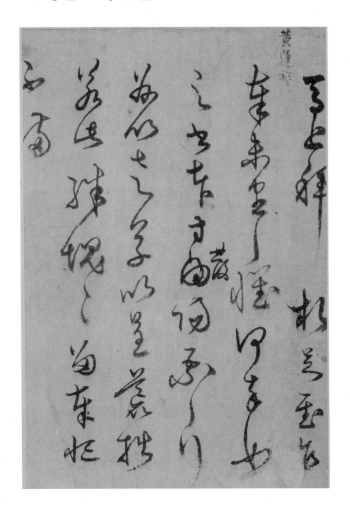

馬上拜札, 足慰乍奉未盡之懷, 何幸如之? 書本方發陽衙之行, 玆以走草以呈. 荒拙若此, 殊愧殊愧. 留奉, 忙不備.

말 위에서 보내 주신 편지를 받으니 잠시 만나고 다하지 못한 회포에 위로가 되니, 무슨 다행함이 이와 같겠습니까? 서본書本을 양아陽衙로 보내는 행차가 지금 막 출발하기에 급히 써서 올립니다. 거칠고 졸렬함이 이와 같으니, 매우 부끄럽습니다. 사연을 줄이고 올립니다.

해설

황운조黃運祚(1730~1800)가 어떤 사람에게 보낸 답장 편지이다.

황운조의 자는 사용士用, 호는 도곡道谷 또는 오수寤修, 본관은 창원昌原이다. 황일호黃一皓의 현손으로 음보蔭補로 벼슬에 나아갔다. 글씨를 잘 써서 종요鍾繇와 왕희지王羲之의 필법을 잘 구사하였다. 윤순尹淳·김상숙金相肅과 함께 강도삼절江都三絶로 불렸다. 고조부 지소芝所 황일호黃一皓의 신도비 글씨를 썼고, 경기도 연천군에 있는 김재구金載久 묘비문을 썼으며, 쌍봉사雙峯寺 사적비寺蹟碑를 썼다. 1797년 왕명에 따라 『통감강목通監綱目』과 『춘추좌전春秋左傳』의 강자綱字를 써서 가자加資되었다. 1797년 7월 합천 군수로 있다가 인천 부사로 부임하여 치적을 많이 쌓았으며, 청백리로 칭송을 받았다. 1798년 12월 돈령부敦寧府 도정都正에 제수되었다.

風雲集華暑掩

罕聊自休々展

展逈眺倚此宀々

巖幽同雲暗其宝

皓新逸林丘崩春

小澗影飛舞增

바람과 눈 세밑에 모여와	風雪集歲晏
빗장 걸고 오로지 홀로 쉰다네	掩關聊自休
오늘 멀리 조망 툭 트인 곳에서	今辰展遐眺
이 차가운 바위에 그윽히 기대네	倚此寒巖幽
구름 끼어 텅 빈 방 어둑하고	同雲暗空室
흰 안개는 숲과 언덕에 자욱하네	皓彩迷林丘
물결 솟구치던 작은 시내 마르고	崩奔小澗歇
날면서 춤추며 더욱 얽히네	飛舞增(綢繆)

해설

황운조黃運祚(1730~1800)가 주희朱熹의 「눈 속에 임용중·축강국과 함께 유씨 장원의 연좌암에 올라 남악에서의 옛 놀이를 그리워하며 이 시를 지어 임용중에게 주어 화답할 것을 부탁하고 아울러 경부 형에게 부친다[雪中與林擇之祝弟登劉園之宴坐巖, 有懷南嶽舊遊, 賦此呈擇之屬和, 并寄敬夫兄]」라는 장편시 1에서 8구까지 필사한 작품이다.『필적유휘』원본에서는 좌우 순서가 바뀌어 편집되어 있다.

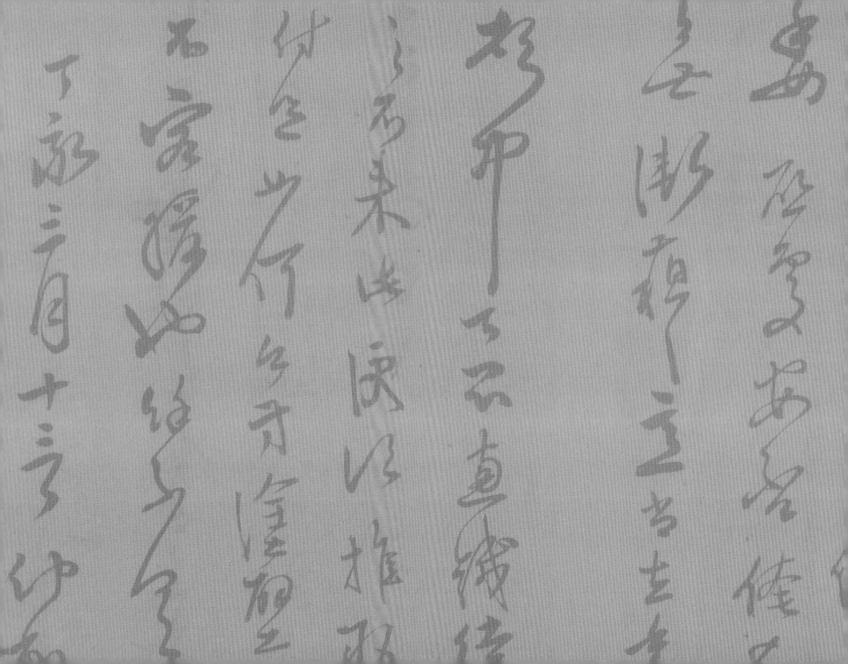

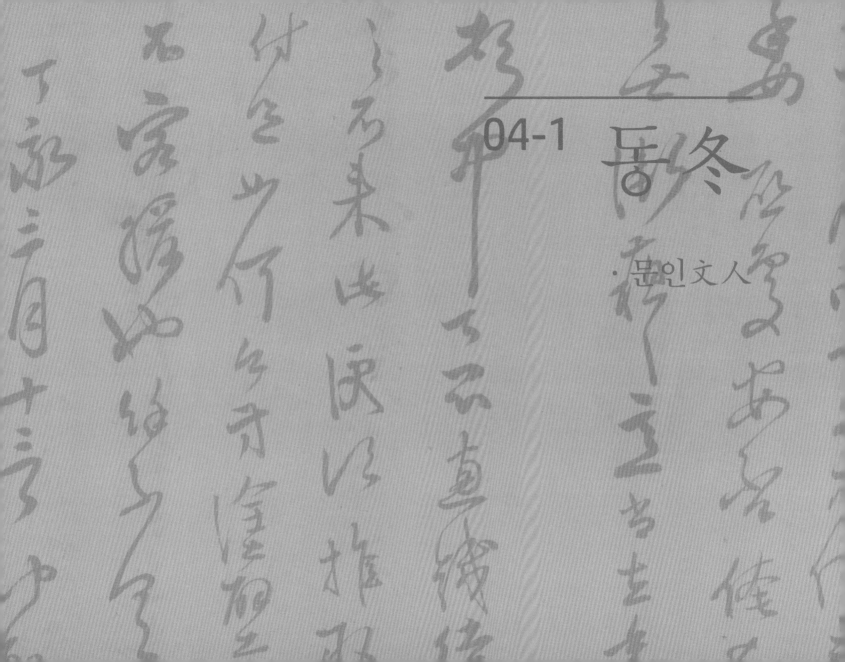

돋冬

· 문인 文人

1. 서거정의 글

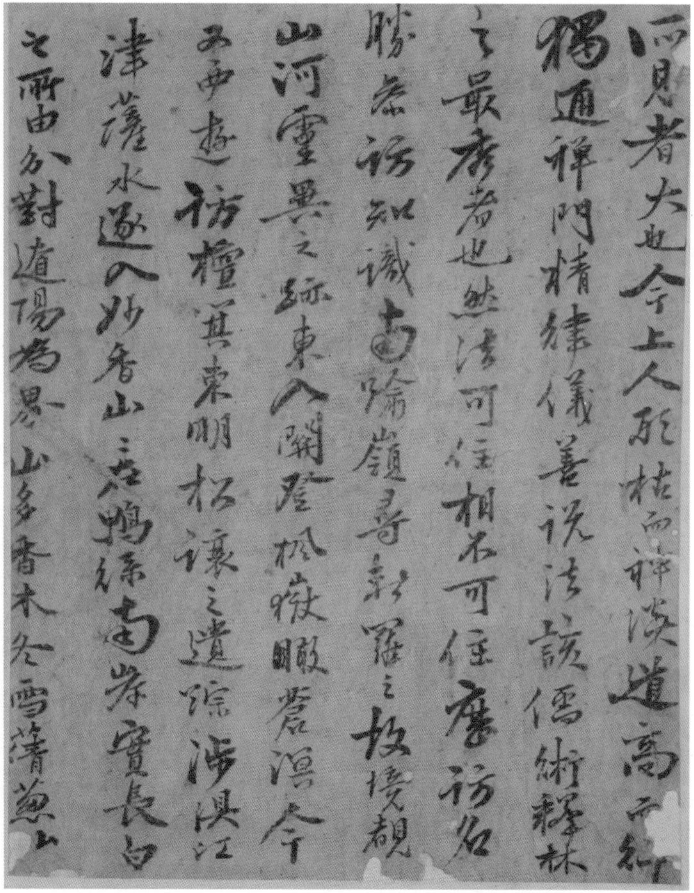

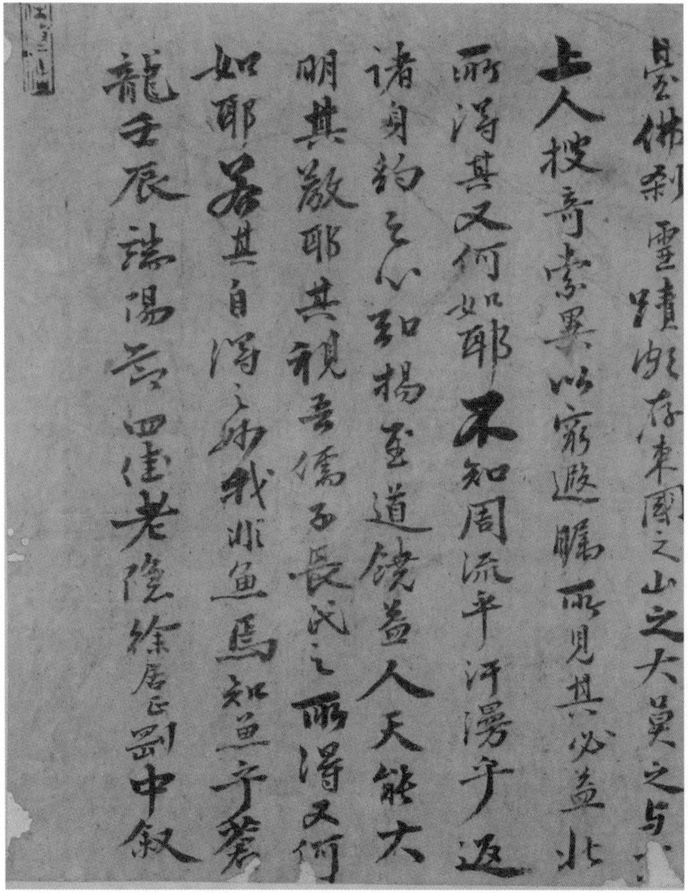

|1|

送郁上人遊妙香山詩序

吾聞上人之名未嘗一日其爲耳其言今有以

上人之說數予云者四之上人早持戒備行

又好奉訪徃年之嶺南訪伽倻頭流前

年之關東訪金剛直造臺今復振錫西邁

遊妙看山幸而有云子問浮屠氏不三

宿桑下東西南北之人也其上人之謂歟

然予業儒不學佛漳屠氏有教云秋三十卷

|2|

出以吾儒之說復之吾儒者司馬子長亦

有志於業雄文章嘗遊江淮上會稽探禹

穴窺九疑浮沅湘沂泗講業齊魯鄉

射鄒嶧使已蜀映卬作以盡天下之大觀

增益其文奔放浩洋浮漾渭

深武豪建壯而麗嶄絶峻拔或典雅溫淳

必慎感激下然萬變可愕可愕如山河

巖瀆業蒙无窮山水獨之人之文之妄持

337

送郁上人遊妙香山詩序

吾聞上人之名, 未嘗目其面, 耳其言. 今有以上人之說, 求予言者曰, "之上人早持戒脩行, 又好參訪, 往年, 之嶺南, 訪伽倻頭流, 前年, 之關東, 訪金剛五臺, 今復振錫西邁, 遊妙香山, 幸子有一言." 予聞浮屠氏, 不三宿桑下, 東西南北之人也. 其上人之謂虖! 然予業儒, 不學佛, 浮屠氏有求言於予者, 必以吾儒之說復之.

"吾儒有司馬子長者, 有志氣, 能文章. 嘗遊江淮, 上會稽, 探禹穴, 窺九疑, 浮沅湘, 涉汶泗, 講業齊魯, 鄉射鄒嶧, 使巴蜀, 略邛筰, 以盡天下之大觀, 增益其意氣. 故其文奔放浩汗, 渟滀淵深, 或豪健壯麗, 嶄絕峻拔, 或典雅溫淳, 悲憤感激, 千態萬變, 可怪可愕, 如山河嶽瀆, 氣象無窮. 此非獨人之文之雄, 特所見者大也. 今上人形枯而神淡, 道高而行獨, 通禪門, 精律儀, 善說法, 該儒術, 釋林之最秀者也. 然法可住, 相不可住, 歷訪名勝, 參訪知識, 南踰嶺, 尋新羅之故境, 覷山河靈異之跡. 東入關, 登楓嶽瞰蒼溟. 今又西遊, 訪檀箕東明松讓之遺踪, 涉浿江津薩水, 遂入妙香山. 山在鴨綠南岸, 實長白之所由分, 對遼陽爲界. 山多香木, 冬雪蓓葱, 仙臺佛刹, 靈蹟頗存, 東國之山之大, 莫之與京. 上人搜奇索異, 以窮遐矚, 所見其必益壯, 所得其又何如耶? 不知, 周流乎, 汗漫乎, 返諸身, 約之心, 弘揚至道, 饒益人天, 能大明其教耶, 其視吾儒子長氏之所得, 又何如耶! 若其自得之妙, 我非魚, 焉知魚乎."

蒼龍壬辰端陽節, 四佳老隱, 徐居正剛中敍.

(두인) 사신使信

묘향산으로 유람가는 욱 상인을 전별하는 시의 서문[送郁上人遊妙香山詩序]

나는 상인上人⁰¹의 명성을 들었으나 그분의 얼굴을 본 적이 없으며 그 말도 들은 적이 없다. 지금 상인의 부탁에 따라 나에게 몇 마디의 말을 구하려는 사람이 말하였다.

그 상인은 일찍부터 계율을 지키고 수행하였으며 또한 탐방하는 것을 좋아하여 지나간 해에는 영남으로 가 가야산과 두류산을 찾았고, 지난해에는 관동으로 가 금강산과 오대산을 탐방하였으며, 이번에는 다시 석장錫杖을 짚고 서쪽으로 가 묘향산을 유람하려 하니 그대가 한마디 말을 해 주시면 다행이겠습니다.

나는 승려들이 한 뽕나무 아래에서 3일을 머물지 않고 동서남북으로 떠도는 사람이라 들었는데, 그 상인을 가리키는 것이리라.⁰² 그러나 나는 유학을 업으로 삼고 불교를 공부하지 않은 사람이라 승려가 나에게 말을 구하여도 반드시 우리 유학의 학설로 대답하였다.

우리 유학에는 사마자장司馬子長⁰³이라는 분이 있는데, 지기志氣가 있고 문장에 능하였다. 일찍이 장강長江과 회수淮水 사이를 유람하고, 회계산會稽山에 올라 우혈禹穴⁰⁴을 찾아 보며 구의산九疑山을 살펴보았고, 원수沅水와 상수湘水⁰⁵에 배를 띄워 문수汶水와 사수泗水를 건넜으며, 제로齊魯

---

01 상인(上人) : 불교의 승려를 높여 부르는 말이자, 덕행이 높은 승려를 일컫는 말이다.

02 말하리라: 이곳에서는 어미조사 '虖'가 쓰였다. 『사가집』에서는 이 글자를 '乎'로 썼는데, 그 의미는 같다.

03 사마자장(司馬子長) : 사마천(司馬遷)을 가리킨다. 자장은 사마천의 자이다. 그는 20세 때부터 남쪽의 회계(會稽)와 우혈(禹穴)과 구의(九疑)로부터 북쪽의 문사(汶泗)에 이르기까지 중국 각지를 거의 빠짐없이 종횡무진 유력하면서 비범한 기상을 길러 두었기 때문에 뒤에 가서 마침내『사기(史記)』라는 훌륭한 명작을 남기게 되었다고 스스로 말하였다.(『史記』권70「太史公自序」)

04 우혈(禹穴) : 회계의 완위산(宛委山)에 있는 것으로 우(禹)가 여기에서 황제(黃帝)의 책을 얻어 감추어 두었다고 한다. 또 하우(夏禹)의 장지(葬地)라고도 한다.

05 원수(沅水)와 상수(湘水) ; 호남성에 있는 큰 강으로 굴원이 쫓거나 오랜 기간 유랑한 곳이다.

에서 강학을 하고 추역鄒嶧[06]에서 향사례鄉射禮를 배우고, 파촉巴蜀 땅으로 사신을 가고 공작邛笮[07]을 경략하여 천하의 큰 경관을 모조리 둘러보고 그 의기를 더욱 늘렸다. 그러므로 사마천의 문장은 얽매임이 없이 넓으며 물이 가득 고인 연못처럼 깊고, 혹은 굳세어서 웅장하여 아름다워 우뚝이 선 것 같으며, 혹은 법도에 맞게 온순하고 비분하며 감격하여 천만 가지 모습으로 변화하여 감탄하면서도 놀랄 만하여 마치 산악山嶽과 강하江河처럼 기상이 무궁하다. 이는 다만 그 사람의 문장이 웅장해서가 아니라 본 것이 컸기[08] 때문이다.

지금 상인의 모습은 야위고 정신은 담박하며, 도는 높아 행동은 우뚝하니, 선문禪門에 두루 통하고 계율과 의칙儀則이 정미하며, 설법에 뛰어나서 유술儒術까지 아울렀으니[09] 불가에서는 가장 뛰어난 사람이다. 그러나 법法에는 머무를 수 있어도 상相에는 머무를 수 없으니 명승을 두루 탐방하고 지식인을 만났으며, 남쪽으로는 조령을 넘어 신라의 고토古土를 찾아 산하의 영험한 행적을 둘러보았고, 동쪽으로는 대관령을 넘어 들어가 풍악산楓嶽山에 올라 아득한 바다를 보았다. 지금 또 서쪽으로 유람하여 단군과 기자, 동명성왕東明聖王과 송양왕松讓王의 유적을 둘러보고, 대동강을 넘고 살수를 건너 마침내 묘향산으로 들어가고자 하였다.

묘향산은 압록강의 남안南岸에 있으나 실재로는 장백산長白山이 갈라져 나온 것으로, 요양을 마주하여 경계를 이룬다. 산에 향나무가 많아 겨울에 눈이 와도 선명하게 푸르고, 신선의 누대와 불가의 사찰에 신령스런 유적이 많이 보존되어 있으며, 우리나라 큰 산으로서 이보다 더 큰 산은 없다. 상인은 기이한 것을 찾아 먼 곳까지 다 살피고 나면 본 것이 반드시 더욱 웅장할 것인데, 얻은 바가 또한 어떠할 것인가? 내 모르겠으나, 두루 돌아보고 먼 곳까지 살피며 자신을 반성하고 마음으로 간략히 하며 지극한 도를 높게 드날리고 사람과 하늘을 풍요롭게 하여 그 가르침을 크게 밝힐 수 있을 것이니, 우리 유학의 자장씨가 얻은 것에 견준다고 한들 또한 어떠하겠는가! 그 사람이 스스로 체득한 묘리까지야 내가 물고기가 아니니 어찌 물고기의 마음을 알겠는가.

창룡蒼龍 임진년(1472) 단양절端陽節(5월 5일)

사가노은四佳老隱 서거정徐居正 강중剛中이 서문을 쓰다.

(인장) 사신使信

---

06 추역(鄒嶧) : 산동성 추현(鄒縣)에 있는 산이름이다.

07 공작(邛笮) : 공착(邛筰)이라고도 하며, 한나라 시기의 공도(邛都)와 착도(筰都)를 가리키는데, 중국 서남쪽의 먼 변경을 가리킨다.

08 컸기 : 원문은 '大'인데, 『사가집』에서는 이 부분이 '博'으로 되어 있다.

09 선문(禪門)에……아울렀으니 : 이 부분은 『사가집』에는 없는 부분이다. 아마 편집 당시 "유학까지도 아울렀다(該儒術)"는 말 때문에 편집된 것 같다.

해설

이 글은 조선 전기의 대문호 사가四佳 서거정徐居正의 작품이다. 서거정(1420~1488)의 자는 강중剛中, 호는 사가四佳 또는 사가정四佳亭, 본관은 달성(대구)이다. 1446년 문과에 급제하여 관직에 나섰으며, 이후에도 문과 중시와 문신 정시에서 장원을 하였다. 1460년에는 사은사로 명나라에 가서 문명을 떨쳐고, 양관 대제학과 육조의 벼슬을 두루 지냈다. 그리고 1470년 달성군達城郡에 봉해졌다. 그는 특히『동인시화東人詩話』와『동문선東文選』을 남겼고,『경국대전』·『동국통감』·『동국여지승람』등의 편찬에 깊히 관여하였다. 시호는 문충文忠이다.

이 글은『사가문집』권6「송욱상인유묘향산서送郁上人遊妙香山序」에 실려 있다.『사가집』과 이 초서 글씨는 몇 글자의 차이점이 있고, 편집상 빼어 버린 부분도 있는데, 특히 친필 원본에서는 이 글을 쓴 날짜까지 확인할 수 있다. 또 친필 원본의 경우 모서리 부분의 세 글자를 알아 볼 수 없는데, 이는『사가집』을 근거로 보충하였다.

이 친필 원본은 제목 아래가 오려져 있는데, 무엇인가 적혔을 것으로 추정된다. 아마도 조선시대 소장자와 관련된 것이리라 추정한다. 사가 서거정의 필적이 작품으로 남아 있는 것은 보물 제1622호로인 '서거정 필적'이며 현재 경기도박물관에 소장되어 있다. 보물 제1622호는 서거정이 1476년도에 쓴 작품이고, 지금 보는 작품은 1472년도 작품이다. 또 수장하여 장첩을 한 연도도 보물 제1622호는 1781년이며,『필적유휘』의 경우 1769년 또는 그 이전이다. 서거정이 글씨가 들어 있는 우향계안 역시 1478년 작품이어서 지금 이 작품이 가장 빠른 것으로 판단된다. 조선 초기의 필적이 직접 담긴 작품을 보는 것은 매우 어렵다. 시기적으로도 오래되었고, 남아 있는 것도 별로 없다. 그것도 두인과 인장이 찍혀 있는 완전한 작품 형태로 남아 있는 것은 없다고 할 수 있다. 아쉬운 것은 아직 인장의 '사신使信'이 무엇을 의미하는 것인지 파악을 하지 못하였다. 이것이 서거정과 관련된 것인지, 아니면 소장자의 소장인지 정확히 알 수 없다. 이 서거정의 글씨는 내용이나 형식에서 거의 완벽하게 남아 있는 예술 작품이라 할 수 있으며, 문인 서거정의 문기文氣과 묵향墨香을 고스란히 느낄 수 있다. 더욱이 이 작품은 조선 초기 서예사를 밝힐 수 있는 단서이다.

2. 필재의 글씨

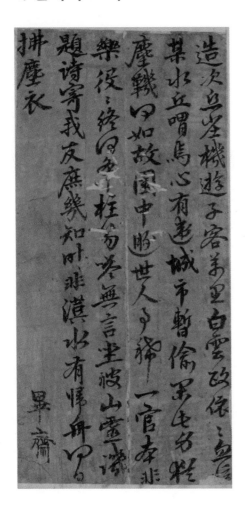

잠시 세속 생각 사그라지네	造次息塵機
나그네 만 리에 떠도는데	遊子客萬里[10]
흰 구름 아스라이 떠가네	白雲政依依
문득 고향을 생각하니	忽憶某水丘
한숨 속에 마음 어그러졌네	喟焉[11]心有違
성시 속 잠시 여유를 찾았지만	城市暫偸閑
이 몸 오히려 세속에 얽매여 있네	此身猶塵鞿
어찌해야 고향 전원에서	何如故園中
세상 피해 인간사 끊으려나	遯世人事稀
벼슬살이 본디 즐겁지 않았으니	一官本非樂
고달픔에 끝내 무엇을 바라리오	役役[12]終何希
턱을 괴고 말없이 있다가	拄笏嗒無言
앉아서 산신령의 놀림을 받네	坐被山靈譏
시를 지어 벗에게 부치니	題詩寄我友
지난날의 잘못을 이제야 알겠네	庶幾知昨非
한강에 돌아가는 배 있는데	漢水有歸舟
어느 날에 먼지 옷 떨치려나	何日拂塵衣

필재畢齋

해설

　김성일金誠一(1538~1593)이 지은 시「다시 세심대에 노닐다가 가랑비를 만나다[再遊洗心臺遇小雨]」의 후반부 17구이다. 이 시는『학봉집鶴峯集』권1에 실려 있는데 전체가 5언 36구이다.

　아래에 적힌 "필재畢齋"는 먹이 묻은 상태가 김성일의 시와 매우 달라 나중에 추기한 것일 가능성이 있다. 필재는 누구인지 알 수 없다.『필적유휘』'동冬'은 '문인'(18명)과 '시인'(16명)의 작품을 수록했는데 이 작품은 '문인文人'의 작품으로서 서거정徐居正 (1420~1488)과 허엽許曄(1517~1580)의 작품 사이에 배치되어 있다. 이로 보건대『필적유휘』편집자는 이 작품을 점필재佔畢齋 김종 직金宗直(1431~1492)의 작품이라 추정하고서 여기에 배치한 듯하다.

---

10 遊子客萬里 :『학봉집(鶴峯集)』에는 "回頭望天外"로 되어 있다.

11 焉 :『학봉집(鶴峯集)』에는 "然"으로 되어 있다.

12 役役 :『학봉집(鶴峯集)』에는 "局束"으로 되어 있다.

3. 허엽의 편지

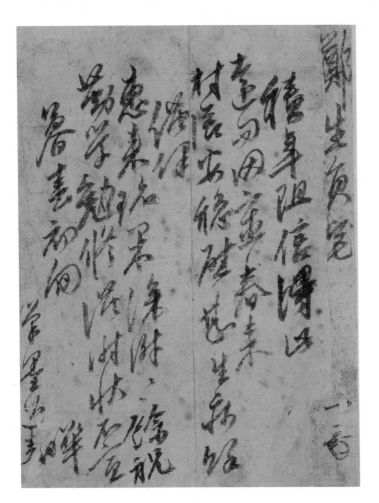

[피봉]

鄭生員宅 (수결)

積年阻信, 得此遠問, 因審春來, 村候安穩, 尉甚. 生病餘, 僅保. 惠
來珍果, 深謝深謝. 餘祝勤學勉修. 謹謝狀. 不宣.
暮春初旬, 曄.

筆墨送呈.

[피봉]

정 생원 댁 (수결)

여러 해 소식이 막혔다가 이제 멀리서 온 서신을 받고 봄이 온 뒤 마을의 안부가 편안하다는 것을 알았으니, 매우 위로가 됩니다. 저는 병을 앓은 뒤로 겨우 몸을 보전하고 있습니다. 보내 주신 진귀한 과일은 매우 감사하고 감사합니다. 나머지는 부지런히 배우고 힘써 수양하기를 바랍니다. 삼가 답장을 올립니다. 이만 줄입니다.

모춘(3월) 초순에

엽曄

붓과 먹을 보내 드립니다.

해설

허엽許曄이 과거 공부를 하는 정 생원으로부터 과일 선물을 받고 답장한 편지이다. 그는 정 생원에게 학문과 수양에 힘쓰기를 권장하였다. 그리고 추신에 붓과 먹을 보낸다고 적었다.

허엽許曄(1517~1580)의 자는 태휘太輝, 호는 초당草堂, 본관은 양천陽川이다. 화담花潭 서경덕徐敬德의 수문首門이고, 문장에 능하였고, 그의 아들 허성許筬, 하곡荷谷 허봉許篈과 교산蛟山 허균許筠(1569~1618) 그리고 딸 허난설헌許蘭雪軒도 시문에 능하였다.

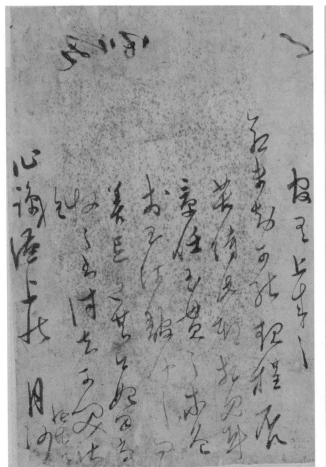
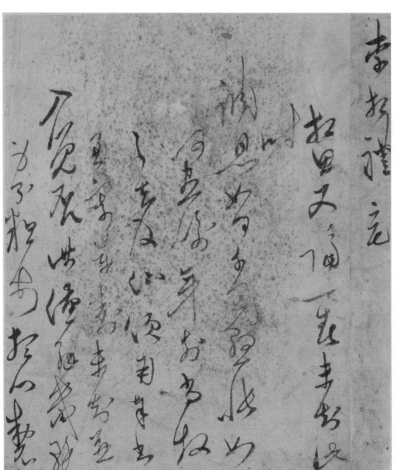

李相禮宅

相思又隔一春, 未知此時調息如何? 千里懸悵, 如何盡喩? 年前尙牧之去後, 因便再奉書, 兼寄藥封, 未知並入覽否? 此僅解幾務, 身則粗安. 想以製官有上來之命, 未知可能起程否? 苦待此期相見耳. 景任玉貫之等, 曾於玉河館聞之, 而善忘近甚, 今始因尙牧之書付去, 可笑. 伏惟心諒. 謹上狀. 月沙 忙草.

丙, 二晦.

[피봉]
이 상례李相禮 댁

　서로 그리워하는 중에 또 봄 한 계절이 지났습니다. 이때에 조섭이 어떠한지 모르겠습니다. 천 리 떨어진 곳에서 간절히 그리워하는 마음을 어찌 다 말하겠습니까? 지난해 상주 목사가 떠날 때 인편에 다시 올린 편지와 겸하여 부친 약은 받아 보셨는지 모르겠습니다. 저는 겨우 경기의 임무가 해방되어 몸은 약간 편안합니다. 생각건대 제술관으로 올라오라는 명이 있을 터인데 길을 나설 수 있겠습니까? 이때 만나 보기를 고대하고 있을 뿐입니다. 경임景任[13]이 옥관玉貫의 등급에 올랐다는 것을 일찍이 옥하관玉河館에서 들었는데, 근래에 잘 잊어버려 지금 비로소 상주 목사의 편지에 부쳐 보내는데, 우습습니다. 삼가 헤아려 주십시오. 삼가 올립니다.

월사月沙 바삐 씀
병년丙年(1626) 2월 그믐에

---

13 경임(景任) : 정경세(鄭經世, 1563~1633)의 자로, 호는 우복(愚伏)이며, 본관은 진주(晋州)이다. 1586년 문과에 급제한 뒤 수찬, 장령, 부교리, 좌승지 등을 거쳐 1600년에 영해 부사, 1610년에 전라도 관찰사 등을 지냈다. 1623년 인조반정 이후에 도승지, 대사헌, 우참찬, 이조 판서, 대제학, 지중추부사 등을 역임하였다.

해설

이정귀가 병인년(1626)에 접반사接伴使 제술관製述官으로 임명된 이 상례에게 보낸 편지이다.

이정귀李廷龜(1564~1635), 자는 성징聖徵, 호는 월사月沙, 본관은 연안延安, 시호는 문충文忠이다.

이 상례李相禮는 이원李瑗(1543~?)으로 자는 백옥伯玉, 호는 동고東皐, 본관은 전주이다. 상례相禮 벼슬을 하면서 접반관接伴官을 하였다.

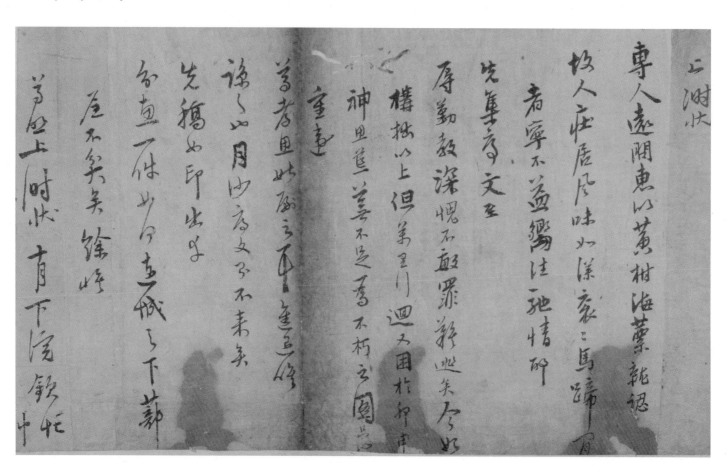

[피봉]

上謝狀

專人遠問, 惠以黃柑海蔈, 就認故人莊居風味, 如漾衾衾. 馬蹄間者, 寧不益嚮往馳情耶. 先集序文, 至辱勤敎, 深愧不敏, 罪難逃矣. 今始構拙以上. 但萬里行迴, 又困於卯申, 神思荒蕪, 不足爲不朽之圖. 只以重違尊孝思, 姑副之耳, 進退唯諒之也. 月沙序文, 則不來矣. 先稿如印出, 幸分惠一件如何. 連城之下, 蔀屋不貧矣. 餘惟尊照. 上謝狀.

十月下浣, 欽忙草.

[피봉]
답장을 올립니다.

특별히 사람을 먼 곳까지 보내 안부를 묻고 귤과 김을 보내시어 오랜 벗이 거처에서 온화하게 지내는 풍미가 성대하게 넘쳐 흐름을 알았소. 말발굽 위에서 떠도는 사람이 어찌 더욱 그리워 정을 치닫지 않겠소.

선고先考의 문집 서문은 욕되게도 내가 쓰도록 하교를 받았는데, 민첩하지 못함이 매우 부끄러우니 이 죄는 피하기가 어려울 것이오. 지금에야 졸렬하게나마 겨우 지어서 올리오. 그러나 만 리의 길에서 돌아와 다시금 관직에 얽매여 정신과 생각이 황폐해지니, 영원히 남을 글로 도모하는 것은 부족할 것이오. 다만 거듭 그대의 효성스런 마음을 어기게 되어 잠시 그 뜻에 부응하였을 따름이니, 쓰고 쓰지 않는 것은 오직 헤아려 하시오. 월사月沙의 서문은 아직 오지 않았소. 선대의 유고가 인출된다면 한 부 나누어 보내 주시는 것이 어떻소. 연성連城의 아래에서 사니 초가집도 가난하지 않다오.[14]

나머지는 그대가 두루 살펴 주시오. 답장을 올리오.

10월 하순에
흠欽이 두서없이 쓰오.

---

14 연성(連城)의……않습니다 : 연성은 전국 시대 조(趙)나라 혜문황(惠文王)이 화씨벽(和氏璧)을 구했는데, 이를 들은 진(秦)나라 소왕(昭王)이 열 다섯 개의 성과 바꾸자고
하였다. 연성벽(連城璧)은 매우 귀중한 것을 가리키는 것으로, 여기서는 상대방의 재능이나 인품 등을 말한다. 아울러 그 덕을 입어 잘 살고 있다는 말이다.

해설

이 편지는 신흠申欽(1566~1628)이 정홍명鄭弘溟(1582~1650)에게 부친 것으로, 1622년 쓴 것으로 추정된다. 정홍명은 바로 송강 정철의 넷째 아들이다. 그가 월사 이정귀와 상촌 신흠에게 아버지의 문집인 『송강집』 서문을 부탁한 것이다. 위 편지의 내용에서 "월사의 서문이 오지 않았다"는 말에서 바로 이러한 상황을 추정할 수 있다. 『송강집』에는 이정귀와 신흠의 서문이 모두 있으며, 신흠이 쓴 서문의 연도는 1622년으로 기록되어 있다. 『송강집』 서문을 보내면서 이 편지를 썼을 가능성이 크므로 이 편지를 쓴 연도를 1622년으로 추정하였다.

신흠은 조선 중기의 4대 문장가로 꼽힌다. 신흠 이외에 이 4대 문장가에 꼽히는 인물은 월사月沙 이정귀李廷龜, 계곡谿谷 장유張維, 택당澤堂 이식李植이다. 이들 호를 각기 따서 '월상계택月象谿澤'이라고 부른다. 이들은 선조 때부터 인조 연간에 활약한 인물들로, 글은 당송팔대가의 글을 모범으로 삼고, 주자학적 기반을 가지고 있었다.

신흠의 자는 경숙敬叔, 상촌 이외의 다른 호는 현헌玄軒·현옹玄翁·방옹放翁 등이 있으며, 본관은 평산이다. 그의 할아버지와 아버지는 모두 관료 출신이며, 그 역시 관료로서 출세하였다. 그는 1586년 문과에 급제하였다. 관료 초기에 그는 이이李珥를 옹호하여 동인들로부터 배척을 받아 낮은 관직부터 출발하였으나, 임진왜란 때 활약으로 지평에 승진하였다. 전란 중 대명 외교문서를 작성하는 등 문학적 역량을 크게 발휘하였다. 서장관과 책봉사 등으로 명나라에 다녀왔으며, 벼슬하기 이전부터 문명을 크게 떨쳤다. 벼슬을 하면서 문장으로 선조宣祖의 신망을 받았다.

참고로 수신자인 정홍명은 자가 자용子容, 호는 기암畸庵, 본관은 연일이다. 1616년 문과에 급제하여 여러 벼슬을 하였다. 그 역시 제자백가와 고문에 정통하고, 유가 경전에 뛰어났다. 특히 예학에서는 김장생의 학통을 이었다. 시호는 문정文貞이며, 저서로는 『기옹집』·『기옹만필畸翁漫筆』이 있다. 사후 좌의정에 추증되었다.

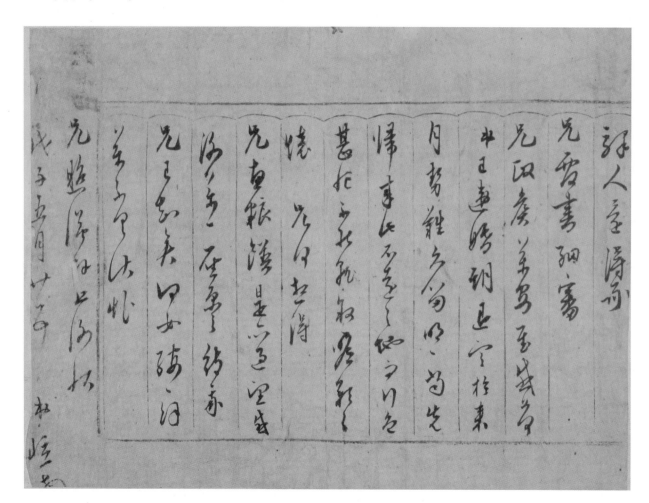

驛人還, 得承兄覆書. 細審兄政候萬安, 慰感如何. 弟已違婚期, 退定於來月, 勢難久留, 明日當先歸. 來此不遠之地, 而行色甚忙, 不能就敍, 嗟歎之懷, 兄何想得. 兄惠粮饌, 是亦過望, 感謝萬萬. 聖原之待我, 兄已知矣, 何必縷縷. 餘萬不具, 伏惟兄照. 謹拜上謝狀.

戊子五月卄五, 弟岦頓.

　역인驛人이 돌아오면서 형의 답서를 전해 받았습니다. 형이 정무를 보는 안부가 편안함을 자세히 알았으니 위로되고 감격스런 마음 어떻겠습니까. 저는 이미 혼약 날짜를 어겨 다음 달로 물려 정했으니, 형세 상 오래 머무르기 어려워 내일 먼저 돌아갈 것입니다. 멀지 않은 이곳으로 오는데도 행차가 몹시 바빠 나아가 회포를 풀 수가 없었으니 한탄스런 마음을 어찌 형이 생각이나 하실 수 있겠습니까. 형이 주신 양식과 음식은 바랐던 것보다 많으니 너무나도 감사합니다. 성원聖原이 나를 기다리는 것을 형이 이미 알고 있으니 하필 낱낱이 다 말하겠습니까. 나머지 많은 것은 갖추지 못합니다. 삼가 살펴 주십시오. 삼가 절하고 답장을 올립니다.

무자년(1588) 5월 25일
제弟 립岦 올림

해설

　1588년 5월 25일에 최립崔岦(1539~1612)이 상대가 보내 준 음식에 대해 감사의 인사를 전하기 위해 보낸 편지이다. 혼사 날짜를 뒤로 미룬 자신의 상황을 전하며 내일 돌아갈 계획을 전하였다. 수신자는 미상이다.

　최립의 자는 입지立之, 호는 간이簡易, 본관은 통천通川이다. 1559년에 문과에 장원급제, 1577년·1581년에 주청사奏請使의 질정관質正官으로 명나라에 다녀왔고, 1594년에는 주청부사奏請副使가 되어 명나라에 다녀왔다. 최립은 문장가로 인정을 받아 중국과의 외교문서를 많이 작성했고 명나라 왕세정王世貞을 만나 문장을 논했다. 저서로는 『간이집』 등이 있다.

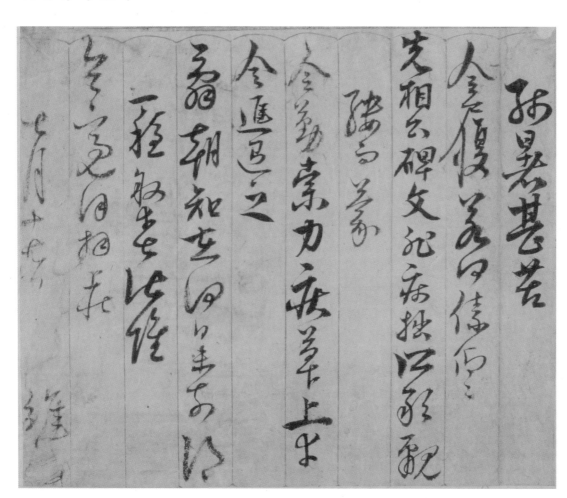

殘暑甚苦, 令履若何. 傃仰傃仰. 先相公碑文, 非病拙所敢覬縷, 而蒙令勤索. 力病草上. 幸令進退之, 辭朝知在何日? 未前得一穩叙, 幸甚. 伏惟令亮. 謹拜上狀.

七月十九日, 維頓.

　늦더위가 심하게 기승을 부리는 계절에 영감께서는 어떻게 지내십니까. 그립고 그립습니다. 돌아가신 상공의 비문은 병들고 졸렬한 제가 감히 지을 것이 아닌데, 영감의 애써 하라고 하여 병을 무릅쓰고 써서 올리니, 영감께서 결정하시기 바랍니다. 조정에서 하직하는 날짜는 언제입니까? 떠나시기 전에 한 번 뵙고 회포를 풀 수 있다면 매우 다행이겠습니다. 영감께서 살펴 주십시오. 삼가 편지를 올립니다.

　7월 19일
　유維 올림

해설

　이 편지는 장유張維(1587~1638)가 수신인을 알 수 없는 사람에게 보낸 편지다. 장유의 자는 지국持國, 호는 계곡谿谷·묵소默所, 본관은 덕수德水이다. 김장생金長生의 문인이다. 1609년 문과에 급제하고, 인조반정에 가담하여 정사공신靖社功臣이 되었으며, 이후 여러 관직을 역임한다. 그는 일찍이 양명학陽明學을 접했고, 천문·지리·의술·병서 등에 능통했으며, 문장에 뛰어나 이정귀李廷龜·신흠申欽·이식李植과 함께 조선 문학의 사대가四大家라는 칭호를 받았다. 저서로는『계곡집』·『계곡만필』·『음부경주해陰符經注解』등이 있다.

8. 이식의 편지

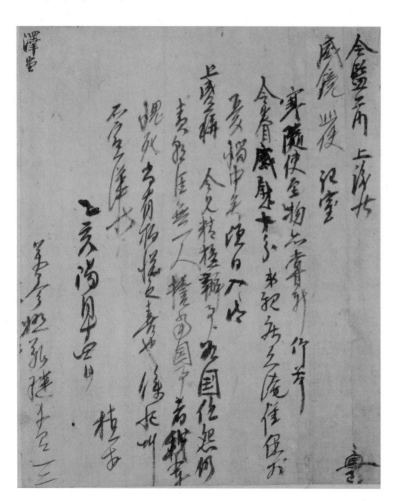

[피봉]

令監前, 上謝狀.

咸鏡巡使, 記室.

(수결)

寒隨使至, 物亦嘗新, 仰荷令眷, 感慰十分. 弟親病久淹, 僅保
於憂惱中矣. 頃日入侍, 上盛稱令兄, 精極辦事, 爲國任怨, 仍
責朝臣, 無一人擔當國事者, 我輩愧死, 尙有栢悅之喜也. 餘 忙
草. 不宣. 謹狀.

乙亥陽月十四日, 植拜.

藥蔘極艱繼, 幸有一二.

[피봉]

영감令監 전前 상사장上謝狀

함경도 순찰사 기실記室 (수결)

추위에 심부름꾼을 따라 왔고, 만물 또한 새롭게 바뀌었습니다. 영감께서 돌보아 주신 은혜에 십분 감사드립니다. 저는 어버이의 병이 오래되어 근심과 걱정 속에 겨우 날을 보내고 있습니다. 지난번 입시入侍했을 때 주상主上께서 형이 정성을 다해 일을 처리한 것과 나라를 위해 원망을 책임진 것에 대해 크게 칭찬하였고, 이어서 조정의 신하 가운데 한 사람도 국사를 떠맡는 자가 없음을 책망하여, 우리들은 부끄러워 죽을 지경이었으나 그래도 백열栢悅의 마음[15]이 있었습니다. 나머지는 경황 없이 씁니다. 이만 줄입니다. 삼가 답장을 올립니다.

을해년(1635) 10월 14일에

식植 배拜

약삼藥蔘[16]은 극도로 이어가기 어렵지만 다행히 한두 뿌리를 가지고 있습니다.

해설

성균관 대사성으로 있던 이식李植이 52세 때인 1635년 10월 14일에 동료인 함경도 순찰사 민성징閔聖徵에게 보낸 편지이다. 인조로부터 칭찬받고 있는 민성징의 평을 소개하였다. 추신 뒤에 한 줄 정도의 내용이 있었지만『필적유휘』를 첩으로 만드는 과정에서 잘려 나간 듯하다.

이식(1584~1647)의 자는 여고汝固, 호는 택당澤堂, 본관은 덕수德水이고, 민성징(1582~1648)의 자는 사상士尙, 호는 졸당拙堂, 본관은 여흥이다.

---

15 백열(柏悅)의 마음 : 육기(陸機, 260~303)의「탄서부(嘆逝賦)」에, "진실로 소나무가 무성하면 잣나무가 기뻐하고, 아! 지초가 불에 타면 혜초가 탄식하도다.[信松茂而柏悅, 嗟芝焚而蕙嘆]"라고 한 데서 온 말로 동류(同類)의 불행을 함께 슬퍼함을 뜻한다.

16 약삼(藥蔘) : 초롱꽃과의 여러해살이 풀이다. 삼엽채(三葉菜), 선초(仙草), 참더덕, 삼승더덕, 좀만삼, 당삼, 태삼 등의 다른 이름이 있다.

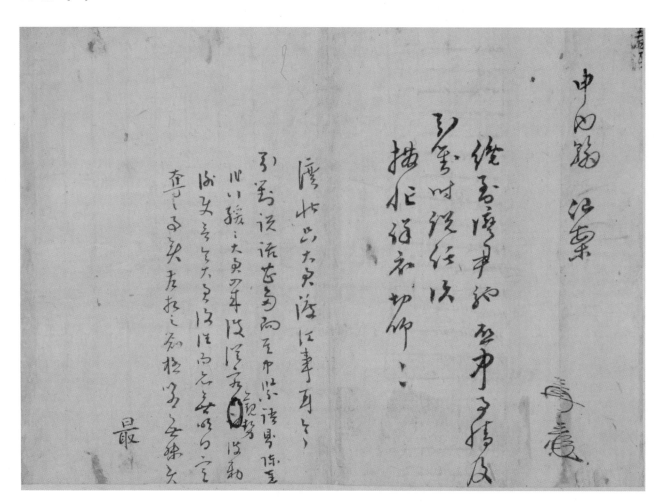

(편지 1)

[피봉]

申內翰, 記案. (수결1) (수결2)

纔到灣尹馳啓中事情, 及引對時說話, 須撥忙詳示, 切仰切仰.

(편지 2)

灣狀, 只大君渡江事耳. 今日引對說話甚多, 而其中緊語, 則陳達作行緩緩. 大君入來後從容觀勢後 勅謝使言, 今大君後往, 而亦無明日定奪之事矣. 左相之箚, 極以爲無味矣.

最

(편지 1)

신 내한申內翰의 기안記案에 (수결1) (수결2)

　막 도착한 의주 부윤의 장계狀啓 가운데의 사정과 상上이 신하들과 인견하실 때의 이야기들은 모름지기 바쁜 것을 다 제쳐두고 상세히 말씀해 주시기를 간절히 부탁드립니다.

(편지 2)

　의주의 장계는 다만 대군大君께서 강을 건넌 일일 따름입니다. 오늘 주상이 신하들을 인견할 때 나눈 말이 매우 많으나, 그 가운데 중요한 말은 길을 가는 데 천천히 가야 한다고 진달한 것입니다. 대군이 들어온 뒤 조용히 형세를 살핀 뒤에 칙사사勅射使는 "대군으로 하여금 다시 가야 하되 내일로 정탈定奪할 일은 없다."고 말하였습니다. 좌의정의 차자箚子는 아무런 의미가 없다고 여겨집니다.

　신최申最가

해설

　이 편지는 한 장의 편지 속에 두 사람의 편지가 들어 있다. 첫 번째 편지의 큰 글씨체는 누가 쓴 것인지 모르나, 신최申最(1619~1658)에게 용만에서 온 장계의 내용 및 왕과 신하들의 의논 내용을 알려 달라고 청하는 내용이다. 첫 글에서 말한 '신 내한'은 바로 신최인 것이다.

　그 다음으로 작게 작성된 편지가 답장으로 쓴 신최가 쓴 글이다. 받은 편지에 그대로 써서 돌려보낸 것이라 추정할 수 있다. 신최는 용만에서 온 장계의 내용은 대군大君이 압록강을 건넌 것에 대해 말한 것이며, 왕과 신하들의 회의에서 나온 말은 "느리게 행하라."는 것과 "정탈할 일이 없다.", 즉 왕이 재가해야 할 일이 없다는 것이었다.

　이 편지를 쓴 연도는 '내한'이라는 단어에서 추정할 수 있다. 내한은 정8품 대교待敎와 정9품 검열檢閱을 지칭하는 말이다. 신최는 1649년 검열, 1650년 대교가 된다. 그리고 효종이 왕위에 오른 1649년과 1650년 초반에 봉림대군鳳林大君이 북경으로 사신을 가는 일이 『승정원일기』에 여러 차례 등장한다. 그러므로 이 편지는 1650년 초반에 씌어진 것이다. 아울러 신최가 1650년에 경연에서 나눈 대화를 외부로 발설하였다는 죄목으로 형문刑問을 받았는데, 혹 이 편지가 그와 관련된 것일 수도 있다.

　신최의 자는 계량季良, 호는 춘소春沼, 본관은 평산이다. 할아버지가 바로 앞의 편에 나오는 신흠이며, 아버지는 신익성이다. 신최는 뛰어난 문장가였다. 농암 김창협은 그의 『농암집』「외편」에서 신최에 대해 평을 하였는데, 그가 할아버지 신흠보다 못하지만 뛰어나다고 하였다.

伏惟秋高

叔主起處宣保萬相馮(盡)不已趙進澤

壽兄所

委教金店運來後造未所幹亦口快

成寶府

叔主一病動悉於尚後書札又時書美

引債累去以獨於

叔主所請之事多不遂以為又叔云不像

慨新之至然家費諸多疏則有償事

徐植以圖

引光山孫學

山寺文書彼必來勘於

頁尚十月授於壽事云

主筆畫之人多往來久不為於理一人

意具其武庠易進為此舉則事極不

徐不日為之了即到

當心比對不言我立之厄列同一主不

比要反執字帖壽去後妨世氏石為乐

子盡少此乡

丙辰十月廿二日

扶

錫胄

伏惟初寒, 叔主巡宣體履萬相, 仰遡不已. 趙繼漢之來, 旣承委敎, 金應運昨復還來, 所幹亦得順成, 實荷叔主之濟助. 然於前後書札及往來者所傳, 累責以姪於叔主所請之事, 多不盡心爲敎云, 不勝愧歎之至. 然若費辭分疏, 則有傷事體, 不得爲之耳. 卽聞, 兎山縣監徐瑱, 以面負滿十, 見捉於都事云, 此乃朝廷有意, 差遣之人. 到任未久, 不知妙理之人, 意其武倅易遞, 爲此擧, 則事極不當. 文書彼必來勘於營下, 此時, 不無善處之道. 訓局之意, 亦如此. 爲此馳稟. 餘都在後便, 姑此不備. 伏惟下照. 謝狀上.

丙辰十月卄二日, 姪錫冑.

초겨울에 숙부님의 순찰하시는 정무가 모든 것이 편안하다 하시니 우러러 그립기 그지없습니다. 조계한趙繼漢이 와서 이미 숙부님의 자세한 편지를 받았고 김응운金應運이 어제 다시 돌아왔는데 보던 일이 또한 순조롭게 이루어졌으니 실로 숙부께서 일을 봐주신 덕택입니다.

그러나 전후의 서찰 및 왕래하는 사람이 전한 말에 의하면, 제가 숙부께서 청하신 일에 마음을 다하지 않은 점이 많다고 하며 거듭 질책하셨다고 하니 지극히 부끄럽고 한탄스런 마음 감당할 수 없습니다. 그러나 여러 말을 하며 분간한다면 일의 체모를 상할 것이기에 할 수 없었을 뿐입니다.

이제 듣기에 토산 현감兎山縣監 서진徐瑱[17]이 저버린 것이 가득 찼다고 도사都事에게 잡혀갔다고 하는데 이 사람은 곧 조정에서 생각이 있어 차출해 보낸 사람입니다. 도임한 지 얼마 되지도 않았는데 은미한 이치를 알지 못하는 사람이 무관 수령을 쉽게 교체할 수 있다고 생각하고서 이러한 일을 한 것은 일이 극도로 부당합니다. 문서文書는 저 사람이 반드시 감영에 와서 살펴볼 것인데 그때 잘 처분하는 도리가 없어서는 안 될 것입니다. 훈국訓局(훈련도감)의 뜻도 이와 같습니다. 이 때문에 급히 여쭙습니다. 나머지는 모두 이후의 인편을 기다리고 우선 여기서 줄이며 서식을 갖추지 못합니다. 삼가 살펴주십시오. 답장 올립니다.

병진년(1676) 10월 22일

질姪 석주錫冑

---

17 서진(徐瑱, ?~1680) : 숙빈 최씨(영조의 생모)의 자부(姊夫)로 1669년 훈련 판관이 되었다. 1676년에 황해도 토산 현감을 지냈다. 경신년(1680) 옥사 때 귀양 가서 죽었다.

해설

1676년 10월 22일, 김석주金錫胄(1634~1684)가 토산 현감 서진徐瑱에 대한 선처를 부탁하기 위하여 조사석趙師錫(1632~1693)에게 보낸 편지이다. 조사석은 김석주의 어머니의 고종姑從으로 김석주에게 숙항叔行이 된다.

김석주의 자는 사백斯百, 호는 식암息庵, 본관은 청풍淸風이다. 1676년 당시 태복시 제조가 되어 동지冬至에 말을 올리는 것을 혁파하였고, 허적許積이 지방에 체찰사의 군영을 설치하려는 것을 반대하였다. 병조 판서를 지냈고 청성부원군淸城府院君에 봉작되었으며 시호는 문충文忠이다.

조사석의 자는 공거公擧, 호는 만회晩悔, 본관은 양주楊州이다. 1662년에 문과에 급제하였고, 1676년 당시 황해도 감사를 지냈다. 1689년에 영돈녕부사를 지냈다. 시호는 충헌忠憲이다.

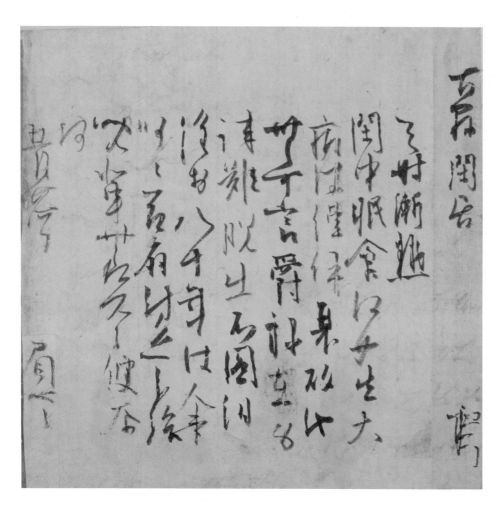

古縣閑居 (수결)

天時漸熱, 閑中眠食. 何如? 生大病後, 僅
保衰敗, 他無可言. 爵祿在身, 誠難脫出.
不圖汩沒於八十年後人事, 呵呵. 節扇付
送, 分給兒輩. 荷尺之便, 奈何?
五月念日, 眉叟.

[피봉]

고현古縣 한거閑居 (수결)

　날씨는 점점 더워지는데 한가하게 지내는 근황은 어떠하십니까? 저는 큰 병을 앓은 후에 겨우 쇠잔한 몸을 보전하고 있으니 나머지는 말할 것이 없습니다. 몸에 있는 벼슬과 녹은 진실로 벗어나기 어렵군요. 뜻밖에 팔십 나이에 후인의 일에 골몰하게 되었으니 우습습니다. 단오절 부채를 보내니 아이들에게 나누어 주십시오. 하척荷尺의 인편은 어떠하신지요?

5월 20일
미수

해설

　이 편지는 미수眉叟 허목許穆(1595~1982)이 팔십 세 무렵 단오절을 맞이하여 지인에게 부채를 선물하면서 보낸 편지이다.

　허목은 그림·글씨·문장에 모두 능했으며, 글씨는 특히 전서에 뛰어나 동방 제1인자라는 찬사를 받았다. 지금 이 편지도 전서의 형태가 많이 들어 있다. 작품으로 삼척의 「척주동해비陟州東海碑」, 시흥의 「영상이원익비領相李元翼碑」, 파주의 「이성중표문李誠中表文」이 있고, 그림으로 「묵죽도」가 전한다. 저서로는 『동사東事』·『방국왕조례邦國王朝禮』·『경설經說』·『경례유찬經禮類纂』·『미수기언眉叟記言』 등이 있다.

12. 허목의 글씨

效學求愈邈
爵祿辭愈繆

학문은 구할수록 멀어지고 效學求愈邈
벼슬은 사양할수록 더욱 얽혀든다 爵祿辭愈繆

해설

미수 허목이 전서로 쓴 명구名句로 해동제일이라는 미수전서체의 특징을 잘 보여주는 작품이다. 문장의 내용은 퇴계 이황 선생의
자명自銘에 "학문은 구할수록 멀기만 하고, 관작은 사양할수록 몸에 얽히네[學求愈邈, 爵辭愈嬰]"라는 내용과 동일하다.

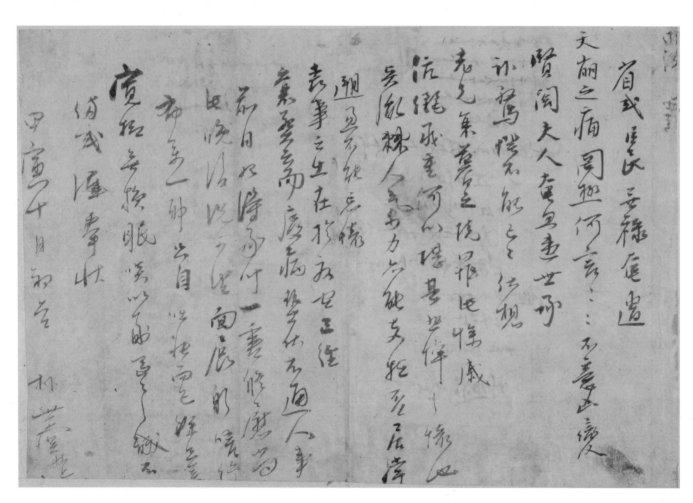

省式. 臣民無祿, 奄遭天崩之痛, 罔極何言, 罔極何言. 不意凶變, 賢閤夫人, 奄忽違世, 承訃驚愕, 不能已已. 伏想老兄衰暮之境, 罹此慘戚, 伉儷義重, 何以堪其悲悼之懷也. 賢胤棘人, 氣力亦能支持否? 居常遡慮, 不能忘懷. 喪事之出, 在於夏間, 已經襄葬云. 而癃病蟄伏, 不通人事. 前日始得承聞, 一書修慰, 尙此晚後, 況可望面展躬唁, 抒布萬一耶. 只自咄悵而已. 餘只冀寬憶, 無損眠啖 以副區區之誠. 不備式, 謹奉狀.

甲寅十月初六日, 朴世堂狀上.

서식을 생략합니다. 신민이 복록이 없어 갑자기 하늘이 무너지는 아픔을 당했으니 망극함을 어찌 말하겠습니까? 망극함을 어찌 말하겠습니까?

뜻하지 않는 흉변으로 당신의 합부인閤夫人이 세상을 갑자기 버렸으니, 부고를 받고 경악해 마지않았습니다. 삼가 생각건대 노형께서 늘그막에 이러한 참혹한 상을 당하셨으니, 부부의 중한 의리에 어떻게 슬픈 마음을 견디십니까? 상주를 하고 있는 현윤賢胤은 기력이 견딜만 합니까? 늘 그립고도 걱정스러워 그리운 마음 잊을 수 없습니다. 상사가 여름에 있었으니 이미 장례를 치루었다고 들었습니다. 그리고 저는 심한 병으로 칩복蟄伏하고 있으면서 인사를 보지 못했습니다. 며칠 전에 비로소 소식을 듣고 편지 하나 써서 위로 드리는 것도 오히려 이렇게 늦으니, 하물며 만나서 직접 일말의 심정을 펴는 일이야 바랄 수 있겠습니까? 다만 탄식할 뿐입니다. 나머지는 다만 마음을 너그러이 가지고 자고 먹는데 손상이 없이 하여 구구한 마음에 부응해 주시기를 바랍니다. 서식을 갖추지 못합니다. 삼가 편지를 올립니다.

갑인년(1674) 10월 6일
박세당朴世堂은 편지를 올림

해설

박세당朴世堂(1629~1703)이 1674년 10월 6일에 쓴 편지이다. 그해 8월에 국왕 현종이 승하하여 모든 신민新民이 슬퍼하고 있는데, 또 부인의 상喪을 당하여 슬퍼하는 친구를 위로하며 보낸 편지이다.

박세당의 자는 계긍季肯, 호는 서계西溪, 시호는 문정文貞, 본관은 반남潘南이다. 저서로는 『서계집』과 『사변록思辨錄』이 있다. 편저로는 농서農書인 『색경穡經』이 있다.

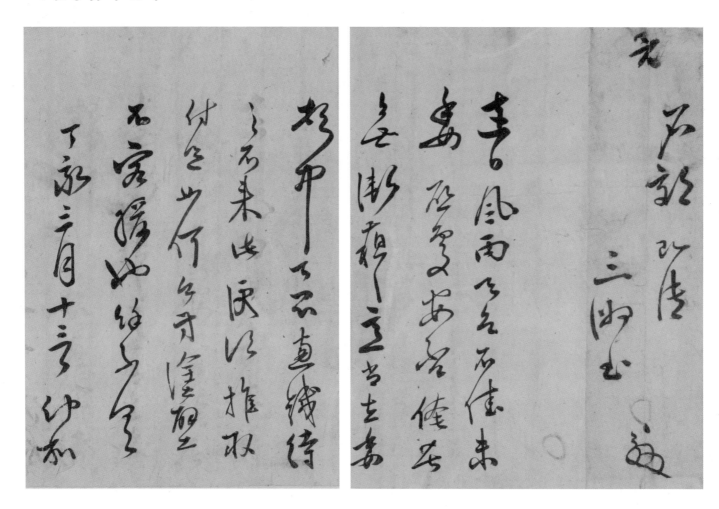

石郊卽傳

三洲書 (수결)

連日風雨, 天色不佳, 未委啓處安否? 俺苦無漸蘇之意, 尙在委頓中, 可悶. 惠鐵待之不來, 此便須推取付送如何? 今方塗壁不容緩也. 餘不具.

丁亥三月十三日, 仲和.

석교石郊로 곧장 전함
삼주三洲가 씀 (수결)

여러 날 계속 비바람이 쳐 날씨가 좋지 않은데 지내시는 곳이 편안하신지 모르겠습니다. 저는 고통스러워 조금이라도 나아지려는 뜻이 없이 오히려 병으로 지쳐 있으니 참으로 근심스럽습니다. 보내신다는 철물은 기다려도 오지 않으니, 이번 인편에 하나하나 헤아려 보내 주시는 것이 어떠합니까. 지금 막 벽을 발랐으니 늦추어서는 안 됩니다. 나머지는 갖추지 못합니다.

정해년(1707) 3월 13일
중화仲和

해설

이 편지는 김창협金昌協(1651~1708)이 미상의 수신자에게 쓴 편지이다. 피봉에 호를 쓰고 발신자에 자를 쓴 것, 그리고 첫 머리에 쓰인 '석교石郊'라는 말로 보면, 같은 안동 김씨 세거지에 사는 나이 적은 사람에게 쓴 것이라 할 수 있다. 편지의 내용은 건축에 필요한 철물을 보내 달라는 것으로 추정된다. 이 편지는 김창협이 죽기 1년 전인 1707년 3월에 쓴 것이다. 김창협은 이해 7월에 동교東郊에 있는 이유李濡의 녹천鹿川 별업別業에 우거하였는데, 이와 관련된 것인지는 명확하지 않다.

김창협의 자는 중화仲和, 호는 농암農巖·삼주三洲, 본관은 안동이다. 그의 증조할아버지는 좌의정을 지낸 김상헌金尙憲, 아버지는 영의정을 지낸 김수항金壽恒, 형 역시 영의정을 지낸 김창집金昌集이다. 그 역시 1682년 문과에 장원으로 급제하여 주요 관직을 두루 지냈다. 다만 기사환국(1689)으로 정권이 서인에게서 남인으로 넘어가자 벼슬을 단념하였지만, 갑술옥사(1694)로 다시 정권이 바뀌자 여러 벼슬에 임명되었으나 이후로는 사직하고 학문에 전념하였다.

이 편지에서 그가 삼주三洲라고 한 것은 바로 증조할아버지를 모신 서원인 석실서원石室書院 앞 한강에 있는 세 섬에서 따온 것이다. 이 한강을 옛날에는 미호渼湖라고 칭하였다. 미호는 김창집의 손자 김원행金元行의 호이기도 하다. 편지 피봉에 있는 석교石郊는 바로 석실서원 근처의 들판이며, 이곳은 안동 김씨의 전장田莊이 있는 곳이다.

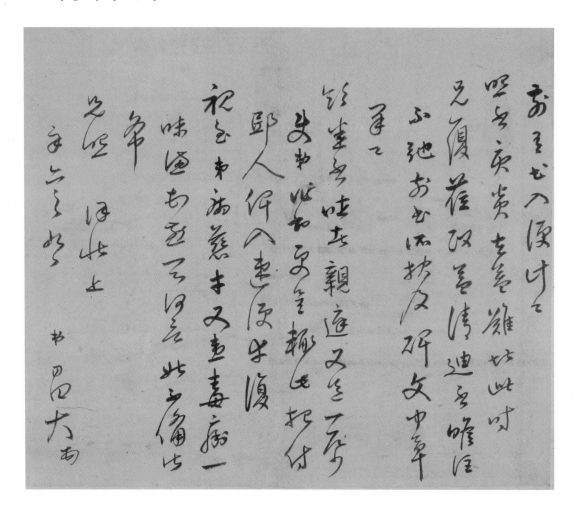

前有出入便, 計已照否? 庚炎去益難堪, 此時, 兄履莅政, 益淸迪否? 瞻注不弛. 前書所報, 及碑文中草, 果已領審否? 昨者, 親庭又送一紙, 使弟作書更呈. 輒此招付鄙人, 俾入速便, 幸復視至. 弟, 病慈, 方又患毒痢, 一味憊頓, 煎悶何言? 姑不備. 伏希兄照. 謹狀上.

辛六月九日, 弟昌大頓.

앞서 출입하는 인편에 보냈던 편지는 이미 보셨습니까? 삼복의 더위가 갈수록 심해지며 견디기 어려운 이때에 형의 정무를 보시는 안부가 더욱 편안합니까? 그립기 그지없습니다. 이전 편지에 말씀드린 것과 비문 가운데의 글은 이미 받아 살펴보셨습니까? 어제 아버지께서 저에게 다시 종이 한 장을 보내 편지를 다시 써서 올리도록 했습니다. 이에 곧바로 하인을 불러 얼른 전하도록 했으니 다시 보시기 바랍니다. 저는 병든 어머니가 지금 또 독한 설사병에 걸려 늘 누워 계시니 애타는 마음을 어찌 말로 다 하겠습니까? 서식을 갖추지 못합니다. 삼가 살펴주십시오. 삼가 올립니다.

신년辛年(1711) 6월 9일
제弟 창대昌大 돈頓

해설

1711년 6월 9일에 최창대崔昌大(1669~1720)가 상대에게 부탁한 것을 재촉하기 위해 보낸 편지이다. 편지를 쓴 해는 최창대의 어머니가 1712년에 설사병을 앓다가 죽었으므로(『곤륜집昆侖集』「선비정경부인경주이씨행장先妣貞敬夫人慶州李氏行狀」) 1711년에 쓴 것으로 추정된다.

최창대의 자는 효백孝伯이고, 호는 곤륜昆侖이며, 본관은 전주全州이다. 영의정 최명길崔鳴吉의 증손이며 영의정 최석정崔錫鼎의 아들이다. 대사성, 이조 참의, 부제학을 지냈다.

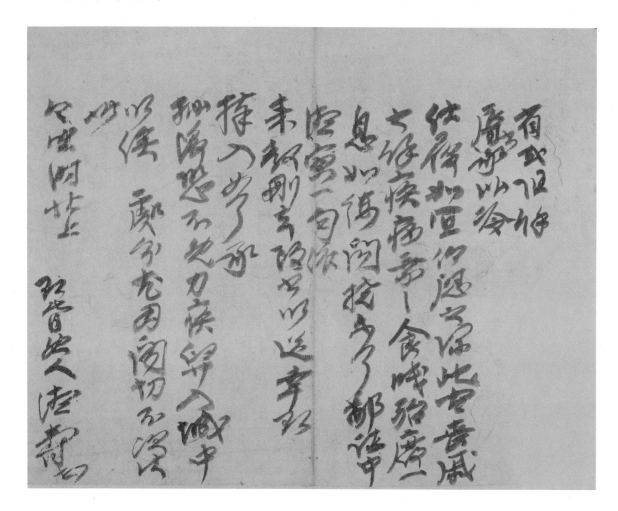

省式. 阻餘辱書承, 比冷仕履如宜, 仰慰之深. 此間喪戚之餘, 疾病乘之, 食眠殆廢, 一息如縷, 悶撓柰何? 鄙詩中, 德寅一句, 依來敎刪去, 改書以
送, 幸卽捧入如何? 承批後, 恐不免力疾, 舁入城中, 以俟處分, 尤用悶切. 不次. 伏惟, 令照. 謝狀上.

卽, 朞服人德壽頓.

편지의 예식은 생략합니다. 연락이 막혀 있다가 편지를 받았는데 날씨가 차가운 요즘에 정무를 보시는 건강이 좋으시다니
우러러 위로됨이 깊습니다. 저는 요즈음 상을 당한 나머지에 병까지 들어 식사와 잠을 거의 이루지 못하고 실낱같은 목숨만을
보전하고 있으니 답답하지만 어찌하겠습니까? 저의 시詩 중에 '덕인德寅' 한 구를 말씀대로 삭제하여 다시 써서 보내니 곧바로
대궐에 봉입하는 것이 어떻겠습니까? 비답을 받은 후에는 병을 무릅쓰고 성으로 들어가 처분을 기다리는 것을 면하지 못할 것
이니 더욱 민망스럽습니다. 두서없이 씁니다. 영감께서 살펴주십시오. 답장을 올립니다.

편지를 받은 날에
기복인朞服人 덕수德壽 올림

해설

이 편지는 이덕수李德壽(1673~1744)가 상중에 친한 관료로 있는 벗에게 보낸 것으로 보인다. 이덕수의 자는 인로仁老, 호는 벽계
蘗溪 또는 서당西堂이다. 김창흡金昌翕·박세당朴世堂의 문인이다. 그는 1713년 문과에 급제하여 문의 현감·지평·수찬·부교리·
이조 좌랑 등을 역임하였다. 1724년 간성 군수로 있다가 경종이 죽자 실록청 당상으로『경종실록』편찬에 참여하였다. 1732년 대제
학을 지내고「경묘행장景廟行狀」을 찬진했다. 1734년에 당나라『여사서女四書』를 언해했으며, 1741년에는『국조오례의』수정 작업에
참여하였다. 저서로『서당집』·『서당사재西堂私載』등이 있다. 시호는 문정文貞이다.

苦森乍収伏惟 起居冲適 止奉梢穫逵容 不屑之發

一得之愚庶幾相慕而燕餘矣依々尚在心 貴橋說讀豈過焉

有短評々附題〇下古人以評文章麿之點就晴形酒旁々非甚有

乃在謂汗俳頂耳骨勁力大思深法簡心立步㣲韓拟將悍恣有

掐雖風神色深少有瓜遊々故此而不為以必儒々廉要語家見其

失此傑以必漂於於下風有也但未知幸此進果乱々拔凡俗寫

視百代隋天地一物之叔而信光於贊疲架矍々悍卿僅々不肖阿戒

㵎影於人乃其志志不止於是丹天之生邪人也各其身目兩千萬人之耳目

其目而不興人摸揆㣲意其意而不為人管撲者也故此兩視一物而兩皆

借人之視同聽一聲而吾未甞借人之聽則猖於見識醉悟而不拘其矣

人之奴隷竹行為甚臣々安意窕欲摶千古之學術別之於前々不拘其矣

於四時英雄臺陛々士志甞此志甚々才畢不能極力以求所欲

目獅千古々文章攬々於吾々見識醉悟探志

守其中合有邪々杏者掐一而使千古學宋文章為吾々裁而不肰栽

吾為吾々彼而不能役吾其皆孝合子烏則寧學吾學文吾文別建旗

皷樹此庭尊驚使天下必與有多属不揮大韓不柳覚々抱立々乾

川女甫獅王自為竹枓而不譯於服獸剖花別具榮竹而為另々

則炸耳泥迅拔人尊其邪尊為其品而已役文章一技豈誠圃号

兩傳求之斷所謂法度有何物兩絕堂者々阿此歎訖為正宗而竡

為閭巷欺吾自言言々而人將荐莖阿欽者 見與諈厚揄偆

並氏怐 二下々譔る不宜傷狀

卯目

趙龜命而号

苦霖乍收, 伏惟起居沖適. 昨奉稍獲從容不屑之敎, 一得之愚, 庶幾相罄而無餘矣, 依依尙在心. 貴稿熟讀數過, 亦有短評, 各附題下. 古人以評文章, 譬之點龍睛, 顧陋劣强非其任, 乃所謂汚佛頂耳. 骨勁力大, 思深法簡, 以之步趨韓柳, 將綽然有裕. 雖風神色澤, 少有所遜, 職此, 而不爲後世纏纏靡曼語, 亦未見其失, 此僕所以樂拜於下風者也. 但未知率是以進, 果能超拔凡俗, 高視百代, 備天地一物之數, 而終免於贅疣架疊之歸耶? 僕之不肖, 何敢備數於人, 乃其志, 亦不止於是耳. 天之生斯人也, 各具耳目, 而千萬人之耳目, 同而有異焉. 各有意態, 而千萬人之意態, 同而有異焉. 是使千萬人者, 各身其身, 而不與人摸擬, 各意其意, 而不爲人管攝者也. 故同視一物, 而吾未嘗借人之視, 同聽一聲, 而吾未嘗借人之聽, 則獨於見識解悟, 而屈首爲古人之奴隷, 彼何爲哉. 區區妄意, 竊欲摶千古之學術, 列之於前, 而不拘其名目. 櫛千古之文章, 攬之於手, 而不計其等級. 但以吾之見識解悟, 探索乎其中, 合者取之, 不合者捨之. 要使千古學術文章, 爲吾之裁, 而不能裁吾, 爲吾之役, 而不能役吾. 其皆不合于吾, 則寧學吾學文吾文. 別建旗鼓, 橫馳旁騖, 使天下後世, 知有不儒不釋不韓不柳, 嵬嵬獨立之乾川子爾. 獅王自爲行臥, 而不牽於衆獸, 鞠花別具榮悴, 而無關於四時. 英雄豪傑之士, 立心當如此矣. 氣弱才卑, 不能極力以求所欲, 則姑且隨逐衆人, 尊其所尊, 爲其所爲而已. 彼文章一技, 豈敢囿吾而縛束之歟. 所謂法度者何物, 而繩墨者何狀歟. 孰爲正宗, 而孰爲閏位歟. 吾自言吾之言, 而人將奈吾何歟. 荷見與之厚, 披露至此, 惟足下之諒焉. 不宣, 謹狀. 卽日, 趙龜命, 頓首.

괴로운 장마비가 잠시 그치니 삼가 기거하는 상황이 평온하시리라 생각합니다. 어제 잠시 조용히 가르침을 받고서 어리석은 소견을 거의 쏟으면서 남기지 않았으니 사모하는 마음이 아직도 남아 있습니다. 당신의 시고詩稿를 여러 차례 읽으면서 또한 각 제목 아래 간단한 비평을 달았습니다. 고인은 문장 평하는 것을 화룡점정에 비유했으니, 다만 비루하고 용렬한 저는 억지로 자임할 수 없으니, 바로 이른바 부처 머리를 더럽힌다[18]는 것일 따름입니다.

골격이 굳세고 필력이 장대하며 생각은 깊고 법도는 간명하니, 그것으로 한유와 유종원을 추종하면 여유로울 수 있을 것입니다. 비록 풍신風神과 색택色澤은 조금 양보하는 바가 있으나 이것을 배우면 후세에 지리멸렬하고 화려한 문사를 하지 않으니, 또한 그 실수는 하지 않을 것이다. 이것이 내가 즐거이 하풍下風에 절하는 까닭입니다. 다만 모르겠습니다만 경솔하게 나아가

---

18 부처 머리를 더럽힌다. : "부처 머리에 똥을 발랐다.[佛頭着糞]"는 말과 같은 뜻이다. 훌륭한 글의 첫머리에 변변찮은 서문을 썼다는 뜻이다. 송(宋)나라 구양수(歐陽脩)가 『오대사(五代史)』를 지었는데, 어떤 사람이 서문을 지어 앞머리에 붙이려 하자 왕안석(王安石)이 말하기를, "부처의 머리 위에 어찌 똥을 바른단 말인가." 하였다.

면 과연 속세를 초극하고 높이 백세를 보고 천지 모든 물건의 수를 갖추어도 끝내 췌우贅疣나 첩상疊床으로 돌아감을 면할 수 있겠습니까? 나는 불초하지만 어찌 감히 남에게 다 갖추기를 바라겠습니까? 그러나 그 뜻은 또한 여기에 그쳐서는 안 될 것입니다.

하늘이 사람을 탄생시킬 때 각각의 눈과 귀를 갖추도록 하였으니 천만 사람의 이목이 같으면서도 다른 점이 있다. 각각 사물을 인식하는 마음과 태도를 소유했으니 천만 가지의 마음과 태도는 같으면서 다른 점이 있다. 이 천만 사람으로 하여금 각각 그 몸을 지니고 있으면서도 다른 사람과 비슷하지 않고, 각각 그 뜻을 가지고 있으면서도 다른 사람에게 간섭받지 않는 것이다. 그러므로 똑같은 물건을 함께 보아도 나는 일찍이 남의 시력을 빌린 적이 없으며, 똑같은 소리를 함께 들어도 나는 일찍이 남의 청력을 빌린 적이 없습니다. 그러하므로 유독 '견식見識'과 '해오解悟'만은 머리를 숙여 옛사람의 노예가 된다면, 저것을 무엇 하겠습니까?

구구한 나의 생각으로는 천고千古의 학술을 잡아서 눈앞에 벌려 놓고 평가하되 그 명목에 구애되지 않습니다. 천고의 문장을 전부 모아서 손 안에 펼쳐 놓고 평가하되 그 등급을 두지 않습니다. 다만 나의 '견식見識'과 '해오解悟'를 가지고 그 속을 탐색하되 견해에 합치하는 것은 취하고 합치하지 않는 것은 버립니다. 요컨대, 천고의 학술과 문장을 내가 평가하도록 해야지 나를 평가하도록 해서는 안 되고, 내가 그것들을 부려야 야지 나를 부리도록 해서는 안 됩니다. 모든 것이 나에게 합치하지 않으면 차라리 나의 학술을 배우고 나의 문장을 쓸 것입니다. 따로 기치를 세워 좌우로 달려가면서 천하 사람들로 하여금 유자[儒]도 승려[釋]도 아니고, 한유도 유종원도 아닌 우뚝하게 홀로 선 '건천자乾川子'[19]가 있음을 알도록 할 따름입니다.

사자왕은 스스로 다니고 눕지만 여러 짐승에게 구속을 받지 않고, 국화는 특별히 영화와 쇄락함을 갖추고 있지만 사시에 상관하지 않습니다. 영웅호걸의 선비는 마음 세우기를 마땅히 이와같이 해야 합니다. 기운이 나약하고 재주가 낮으면 힘을 다하여 하고자하는 바를 구할 수 없다. 그렇게 되면 잠시 여러 사람을 따라서 그들이 높이는 바를 높이고 그들이 하는 바를 할 따름

19 건천자(乾川子) : 조귀명(趙龜命)의 또 다른 호이다. 그가 서울 남산 아래 건천동에 살았기 때문에 그렇게 불렸다.

이다. 저 문장 한 가지 기예가 어찌 감히 나를 가두어 구속할 수 있겠습니까? 이른바 법도라는 것이 어떤 물건이고 승묵繩墨이란 것이 무슨 모양인가? 누가 정종正宗이 되고 누가 아류가 된단 말입니까? 나는 스스로 나의 말을 하니 남들이 장차 나를 어찌 하겠습니까? 두터이 허여한 것에 힘입어 의견 표출이 여기에 이르렀으니 삼가 족하께서 헤아려주시기 바랍니다. 이만 줄입니다. 삼가 편지를 씁니다.

즉일
조귀명趙龜命은 삼가 올립니다.

해설

조귀명趙龜命(1693~1737)이 1729년에 이정섭李廷燮(1688~1744)이 보내온 시문을 평점한 뒤 보내면서 쓴 편지이다. 이 편지는 조귀명이 18세기 조선 문단의 창작태도를 비판하면서 '견식見識'과 '해오解悟'라는 비평이론을 제시한 글이다. 조귀명의 『동계집東谿集』 권10에 「여이계화정섭서 기유與李季和廷燮書 己酉」와 같은 편지이지만 몇 군데 글자 출입이 있다.

조귀명의 자는 석여錫汝, 보여寶汝, 호는 동계東谿, 또는 건천자乾川子, 본관은 풍양豊壤이다. 상신相臣인 조상우趙相愚의 손자이며, 첨정僉正 조태수趙泰壽의 아들이다. 경사와 제자백제에 능하여 특히 노장老莊에도 조예가 깊었으며, 사람됨이 청정淸靜하고 욕심이 없었다. 조현명趙顯命 등 여러 종형제들이 병권柄權을 잡고 있을 때조차 벼슬에 뜻을 두지 않았고, 후에 세자익위사世子翊衛司 익위翊衛에 잠시 취임하였다. 그가 일찍이 탕평책을 주장한 인연으로 영조가 친히 포의布衣의 신분이었던 그의 문집의 서문을 써주기도 했다. 저서에 『동계집東谿集』과 『건천고乾川藁』가 있다.

이정섭의 자는 계화季和, 호는 저촌樗村이다. 선조宣祖(1552~1608)의 맏아들인 임해군臨海君 이진李珒(1574~1609)의 후손이다. 조부는 익풍군益豊君 이속李涑, 부친은 임원군林原君 이표李杓(1654~1724)이다. 이정섭의 생애는 신대우申大羽의 『완구유집宛丘遺集』 권8, 「조선고통훈대부 행공조좌랑 이공행장朝鮮故通訓大夫 行工曹佐郎 李公行狀」에 자세하게 서술되어 있다.

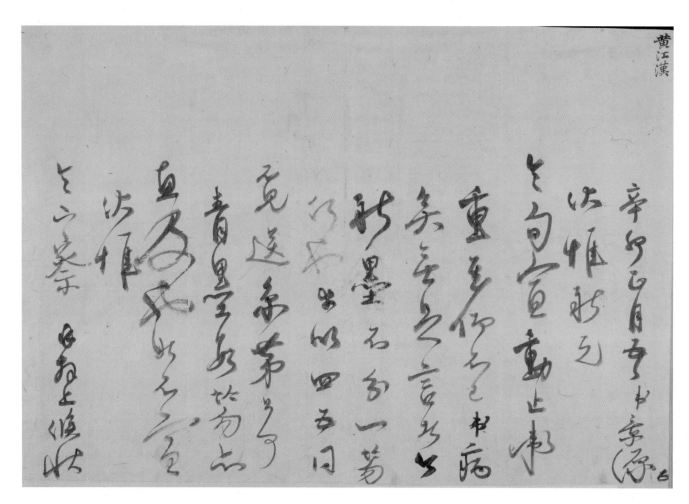

伏惟新元, 令旬宣動止衛重, 慰仰不已. 弟病矣, 無足言者. 今新墨不分一笏, 何也? 幸以四五同, 覓送京第如何? 靑墨數笏亦惠及也. 姑不宣. 伏惟
令下察. 謹拜上候狀.

辛卯正月五日, 弟景源頓.

새해 첫날 관찰사 영감께서 편안하고 건강하게 계신다고 하니, 우러러 위로됨이 끝이 없습니다. 저는 병이 들어 말할 거리도
없습니다. 지금 신년에 먹은 한 홀笏[20]도 나누어 주시지 않으니, 어찌 된 것입니까? 네다섯 동을 서울 집으로 보내 주시는 것이
어떠합니까. 푸른 먹도 몇 홀 내려 주십시오. 이만 줄입니다. 삼가 살펴 주십시오.

삼가 문후의 편지를 올립니다.

신묘년(1771) 정월 5일

제弟 경원景源 올림

해설

이 편지는 황경원黃景源(1709~1787)이 먹을 보내 달라는 요청으로 쓴 편지이며, 수신자의 신분이 관찰사라는 것밖에는 알 수 없
다. 황경원의 자는 대경大卿, 호는 강한江漢, 본관은 장수이다. 19세(1727)에 생원시에 합격하여 의금부 도사·직장 등을 거쳤으며,
32세(1740)에 문과에 급제하였다. 이후에 주요 관직을 거쳐 이조 판서에 이르렀다.

그는 글씨도 잘 썼고, 또한 예학禮學과 고문古文에 밝았다. 명나라에 대한 절의를 지켜 명나라 역사인『남명서南明書』를 편찬하였
고, 명나라 의종 이래 조선 신하들 중 명나라에 의리를 지킨 사람들의 전기인『명조배신전明朝陪臣傳』을 지었다. 저서로는『강한집』
이 있다.

---

20 홀(笏) : 긴 장방형의 물건을 세는 단위이다.

洪耳溪

西江　孝廬　入納

箕伯　候疏

趙元俌宅

裳盥封

必式西來以後新到多事且難
詩當捨一詠只切恨切惟處失
衰氣力支䷒因涔汲泊仲
貴宅已不淨之遠土果寧燭吞
遠外不任馳念世未衰年重㢠
固難堪詠句且冗吸局勞擄惟
諸方孫燭在任尚中云不至
而明孫尚來未足歃掌海矣今
如困便際申作和遠書示希
姑不宣蹟禮
辛亥七月四日葉良浩拜上

[피봉]

西江, 孝廬, 入納, 趙應敎宅.

箕伯, 候疏.

省式, 謹封.

　省式. 西來以後, 新到多事, 且難討便, 尙稽一疏, 只切耿耿. 卽惟庚炎, 哀氣力支衛? 向因泥峴, 得聞貴宅有不淨之患, 近果寧熄否? 遠外不任馳念. 世末, 衰年重藩, 固難堪承, 而且當敗局, 勞撓多端, 奈何? 孫婦連住家中云, 可慰, 而明孫尙未率來, 悲鬱深矣. 今始因便略申, 餘非遠書可布. 姑不宣疏禮.

　辛亥七月四日, 世末 良浩 疏上.

[피봉]

서강西江 효려孝廬 입납入納. 조 응교 댁趙應教宅.

기백箕伯[21] 후소候疏.

생식省式 근봉謹封.

서식을 생략합니다. 서쪽으로 온 이후 새로 부임한 곳의 일이 많고 또한 인편을 찾기도 어려워 여태까지 한 통의 위로의 편지도 보내지 못하고 있으면서 그리운 마음만 절실하였습니다. 삼복더위에 상주는 기력을 잘 보존하고 있습니까? 지난번에 니현泥峴을 통해 귀댁貴宅에 역병의 근심이 있다고 들었는데 근래 완전히 없어졌습니까? 멀리서 달려가는 근심을 감당할 수 없습니다.

저는 늘그막에 중한 변방의 직책을 진실로 감당하기 어렵고 또한 패국敗局[22]의 여러 가지로 수고스런 일을 어찌하겠습니까? 손부孫婦가 계속 집에 머물고 있다고 하니 위로될 만하나 명손明孫[23]이 아직 데리고 오지 않아 매우 답답합니다.

지금 비로소 인편이 있어 대략 전하니 나머지는 멀리 가는 편지에 다 말할 수 없습니다. 위로 편지의 서식을 갖추지 못합니다.

신해년(1791) 7월 4일

세말世末[24] 양호良浩 소상疏上

---

21 기백(箕伯) : 평안도 관찰사를 말한다. 1791년 당시 홍양호가 지내고 있었던 벼슬이다.

22 패국(敗局) : 외진 지역의 쇠잔한 고을을 말한다.

23 명손(明孫) : 홍양호의 손자 홍경모의 초명이다. 손부는 조홍진의 딸이다. 편지를 보낸 이해 8월에 홍양호가 있는 평양에 갔다.

24 세말(世末) : '세대에 있어 끝부분에 위치한 사람'이란 말로 주로 한 집안의 사람에게 자신을 낮추어 하는 말이다. 여기서는 사돈가의 사람에게 자신을 낮추어 사용하였다.

해설

　1791년 7월 4일에 홍양호洪良浩(1724~1802)가 상중喪中에 있는 상대의 안부를 묻고 손자가 오지 않아 답답한 심정을 전하기 위해 조홍진趙弘鎭(1743~1821)에게 보낸 편지이다. 조홍진은 바로 이『필적유휘』의 편집자이다.

　홍양호의 자는 한사漢師, 호는 이계耳溪, 본관은 풍산豊山이다. 홍문관 · 예문관 양관兩館의 대제학과 판중추부사를 지냈다. 시호는 문헌文獻이다. 저서로는『이계집』과『목민대방牧民大方』이 있다.

　조홍진의 자는 관보寬甫, 호는 창암蒼嵒, 본관은 풍양豊壤이다. 1763년에 사마시에 합격하였고 1783년에 문과에 급제하였다. 1784년에 이조 좌랑, 1785년에 응교가 되었고 이후 1818년에 형조 판서, 1819년에 대사헌이 되었다. 그의 사위는 홍양호洪良浩 (1724~1802)의 손자 홍경모洪敬謨(1774~1851)이다. 편지를 받은 당시 조홍진은 생모인 기계 유씨가 1790년 10월에 죽어 상중에 있었다.

시인詩人

1. 박상의 시

次韻

柴仲前在安東逢九日板輿迎致
雙親又集民間男女年耆分聽開
養老宴屬蜀詩留其事和者亦衆
今以謁覲自禮州還過吾解棠示
之要一言切甚蓆上步本韻云

暎湖樓外水如天琴鶴清風閬六
年袍笏長身滕下期願　二老出
罇邊泥塗絳縣恩波徧歌儺鮎
班喜氣連南府至今留　勝事秋來
詎優故輦鞾

朴祥

次韻

(두인 餘事讀書)

裵仲前在安東, 逢九日板輿迎致雙親, 又集民間男女年者, 分廳開養老宴. 屬詩留其事, 和者亦衆. 今以謁覲, 自禮州還, 過吾解橐示之. 要一言切甚, 席上步本韻云.

映湖樓外水如天, 琴鶴淸風閱六年.
袍笏長身生膝下, 期頤二老出樽邊.
泥塗絳縣恩波徧, 歌舞鮐班喜氣連.
南府至今留勝事, 秋來誰復敞華筵.

차운시를 짓다.

(두인 : 여사로 독서하다)

비중裴仲[01]이 이전에 안동 부사로 있을 때, 9월 9일을 맞이하여 가마로 양친을 모시고, 또 민간의 남녀 가운데 나이든 이를 초청하여 대청大廳을 나눠서 양로연을 열었다. 시를 지어 그 일을 남기고자 청하였는데 화답하는 시를 지은 사람 또한 많았다. 이제 비중이 부모님을 뵙고서 예안禮安에서부터 조정으로 돌아오면서[02] 나를 방문하여 시 담은 주머니를 풀어 보여 주었다. 그러면서 나에게 간절히 시 한 수를 지어 달라고 하여 그 자리에서 본래의 운자에 따라 시를 지었다.

영호루 감도는 물빛은 하늘을 닮았고	映湖樓外水如天
금학과 청풍 벗 삼아 육 년을 보냈네	琴鶴淸風閣六年
조정의 우뚝한 관리를 슬하에 낳았으니	袍笏長身生膝下
백 살 다 된 두 노인 술단지 곁에 나왔네	期頤二老出罇邊
다른 장수 노인에게도 은혜가 두루 이르니	泥塗絳縣恩波偏
노래하고 춤추며 늙은이들 즐거움 연이었네	歌舞鮐班喜氣連
남쪽 고을 지금까지 훌륭한 일로 남았는데	南府至今留勝事
가을 오면 누가 또 성대한 잔치 열 것인가	秋來誰復敞華筵

---

01 비중(裴仲) : 이현보(李賢輔, 1467~1555)의 자이다. 호는 농암(聾巖), 본관은 영천(永川)이다. 아버지는 참찬을 지낸 이흠(李欽)이고, 어머니는 안동 권씨이다.

02 조정으로 돌아오면서 : 박상의 『눌재집』에는 "今以謁覲, 自禮城還朝."라고 되어 있어 이를 참조하여 번역하였다.

해설

    1519년 농암聾巖 이현보李賢輔(1467~1555)는 안동 부사에 재직하면서 부모님을 모시고 또 안동부의 늙은이들을 모아 '화산양로연'을 개최하였다. 이 사실을 그림과 시로 기록한 것이 『애일당구경첩』이다. 중요한 것은 『애일당구경첩』에도 이 시의 본래 글이 실려 있고, 『필적유휘』에도 이 첩이 실려 있다. 두 글을 보면 하나가 다른 하나를 베껴 썼음을 알 수 있다. 다만 『필적유휘』에는 '차운次韻' 옆에 인장이 찍혀 있다. 인장은 '餘事讀書' 또는 '餘事詩書'로 추정되는데, 세 번째 글자가 명확하지 않아, '여사독서'로 보았다. 글씨체 및 인장 등을 살펴보았을 때 이것이 진본일 가능성이 더 크다.

    박상朴祥(1474~1530)이 이 시를 지어준 해는 명확하지 않으나 1520년대 초반으로 추정된다. 서문을 보면 이현보가 서울에 가면서 박상을 들러 다른 사람들이 지은 시를 보여 주고 시를 받았다. 박상은 그 자리에서 시의 서문을 쓰고 시를 지어 준 것이다.

    박상의 자는 창세昌世, 호는 눌재訥齋, 본관은 충추이다. 1501년 문과에 급제하여 벼슬을 시작했다. 그는 청백리에 녹선됐고, 당대의 문장가로서 성현成俔 · 신광한申光漢 · 황정욱黃廷彧과 함께 서거정徐居正 이후 사가四家로 칭송된다. 그의 시가 워낙 뛰어났기 때문에 이현보가 박상을 찾아 시를 부탁한 것이다.

2. 정희량의 한시

一臥鳳巖寺, 空山三十年.
種松巢白鶴, 開鉢納靑蓮.
雪竇心方寂, 梅窓思獨玄.
渡溪慙我累, 詩句賴相傳.

한 번 들어와 봉암사에 누으니	一臥鳳巖寺
텅빈 산에 삼십년 세월이 지났네	空山三十年
솔을 심으니 백학이 둥지를 틀고	種松巢白鶴
바리때 열어서 푸른 연꽃을 심었네	開鉢納靑蓮
눈내린 암자에 마음은 마침 고요하고	雪竇心方寂
매화 핀 창문에 생각은 유독 현묘하네	梅窓思獨玄
시내 건너면서 나의 허물 부끄러우나	渡溪慙我累
시의 구절은 이것에 힘입어 전하리라	詩句賴相傳

해설

이 시는 정희량鄭希良(1469~?)의 「희양산 봉암사에 유람하고 욱 상인의 시권詩卷을 보고 감흥이 일어 짓다[遊曦陽山鳳巖寺, 見旭上人 詩卷, 有感而作]」 3수 가운데 5언율시로 된 제3수이다. 정희량은 예전 서울에 있을 때 권민수權敏手(1466~1517)의 집에서 욱 상인旭上人 의 시축詩軸을 본 적이 있고, 봉암사에 와서 또 예전에 본 시축을 직접보고 그 감회를 3편의 시로 읊었다.

정희량의 자는 순부淳夫, 호는 허암虛庵·산은散隱, 본관은 해주海州이다. 부사府使 정연경鄭延慶의 아들이며, 김종직金宗直의 문인이 다. 1492년 생원시에 장원으로 합격하였으나, 성종이 죽자 태학생·재지유생在地儒生과 더불어 올린 소가 문제되어 해주에 유배되었 다. 1495년 별시문과에 병과로 급제, 승문원의 권지부정자權知副正字에 임용되었다. 1496년 김전金詮·신용개·김일손 등과 함께 사 가독서賜暇讀書될 정도로 문명이 있었다. 1498년 다음해 선무랑宣務郎 행 예문관봉교行藝文館奉教로서 『성종실록』 편찬에 참여하였다.

3. 정사룡의 편지

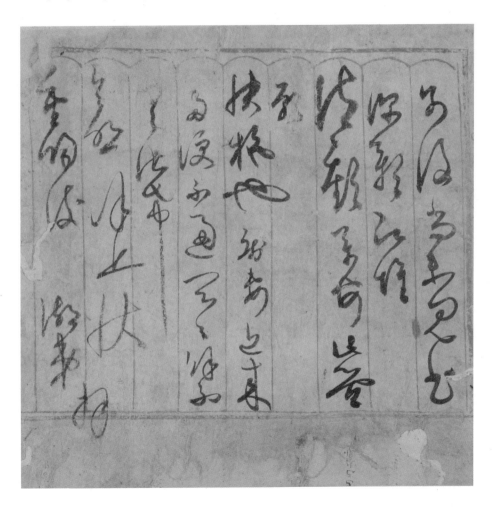

別後尙未見書, 深歎. 卽惟侍歡萬安. 此簡
願快施也. 病妻近來兩便不通, 悶悶. 餘不
具. 伏希令照. 謹上狀.
重陽後. 湖弟拜.

이별한 뒤 아직까지도 서신을 보지
못하여 매우 한탄스럽습니다. 기쁘게
부모님을 모시며 편안하시다고 생각
합니다. 바라건대 이 편지는 빨리 보
여 주십시오. 병든 아내가 지금 대소
변이 통하지 않아 걱정스럽습니다.
나머지는 갖추지 못합니다. 삼가 살
펴 주시기를 바랍니다. 편지를 올립
니다.

중양절 이후에
호제湖弟가 올림

해설

이 편지는 정사룡鄭士龍(1491~1570)이 쓴 것인데, 편지가 짧고 내용 역시 단편적이라 무슨 일 때문에 편지를 쓴 것인지는 알 수 없다. 다만 아내가 아프다는 소식을 처가쪽 식구들에게 전하는 것인 듯하다.

정사룡의 자는 운경雲卿, 호는 호음湖陰, 본관은 동래이다. 1707년 진사에 오르고, 1509년 별시 문과에 급제하였으며, 관직을 맡고 있던 1516년에는 문과 중시에 장원을 하였다. 그는 여러 벼슬을 거쳤는데, 특히 명나라 사신으로 가서 중국에서 문명을 떨쳤고, 또 명나라 사신을 접대하면서도 시를 많이 지었다. 그의 한시는 당시 문단을 장악할 정도였다. 시뿐만 아니라 글씨도 잘 썼는데, 이 작품의 경우 흘려서 쓰면서 필획의 굵기에 큰 변화가 없지만, 다른 작품의 경우 획의 변화와 글자 전체의 조형미가 살아 있다.

4. 이산해의 편지

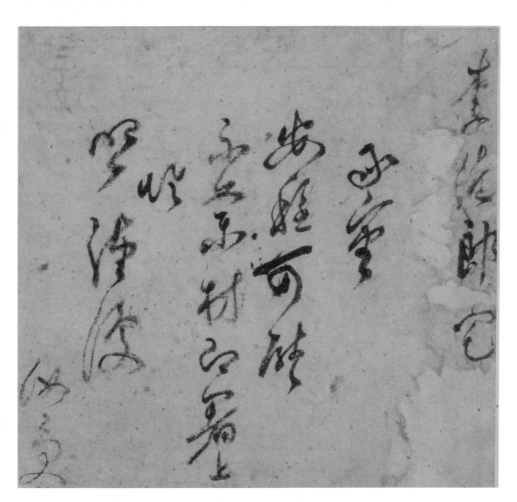

李佐郎宅

承審安穩, 可慰. 不如東村卽署上. 惟
照. 謹復.
汝受.

이좌랑 댁李佐郎宅

편지를 받고서 편안하시다는 것
을 알아 위로되었습니다. 동촌
東村에 곧바로 서상署上[03]하는 것
이 좋겠습니다. 살펴 주십시오.
삼가 답장을 올립니다.

여수汝受

해설

이산해李山海(1539~1609)가 이 좌랑에게 자신의 의견을 전하기 위해 보낸 편지이다.

이산해의 자는 여수汝受, 호는 아계鵝溪이고 본관은 한산韓山이다. 작은아버지인 이지함李之菡에게 학문을 배웠다. 영의정을 지냈으며 아성부원군鵝城府院君에 책봉되었다. 시호는 문충文忠이다. 문장에 능해 선조조 문장팔가文章八家의 한 사람으로 불렸다.

---

03 서상(署上) : 어떠한 사항에 대해 인준하기 위해 문건에 서명하여 올리는 일을 말한다. 좌랑은 인사의 권한을 가지고 있는데 이러한 일을 말한 듯하다.

5. 노수신의 글

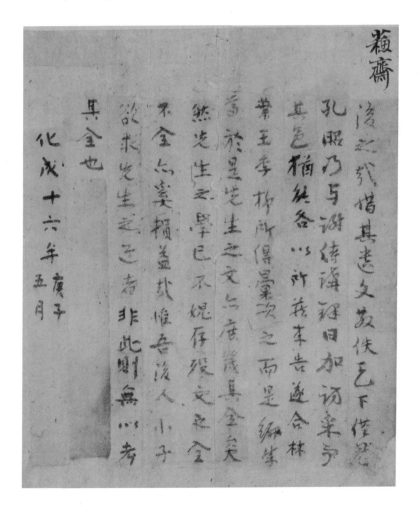

後之哉！惜其遺文散佚，天下僅見．孔昭乃與謝侍講鐸，日加訪采，而其邑猶能各以所藏來告．遂合林葉王季柳所得彙次之，而是編成焉．於是先生之文，亦庶幾其全矣．然先生之學，已不媿存歿，文之不全，亦奚損益哉！惟吾後人小子，欲求先生之道者，非此則無以考其全也．

成化十六年，庚子五月．

……뒤로 하겠는가! 유문이 흩어져 천하에 겨우 볼 수 있으니 애석하다. 나 공소孔昭는 이에 시강侍講 사탁謝鐸과 날마다 방문하여 채집하였고, 그 고을의 선비들도 또 각기 소장한 것을 가지고 와 알려 주었다. 이에 임씨林氏·섭씨葉氏·왕씨王氏·이씨李氏와 이상주李常州가 얻은 것을 합쳐 편차하여 문집을 이루었다. 이에 선생의 글[04]이 거의 완전해지게 되었다. 그러나 선생의 학문은 살아서나 죽어서나 이미 부끄러움이 없으니, 글이 완전하고 완전하지 못한 것이 어찌 손해가 되겠는가? 생각건대 우리 후인과 소자들이 선생의 도를 구한다면 이것이 아니면 그 온전한 모습을 살필 수 없을 것이다.

성화 16년 경자(1480) 5월

해설

이 글은 노수신盧守愼(1515~1590)이 쓴 방효유方孝孺의 『손지재집遜志齋集』 권24 「후서後序·황공소黃孔昭」이다. 원문과는 글자의 출입이 있다. 원문을 옮겨 보면 다음과 같다.

學者欲學孔孟之道, 孰得而後之哉! 惜其遺文散佚, 天下僅見, 趙教諭論刻本, 孔昭乃與謝侍講鐸, 日加訪采, 而其邑之秀彦, 猶能各以所藏來告. 遂合葉林二亞卿王李二中書 與李常州之所得者, 彙次之, 而是編成焉. 於是先生之文, 亦庶幾其全矣. 然先生之學, 已不愧存歿, 文之全不全, 亦奚損益哉! 惟吾後人小子, 欲求先生之道者, 非此則無以考其全也. (본문 『손지재집』 권24 「후서後序·황공소黃孔昭」)

---

04 선생의 글 : 선생은 방효유方孝孺(1357~1402)를 가리킨다. 방효유의 자는 희직(希直) 또는 희고(希古), 호는 손지(遜志)이다. 명나라 초기 학자로서 송렴(宋濂)의 문하에 들어가, 뛰어난 재주로 이름을 떨쳤다. 1402년 연왕(燕王, 뒤의 영락제)이 황위(皇位)를 찬탈한 뒤, 그에게 즉위의 조서(詔書)를 기초하도록 명하자 붓을 땅에 내던지며 죽음을 각오하고 거부하자 연왕은 노하여 그를 극형에 처하였다.

6. 이수광의 편지

(결실)睟光

意外得承書問, 非情其何以及此? 況兼惠味, 感荷萬
萬.

鄙疾僅依樣, 但無相逢之便, 悵嘆如何? 姑惟令照. 謹
謝狀.

(결실) 수광睟光

뜻밖에 안부편지를 받았으니, 정이 아니면
그 어찌 여기에 미칠 수 있겠습니까? 하물며
맛 나는 음식을 겸하여 내려주시어 감격스럽
기 그지없습니다.
저는 병든 몸으로 겨우 지내고 있지만 다만
서로 만나볼 인편이 없어, 슬프고 한탄스럽
습니다. 당신께서 잠시 살펴 주기 바랍니다.
삼가 답장을 올립니다.

해설

이수광李睟光(1563~1628)이 어떤 사람에게 편지와 음식물을 받고 감사의 마음을 전하는 편지이다.
이수광의 자는 윤경潤卿, 호는 지봉芝峯, 본관은 전주全州이다.

7. 차천로의 편지

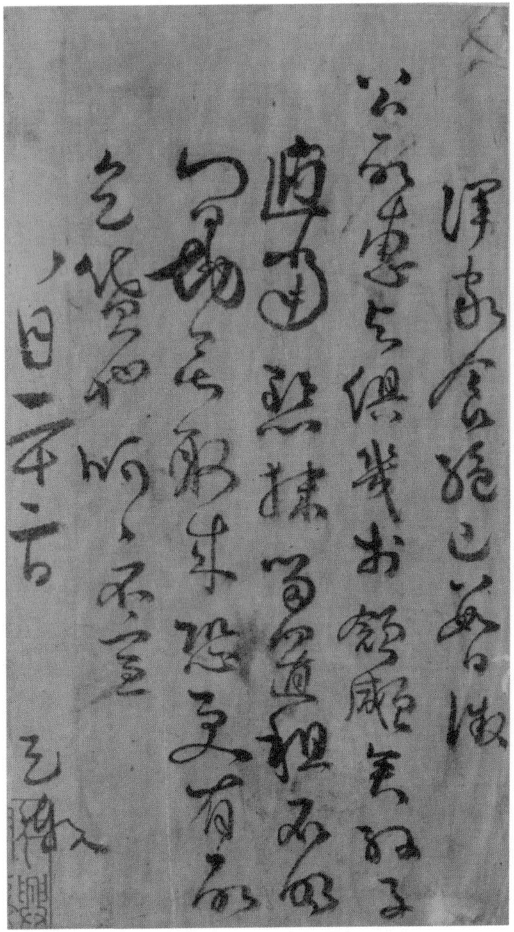

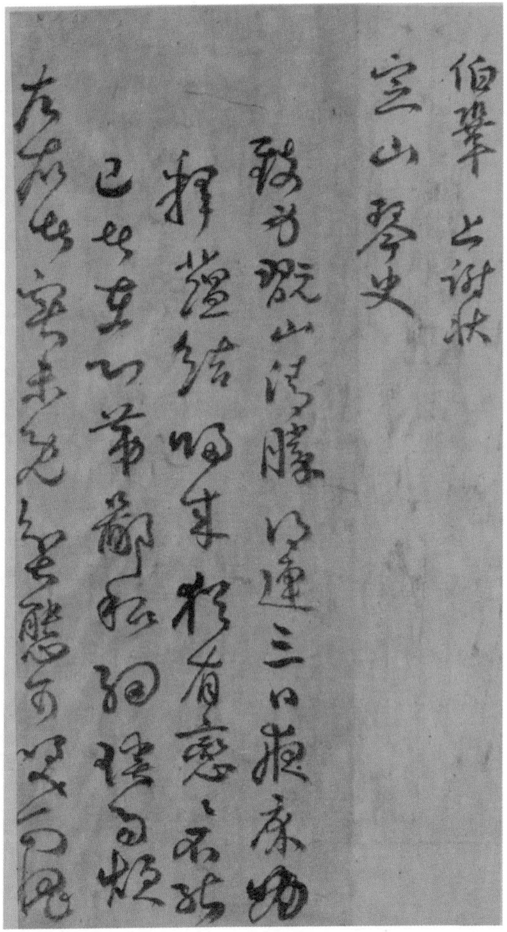

[피봉]

伯鞏 上謝狀

定山 琴史

致身翫山淸勝, 得連三日夜床, 爲釋蘊結. 歸來, 猶有戀戀不能已者在心. 第鄙私細瑣, 易煩左右者, 實未免貧態, 可笑可愧. 渾家食絶, 已數日, 微公所惠與, 俱幾於頷頤矣. 孫子逋當點抹, 留置租石, 明間切無取來. 恐更有所乞貸也. 呵呵. 不宣.

□月二十二日. 天輅.(인장)

백공伯鞏께 올리는 답장
정산定山[05] 금사琴史[06]에게

　　온몸으로 산의 명승지를 즐긴 데다 3일 연속으로 침상을 맞대고서 쌓이고 맺힌 회포를 풀었다네. 돌아올 때는 여전히 그리워하는 마음 그치지 않고 마음속에 있었네. 다만 비루한 내가 자질구레한 것으로 귀하를 쉽사리 어지럽히면서도 실제 가난한 티를 벗어나지 못했으니, 나는 참 우습고도 부끄럽네. 집안에 먹을 것이 떨어진 지 이미 며칠인데, 공의 베푸심이 아니었다면 모두가 굶주려 거의 누렇게 떴을 것이네. 손자가 빌려 체납한 것은 당연히 갚아 없애야 하나 남아 있는 곡식도 내일 사이로 결코 가져올 수 없을 것이네. 아마 다시금 곡식을 꾸어야 할 것 같네. 허탈하게 웃고 있네. 예는 갖추지 못한다네.

　　□월 22일
　　천로天輅 (인장)

---

05 정산(定山) : 현재 충남 청양의 정산면 일대를 가리킨다.

06 금사(琴史) : 보통 편지에서 고을 수령이나 관직을 맡고 있는 사람에게는 수신자명을 그대로 쓰는 것이 아니라 그 아래에서 그 사람을 모시며 기록에 관한 일을 맡아 보는 사람이라는 뜻의 '시사(侍史)'라는 말을 쓰는데, 이 용어 역시 비슷한 뜻을 가진다.

해설

이 편지는 차천로車天輅(1556~1615)가 구인기具仁基(1576~1643)에게 보낸 편지이다. 구인기의 자가 백공伯鞏, 호가 죽은竹隱이다. 편지 자체로는 연도를 정확하게 추정할 수 없지만, '조선왕조실록'에는 구인기가 1604년 정산 현감에 제수되었다고 나온다. 『선조실록』에 근거하면 적어도 1606년까지 정산 현감을 하고 있었다. 그러므로 이 편지는 1605년을 전후로 한 편지이다.

차천로의 자는 복원復元, 호는 굴실橘室 · 청묘거사淸妙居土, 본관은 연안이다. 그는 1577년 알성 문과에 급제하고, 1583년에 문과 중시에 급제하였다. 선조뿐만 아니라 광해군 시기에도 여러 벼슬을 거쳤다. 특히 그는 시에 능해 한호韓濩의 글씨, 최립崔岦의 문장과 함께 송도삼절松都三絶이라 일컬어졌다.

이 편지의 마지막 부분인 '불선不宣' 이하는 오려서 붙인 것이다. 이 때문에 편지 자체로는 이 편지를 쓴 연월을 알 수 없고, 또한 월에 해당하는 부분도 삭제된 듯하다. 특히 마지막 서명 부분에는 '천로天輅'라는 이름과 인장이 들어 있다. 그런데 이 부분은 오려 붙인 것 위에 다시 오려 붙였다. 인장은 네 글자가 새겨진 것으로 추정된다. 인장에 있는 두 글자 역시 그 형태가 완전하지 않으나, 첫 번째 글자는 '인仁'으로 추정된다.

8. 권필의 편지

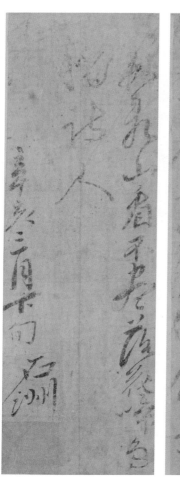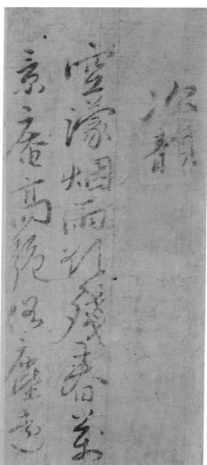

次韻

空濛烟雨欲殘春, 萬景庵高浥路塵.
遠水飛山看不盡, 落花啼鳥惱詩人.

辛亥三月下旬, 石洲.

차운하여 짓다

자욱한 안개비 남은 봄 재촉하는데	空濛烟雨欲殘春
만경암 높이 보이며 길의 먼지 젖었네	萬景庵高浥路塵
먼 강물과 나를 듯한 산은 끝이 보이지 않는데	遠水飛山看不盡
떨어진 꽃잎 우는 새가 시인을 고뇌하게 하네	落花啼鳥惱詩人

신해년(1611) 3월 하순

석주石洲

해설

1611년 3월에 권필權韠(1569~1612)이 지은 시이다.

권필의 자는 여장汝章, 호는 석주石洲, 본관은 안동이다. 정철鄭澈의 문인이다. 동몽교관童蒙敎官에 임명되었으나 나아가지 않았다. 1611년에 임숙영任叔英이 과거科擧 대책對策에 광해군光海君의 잘못을 비판하는 글귀를 써서 삭과削科되자 「궁류시宮柳詩」를 지어 풍자하였다. 이로 인해 1612년에 친국을 당했고 경원慶源에 유배되어 가는 도중 숭인문崇仁門 밖 민가에서 죽었다.

제목 "次韻"은 원래 모양을 잃은 것으로, "次"자 아래에 두 글자 정도를 오려내고 마지막의 "韻"자를 오려서 올려붙였다. 마지막 "石洲" 역시 본 위치가 아니며 오려서 옮겨 붙였다.

9. 이안눌의 편지

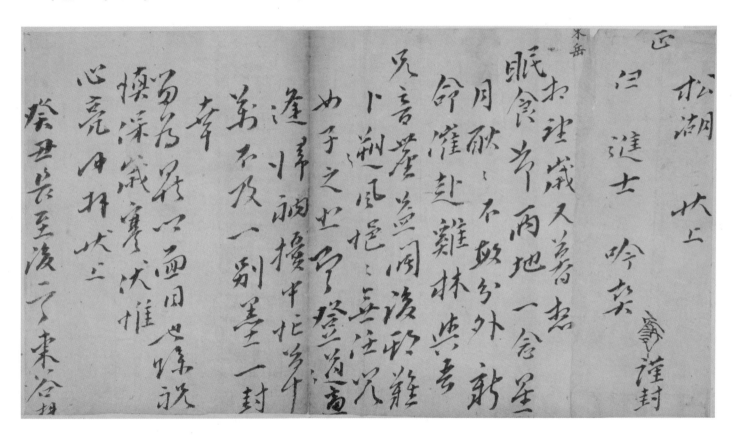

416

[피봉]

松湖 狀上

白進士 吟契

正(수결 安訥)謹封

相望歲又暮, 想眠食如何? 兩地一念, 星月耿耿. 不敏分外, 新命催赴鷄林, 與吾兄音塵益闊, 後期難卜, 遡風悒悒, 無任兒女子之悲. 卽日登道, 適逢歸衲, 擾中忙草, 萬不及一. 別墨一封, 幸留爲異鄕面同也. 餘祝愼保歲寒. 伏惟心亮. 謹拜狀上.

癸丑 長至後二日, 東谷拜.

송호께 글을 올립니다.
백진사 시 짓는 모임 (수결 안눌)삼가 봉함

　서로 바라보며 맞았던 해가 또 저물어 가고 있는데 생각건대 생활하시는 것은 어떠십니까? 두 곳에서 한 생각으로 그리워하고 있습니다. 불민한 제가 분에 넘치게 경주로 부임하라는 새로운 명을 받았으니 우리 형과 소식이 더욱 뜸해질 것 같아 뒷 일을 점치기 어렵겠습니다. 그리운 마음 간절하여 아녀자처럼 슬퍼하는 것을 감당할 수 없습니다. 오늘 길을 떠났는데 마침 돌아가는 승을 만나 바쁜 가운데 급하게 쓰니 만에 하나 미치지 못할까 걱정입니다. 별도로 먹 한 자루를 보내니 타향에서 제 얼굴을 보는 것 같았으면 좋겠습니다. 나머지는 몸을 신중하게 보존하시고 추운 날씨에 마음으로 읽어 주십시오. 삼가 글을 올립니다.

　계축년(1613) 동지 후 이틀
　동곡東谷 올림

해설

이 편지는 이안눌李安訥(1571~1637)이 1613년에 백진남白振南(1564~1618)에게 보낸 편지이다. 이안눌의 자는 자민子敏, 호는 동악東岳이며 본관은 전주이다. 재종숙부인 사헌부 감찰 이필李泌에게 입후되었고, 택당澤堂 이식李植의 종숙이다. 이안눌은 18세에 진사시에 합격하였으나 관직에 나갈 생각을 버리고 오직 문학 공부에 열중하였다. 이 시기에 동년배인 권필權韠과 선배인 윤근수尹根壽 · 이호민李好閔 등과 교우를 맺었는데 이들의 모임을 동악시단東岳詩壇이라고 한다.

이안눌은 작품 창작에 몰두하여 문집에 4,379수라는 방대한 양의 시를 남겼고, 두보杜甫의 시를 만 번이나 읽었다고 한다. 특히 당시唐詩에 뛰어나 이태백李太白에 비유됐고 서예 또한 뛰어났다고 한다. 저서로는『동악집東岳集』이 있다.

수신자는 백진남이며, 자는 선명善鳴, 호는 송호松湖이다. 1606년 명나라 사신 주지번朱之蕃이 왔을 때 유근柳根(1549~1627)의 천거로 제술관이 되어 활동하였는데, 주지번은 백진남의 글씨를 보고 절세의 기보라고 절찬하였다고 한다. 백진남은 한양의 백악 아래에 살면서 김상헌金尙憲, 조희일趙希逸 등과 교류하였으며, 송호松湖에 별장을 두고 지냈다. 저서로는『송호유고松湖遺稿』가 있다. 송호松湖는 전남 해남군에 있는 유명한 해변이다.

10. 이홍주의 편지

[피봉]

令監 上謝狀

北伯 記室 (수결)

逐月承令問, 如對滿慰. 生僅支病
喘耳. 生巨口一尾, 依受. 可滋病
胃, 何謝如之. 伏惟令鑑, 仍願令
候萬重. 謹謝狀.

至月十二日, 弘冑, 凍草.

[피봉]
영감슈監께 답장으로 올림
북백北伯 기실記室 (수결)

달마다 문안 편지를 받으니 대면한 듯하여 매우 위로가 됩니다. 나는 겨우 병으로 골골하며 지내고 있을 따름입니다. 생대구 한 마리는 보내준 대로 받았습니다. 병든 위를 입맛을 돋우니, 어찌 감사해야 될 지 모르겠습니다. 어떠한 고마움이 이와 같겠습니까? 삼가 영감께서 살펴주십시오. 삼가 답장을 올립니다.

11월 12일에
홍주弘冑가 언손으로 씀

해설

이홍주李弘冑(1562~1638)가 동짓달에 함경도 관찰사로부터 안부 편지와 생대구를 선물로 받고 고마운 마음을 전하는 답장이다.

이홍주의 자는 백윤伯胤, 호는 이천梨川, 본관은 전주全州이다. 이옥형李玉荊의 증손으로, 할아버지는 부령副令 이주李珠이고, 아버지는 군수 이극인李克仁이며, 어머니는 이조 참의를 지낸 유환俞煥의 딸이다. 1594년 별시 문과에 병과로 급제, 주서·교산찰방을 거쳐 예조·병조·이조좌랑을 역임하였다. 1609년 부수찬·교리·의주 부윤·안동 부사를 거쳐, 1618년 전라도를 순찰하고 돌아와 형조참판이 되었다. 1619년 사은사로 명나라에 다녀왔다. 1621년 함경도 관찰사가 되었고, 1624년 도승지가 되었다. 이해 이괄李适의 난이 일어나자 장만張晩의 뒤를 이어 도원수가 되어 공을 크게 세웠다. 1632년 인목대비仁穆大妃가 죽자 애책문哀冊文을 짓고 숭정대부에 오른 뒤 예조·병조의 판서를 역임하였다. 1636년 이조 판서를 거쳐 우의정이 되었다. 1637년 영중추부사가 되어 사직을 표했으나 허락되지 않고, 이 해 영의정에 올랐다. 저서로는 필사본 『이천공사행일기梨川相公使行日記』가 있고, 시호는 충정忠貞이다.

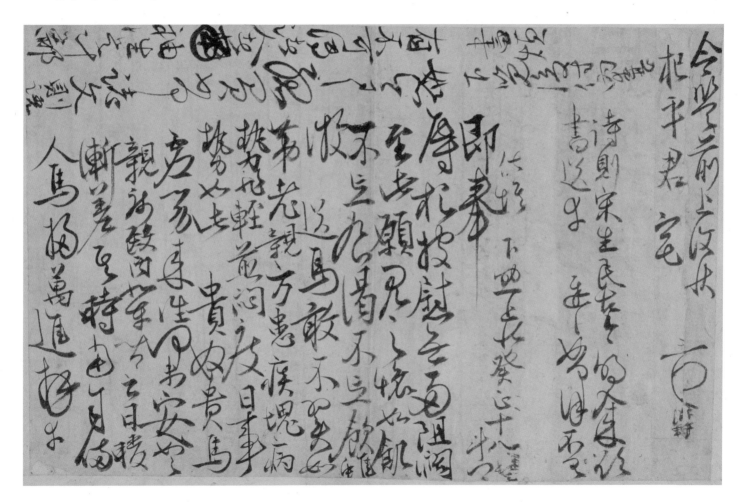

[피봉]

令監前上復狀

杞平君宅 (수결) 謹封

卽奉辱札, 披慰無兩. 阻闊至此, 願見之懷, 如飢不忘食, 渴不忘飮. 雖微送馬, 敢不翼如. 第老親方患痰塊, 病勢非輕, 煎悶度日. 事勢如此, 貴奴貴馬, 虛勞往來, 何未安如之! 親病醫輩皆云, 日暖漸差. 其時當自備人馬, 掃萬進拜, 幸恕今日之孤負, 如何. 誌文則語有不可傳諸人者, 當袖往是計. 鄙書煩下覽後, 付丙幸甚. 詩則宋生民古, 今明入來欲書送, 幸遲之如何. 餘不具. 伏惟下照. 上狀.

癸正十八, 斗卿頓.

[피봉]
영감에게 드리는 답장
기평군杞平君 댁 (수결) 삼가 봉함

　　보내신 편지를 받자옵고 위로됨이 둘도 없습니다. 이렇게나 멀리 떨어져 있어 뵙고자 하는 마음은 마치 굶주린 자가 먹을 것을 잊지 못하고 목마른 자가 물을 잊지 못하는 것과 같습니다. 비록 말을 보내지 않으신들 어찌 감히 빨리 나아가지 않겠습니까. 다만 노친께서 막 담괴痰塊[07]를 앓고 있고 병세가 가볍지 않아 마음만 끓이며 날을 보내고 있습니다. 일의 형세와 이와 같은데 귀댁에서 보낸 노비와 말이 공연스레 왕복을 하였으니, 이보다 더 미안한 일이 있겠습니까! 어버이의 병에 대해 의생들은 모두 날이 따뜻해지면 점차 나을 것이라 합니다. 그때는 마땅히 스스로 사람과 말을 준비하여 온갖 일을 제쳐두고 나아가 뵐 것이니, 오늘날 저버린 일을 용서해 주심이 어떠하십니까. 지문誌文은 글에 다른 사람들에게 전해서는 안 되는 것이 있어 제 소매 속에 넣어서 갈 계획입니다. 제 편지는 번거로이 읽으신 후에 불에나 던져 넣으시면 다행이겠습니다. 시詩는 송민고宋民古가 금명간에 들어오면 글씨를 써서 보내려 하니, 기다려 주시는 것이 어떠합니까. 나머지는 다 갖추지 못합니다. 삼가 살펴 주십시오. 편지를 올립니다.

　　계년癸年(1643) 정월 18일
　　두경斗卿이 올림

　07 담괴(痰塊) : 담이 살가죽 속에 뭉쳐서 생긴 멍울이다.

해설

　이 편지의 발신자는 정두경鄭斗卿(1597~1673)이고, 수신자는 기평군杞平君 유백증兪伯曾(1587~1647)이다. 이 편지를 쓴 해는 '계년癸年 정월正月'이라 표기되어 있는데, 유백증은 인조반정 이후인 1623년 3월 이후 기평군에 봉해지므로, 계년은 1633년 또는 1643년이 될 수 있다. 정두경은 1629년 문과에 장원으로 급제를 하고, 또 유백증이 벼슬을 그만두고 돌아갈 때인 1640년을 전후하여 정두경이 오언율시를 써 준 것으로 보아 이 편지는 1643년에 쓴 편지로 추정된다. 정두경의 문집인 『동명집』에는 정두경이 유백증에게 써 준 묘도문자(묘갈, 비갈, 묘지)가 여러 편이 있다. 이 편지의 내용도 죽은 이의 행적을 기록하는 지문誌文에 관련된 것이다. 아울러 글씨를 쓸 사람으로 송민고宋民古(1592~?)를 언급했는데, 송민고는 조선 시대의 문인화가로 유명한 인물로 글씨에도 뛰어났다. 그는 이 『필적유휘』 「사四」에 수록된 이호민李好敏(1553~1634)의 사위이기도 하다. 이 편지에는 마지막 인사 부분에 수선된 흔적이 있는데, 글의 문맥은 끊기지 않는다.

　정두경은 자가 군평君平, 호는 동명東溟, 본관은 온양이며, 저서로는 『동명집』이 있다. 수신자인 유백증은 자가 자선子先, 호는 취헌翠軒, 본관은 기계이다. 인조반정 때 세운 공으로 기평군에 봉해졌고, 영의정에 추증되었다.

三澗

水原 牙下傳納

備宮謝狀

甲申十月卄八日弟昌翕

即者彦男來伏承
下書仍審近日寒汀
侍奠氣力支勝仰慰三厚
婦順産得男實是慶

報而猶有後艱疢頗非
細旋切欝慮不能自釋
但家無使奧玉洞亦甫
無由走探安否以來傷
我之嘆何嘗不然弟
依狀支遣而此日畫
京煩蕚切亦以來往之難
沒富全來望同再餘不

[피봉]

水原 牙下 傳納

獜客 謝狀

(수결) 謹封

　即者, 彦男來, 伏承下書, 仍審近日寒沍, 侍奠氣力支勝, 仰慰仰慰. 厚婦順産得男, 實是慶報, 而猶有後艱, 症頗非細, 旋切鬱慮, 不能自弛. 但家無使喚, 玉洞亦爾, 無由走探安否. 以來傷哉之嘆, 何處不然哉? 弟, 依昨支遣, 而逢此月盡, 哀隕益切, 亦以來往之難, 欲留至來望間耳. 餘不備. 伏惟下鑑. 上答書.

　甲申十月廿八日, 弟 昌翁.

[피봉]
수원水原 아하牙下 전납傳納
인객獜客 답장
(수결) 근봉謹封

지금 언남彦男이 와서 삼가 편지를 받고 요즘 추위에 어른을 모시는 기력이 여전함을 알았으니 매우 위로됩니다. 후덕한 며느리가 순산하여 사내를 얻었다고 하니 실로 경사인데 아직 산후의 증세가 작지 않다고 하니 절실히 염려되어 마음을 놓을 수 없습니다. 다만 집에 사환使喚이 없고 옥동玉洞도 그러하여 안부를 알아볼 길이 없으니, 이후로 "가슴 아프다![傷哉]"는 탄식[08]이 어느 경우인들 그렇지 않겠습니까?

저는 예전처럼 지내고 있지만 이제 상기喪期가 다해 슬픔이 더욱 절실한데, 또한 왕래하기가 어려워 다음 달 보름 무렵까지 머무르고자 합니다. 나머지는 갖추지 못합니다. 삼가 살펴주십시오. 답장을 올립니다.

갑신년(1704) 10월 28일
제弟 창흡昌翕

---

08 가슴……탄식 : 가난으로 하고 싶은 것을 하지 못하는 상황을 말한다. 『예기(禮記)』「단궁(檀弓)」에서 공자의 제자 자로(子路)가 "애통하다. 가난함이여! 생전에는 봉양을 할 수 없고, 사후에는 예를 치를 수가 없구나![傷哉貧也! 生無以爲養, 死無以爲禮也!]"라고 한 데서 비롯하였다.

해설

1704년 10월 28일 김창흡金昌翕(1653~1722)이 상대방 며느리의 안부를 묻고 자신의 정황을 전하기 위해 수원 부사 조태로趙泰老 (1658~1717)에게 보낸 편지이다.

김창흡의 자는 자익子益, 호는 삼연三淵, 본관은 안동이다. 김상헌金尙憲의 증손자이고, 김수항金壽恒의 아들이다. 형제는 김창집金 昌集과 김창협金昌協이다. 이단상李端相의 문인이다. 1689년 부친이 사사되자 영평永平에 은거하였다. 1696년 서연관書筵官에 선발되 고, 1721년 집의에 제수되었으나 나가지 않았다. 시호는 문강文康이다.

조태로의 자는 인수仁叟, 호는 지산地山, 본관은 양주이다. 조사석趙師錫의 아들이며 조태구趙泰耉의 형이다. 1696년에 문과에 급제 하였고 1704년에 수원 부사를 지냈고 이후 강원도 관찰사 · 개성 유수 · 부제학 · 평안도 관찰사를 지냈다.

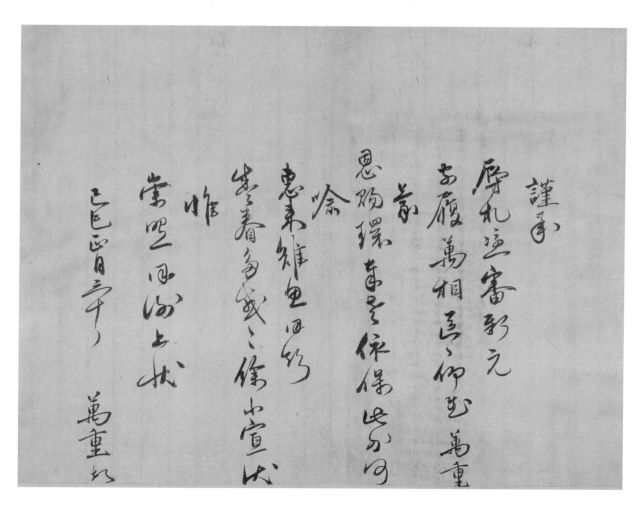

謹承辱札, 憑審新元客履萬相, 區區仰慰. 萬重蒙恩賜環, 奉老依保, 此外何喩! 惠來雉魚謹領. 盛眷多感多感, 餘不宣. 伏惟崇照. 謹謝上狀.

己巳正月三十日, 萬重頓.

　삼가 보내신 편지를 받아 살펴 보고 새해에 객지에서 건강하시다는 것을 알고 위로되었습니다. 저는 다시 조정으로 돌아오라는 임금의 은혜를 입었으며, 어버이를 봉양하며 그럭저럭 지내고 있으니 이것 이외에 무슨 말할 것이 있겠습니까! 보내 주신 꿩과 생선은 잘 받았습니다. 성대하게 돌보아 주심에 진실로 감사하고 감사합니다. 나머지는 다 쓰지 못합니다. 살펴 주십시오. 삼가 감사를 드리며 편지를 올립니다.

기사년(1689) 1월 30일
만중萬重 올림

해설

　이 편지는 서포西浦 김만중金萬重(1637~1692)이 1689년 수신인을 알 수 없는 사람으로부터 서신을 받고 쓴 답장이다. 김만중은 김장생金長生의 증손이다. 그는 1665년 정시 문과에 급제하여 벼슬길에 나갔다. 1683년에는 공조 판서로 있다가 대사헌이 되었다. 1686년에는 대제학이 되었다. 김만중은 「국문가사예찬론」을 통하여 한글의 우수성을 널리 알리고자 하였다. 그는 한문을 다른 나라의 말로 보고 있는 까닭에 정철鄭澈이 지은 「사미인곡」 등의 한글 가사를 굴원屈原의 「이소離騷」에 비교하였다. 저서로는 『서포만필西浦漫筆』과 『서포집』이 있다.

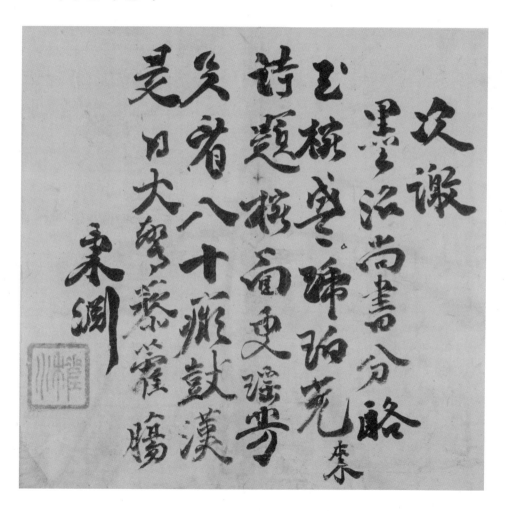

次謝墨沼尙書分酪.

玉椀盛來琥珀光, 詩題椀面更瑤芳, 只看

八十癡獃漢, 是日大驚藜藋腸.

秉淵 (인장: 槎川)

묵소墨沼 상서尙書께서 타락죽駝酪粥을 나누어준 것에 감사하며 차운하다

아름다운 사발엔 호박 빛 노란 타락죽을 담았고	玉椀盛來琥珀光
사발의 앞면에 적힌 시는 더욱 아름답고 향기롭네	詩題椀面更瑤芳
다만 팔십의 어리석고 못난 팔십의 늙은이가 보니	只看八十癡獃漢
나물채소만 먹던 창자가 오늘은 크게 놀라겠네	是日大驚藜藿腸

병연秉淵 (인장)

해설

이병연李秉淵(1671~1751)이 묵소墨沼 조석명趙錫命(1674~1753)으로부터 타락죽과 시를 받고 그 시에 차운해서 보낸 시이다. 끝부분에 날인된 사천槎川이란 호인號印은 이병연의 호인이다.

이병연의 자는 일원一源, 호는 사천槎川, 백하白下, 백악하白嶽下, 본관은 한산이다. 김창흡金昌翕의 문인이고, 진경산수 화가인 정선鄭敾, 문인 신정하申靖夏, 시인 홍세태洪世泰 등과 교유하였다.

조석명의 자는 백승伯承, 호는 묵소墨沼, 본관은 풍양이다. 아버지는 바로 사인공舍人公 지와止窩 조대수趙大壽이고, 아들은 조재운趙載運, 손자는『필적유휘』7책을 편집한 창암窓巖 조홍진趙弘鎭(1743~1821)이다. 조석명의 후손 조남혁 어르신 집에 겸재謙齋 정선鄭敾(1676~1759)이 그려준 폭포 주변의 소나무를 그린 산수도山水圖 위에 경신년(1740)에 지은 조석명의 제화시題畵詩가 써져 있다.

15. 이광려의 편지

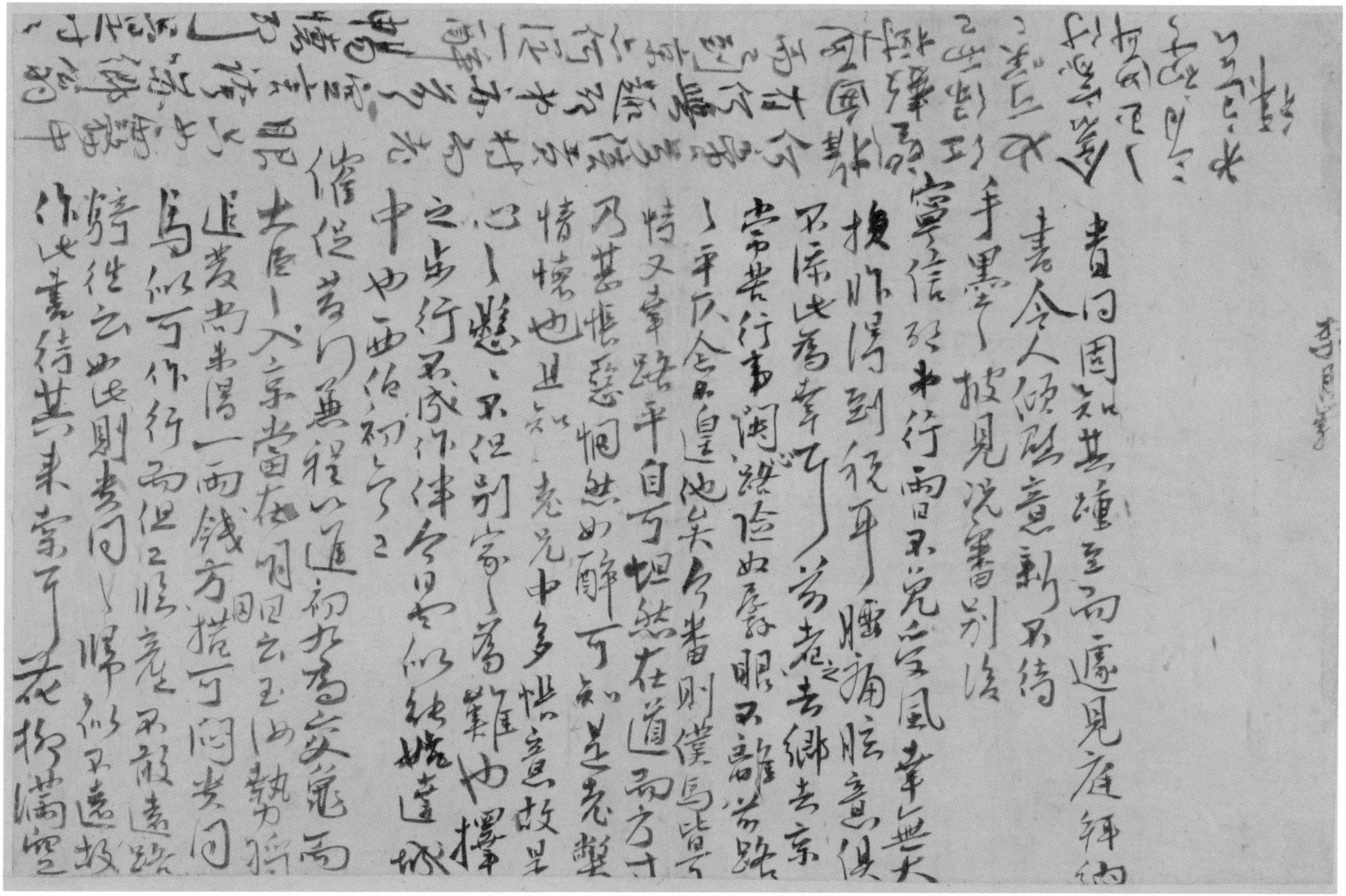

貴同固知其踵至, 而遽見庭拜納書, 令人傾慰意新, 不待手墨之披見, 況審別後寧信耶. 弟行兩日, 不免受風, 幸無大損, 昨得到稅耳. 腰痛眩意, 俱不添, 此爲幸耳. 前者之去鄉去京常苦, 行事關心. 路險奴孱, 眼不離前路之平仄, 念不遑他矣. 今番, 則僕馬皆可恃, 又幸路平, 自可坦然在道, 而方寸乃甚悵惡, 惘然如醉, 可知是老弊情懷也. 且知老兄中多悵意, 故是心之懸懸, 不但別家之爲難也. 擇之步行, 不成作伴, 今日間似能始達城中也. 西伯初六日已催促發行, 兼程以進, 初九爲交龜. 而大臣之入京, 當在明日云. 玉汝勢將追發, 尚未得一兩錢, 方罔措可悶. 貴同馬似可作行, 而但已臨產, 不敢遠路騎往云. 如此, 則貴同之歸, 似不遠. 故作此書, 待其來索耳. 花柳滿空, 何啻萬倍貢村. 而老眼只如霧中, 有何興趣耶. 弟亦前日空言誇嚇鄉翁而已. 到京亦何從一醉暢懷耶. 只是時時推肉, 延望數樹紅綠而已也. 可笑可笑. 僉家付之玉汝耳.

三月初十日, 弟匡呂拜.

귀동貴同이 나를 곧장 뒤쫓아 올 것이라는 사실은 참으로 알았지만, 뜨락에서 보내신 편지를 갑자기 보고서는 사람이 크게 위안이 되고 뜻이 새로워지는 것이 편지를 열어 보지 않고서도 그러한데 하물며 이별 이후에 평안하다는 소식을 아는 데 있어서이겠습니까! 저는 이틀을 이동하였는데 거친 바람은 피하지는 못했지만 다행히 큰 탈이 없이 어제 도착하였습니다. 요통과 현기증이 더하지 않았으니 이것이 다행일 따름입니다. 이전에 고향으로 가거나 서울로 갈 때 항상 고생스러웠고 다니는 일에만 신경을 썼습니다. 길은 험하고 노비는 쇠잔하여 앞길의 평탄하고 험함에 눈을 뗄 수 없어 다른 것을 생각할 겨를이 없었습니다.

이번에는 노비와 말이 모두 믿을 만하였고 길 또한 다행히 평탄하여 길 위에서 평온히 있을 수 있었으나 마음으로는 몹시 불안하여 술 취한 듯 아득하였으니, 늙어서 쇠약해진 마음을 알 수 있습니다. 또 노형老兄이 중간에 많이 쓸쓸했음을 알았기에 이 마음이 사뭇 걸렸으니 이는 집과 이별한 것이 어려웠던 것만은 아닙니다.

걸어서 갈 길을 택하였고 길에서 함께할 이를 만나지 못하였지만 오늘에는 도성에 다다를 수 있을 것 같습니다. 서백西伯은

초6일 이미 길을 재촉하여[09] 이틀 길을 하루에 가서 초9일에 교귀交龜[10]하였다고 합니다. 그리고 대신大臣이 서울로 들어오는 날은 내일이라고 합니다. 옥여玉汝의 형편은 곧장 뒤따라 출발해야 하나 아직 한두 푼의 돈도 받지 못하여서 지금 어떻게 해야 할지를 모른다고 하니 걱정스럽습니다. 귀동의 말은 사용할 수 있을 듯하나 이미 해산이 임박하여 먼길을 타고 갈 수는 없다고 합니다. 이와 같으면 귀동이 돌아가는 것은 머지않은 것 같습니다. 그러므로 이 편지를 작성하여 그가 나를 찾아오기를 기다릴 따름입니다.

꽃과 버들이 온통 가득하니 어찌 공촌貢村 풍경에 만 배 뿐이겠습니까. 그러나 노인의 눈에는 다만 희뿌연 안개 속에 있는 것과 같으니 무슨 흥취가 있겠습니까. 저 역시 전날에 헛소리나 하는 시골 늙은이였을 따름입니다. 서울에 와서 어디 한 번 술에 취해 회포를 터 놓을 데가 있겠습니까! 다만 때때로 창문을 열고 길게 목을 빼어 많은 나무들의 울긋불긋한 모습을 바라볼 따름입니다. 제가 참으로 웃습습니다. 금가裘家[11]는 옥여의 편에 부칩니다.

3월 10일
제弟 광려匡呂가 올림

---

09 길을 재촉하여 : 원문은 '최촉발행(催促發行)'이다. 이 부분은 대두가 되어 있기에 스스로가 떠날 길을 재촉한 것이 아니라, 왕명 또는 정부의 명령으로 길을 빨리 떠난 것이다.

10 교귀(交龜) : 관찰사, 수군통제사, 병마절도사가 교체될 때 부신(符信)을 서로 주고받던 일을 말한다.

436 **11** 금가(裘家) : 의류의 종류에 해당하는 것으로 기록상으로는 중국과 교역 물품에도 올라 있다. 이불보로 추정이 되나, 정확히 무엇인지 모르겠다.

해설

이 편지는 이광려李匡呂(1720~1783)가 친척 형 또는 지우知友에게 쓴 편지인데, 정확히 수신인을 알 수 없다. 이 편지는 고향을 떠나 서울로 오는 여정과 주변에서 일어난 일상 상황을 기술하였다. 특별한 사건이나 일은 없지만, 여행의 어려움과 도착지의 상황을 진솔하게 알리고 있다. 이광려의 자는 성재聖載, 호는 월암月巖 · 칠탄七灘, 본관은 전주이다. 문장에 뛰어났고 신대우申大羽가 그에게서 배웠다.

『필적유휘』「추」의 이광려 작품을 참조하기 바란다.

金陵 力納

初〻芝楷邊

帆影西瓜正復斜　楷江一麻

渡芸眼少連村映保　初黄糕

遠樹萋〻雜紅紫...

三江毎穢償中行　慨起〻主

陵比漢城滿眼雲山千萬疊

慈〻佳氣盡神京

過唐将島村名一邑

唐島島囲日欲斜　一覽章

青諸漢金沙數枝一邑村邊

初〻棠浦雨復花掉

江上曉来雨江行芳棹邊

早風生李色晴日沉也枝

毎語聲相識都帆島處

移莫靜章助價俱及士

灘吋

[피봉]

倉洞入納

初八日發楮江

帆展西風整復斜, 楮江麻渡共舷沙.
連村映綠初黃柳, 遠樹蒸紅不辨花.

三江舟機鏡中行, 擬把金陵比漢城.
滿眼雲山千萬疊, 蔥蔥佳氣湊神京.

過唐將島村名一色

唐島舟回日欲斜, 纜牽青渚漾金沙.
數枝一色村邊杏, 勝似漫山斗尾花.

初九日紫浦雨後發棹

江上曉來雨, 江行發棹遲.

早風生麥色, 晴日泛花枝.

舟語聲相識, 隣帆影屢移.

莫辭牽助纜, 俱及上灘時.

[피봉]
창동倉洞¹² 입납入納

8일 저강을 출발하며[初八日發楮江]

돛 펴니 서풍 불어 다시 가지런히 비끼고　　　　帆展西風整復斜

저강의 마포 나루 뱃전에 모래사장 보이네　　　楮江麻渡共舷沙

이어진 마을의 푸른 빛 버들 싹 처음 텄고　　　連村映綠初黃柳

멀리 붉은 숲 꽃과 분간할 수 없네　　　　　　遠樹¹³蒸紅不辨花

삼강의 노가 거울 속에 가니　　　　　　　　　三江舟檝鏡中行

금릉이나 한성에 비할 듯　　　　　　　　　　擬把金陵比漢城

눈 가득 안개 산이 천만으로 겹쳤는데　　　　滿眼雲山千萬疊

아름다운 푸른 기운 신경으로 흐르네　　　　葱葱佳氣湊神京

---

12 창동(倉洞) : 현재 서울시 도봉구에 소재하는 창동으로 추측되나 어느 지역인지 미상이다.

13 수(樹) : 『이참봉집』에는 '岸'으로 기록되어 있다.

당장도의 일색촌을 지나며[過唐將島 村名一色]

당도에서 배 돌리니 날 저물려 하는데	唐島舟回日欲[14]斜
닻줄 푸른 물에 끄니 금빛 출렁이네	纜牽靑[15]渚漾金沙
일색촌의 살구나무 연이은 가지들	數枝[16]一色村邊杏
산에 흐드러진 두미화랑 승경이네	勝似漫山斗尾花

9일 자포紫浦에서 비 갠 뒤 배를 출발하며[初九日紫浦雨後發棹]

강상에 새벽 비 내려	江上曉來雨
뱃길 출발 늦어졌네	江行[17]發棹遲
이른 바람은 보리 빛으로 불고	早風生麥色
갠 해는 꽃가지처럼 떴네	晴日泛花枝
뱃소리는 익숙하게 들리는데	舟語聲相識
이웃 배 돛 그림자 자주 옮겨 가네	隣帆影屢移
닻 줄 당기는 일을 사양하지 말 것이니	莫辭牽助纜
함께 여울을 올라가야 하니	俱及上灘時

---

14 욕(欲) : 『이참봉집』에는 '未'로 기록되어 있다.

15 청(靑) : 『이참봉집』에는 '淸'으로 기록되어 있다.

16 수지(數枝) : 『이참봉집』에는 '兩株'로 기록되어 있다.

17 행(行) : 『이참봉집』에는 '船'으로 기록되어 있다.

해설

　이광려李匡呂(1720~1783)가 지어서 창동倉洞에 보낸 3제 4수의 시이다. 첫 번째 두 수는 『이참봉집李參奉集』 권1에 「저강을 출발하다[發楮江]」란 제목으로, 두 번째 시는 권1에 「두미포 북안에 인가가 있는데 이름이 일색촌이다[斗尾北岸有人家 名一色村]」이란 제목으로, 마지막 시는 권1에 「자포를 출발하다[發紫浦]」라는 제목으로 실려 있다. 글자 6자가 문집에 실린 것과 다르다.